高等学校应用型本科管理学

"十二五"规划教材

税务代理实务

主　编　崔艳辉
副主编　王　娜　周　颂

中国金融出版社

责任编辑：张　铁
责任校对：张志文
责任印制：陈晓川

图书在版编目（CIP）数据

税务代理实务（Shuiwu Daili Shiwu）/崔艳辉主编 . —北京：中国金融出版社，2013.7

高等学校应用型本科管理学"十二五"规划教材

ISBN 978 - 7 - 5049 - 7039 - 8

Ⅰ. ①税…　Ⅱ. ①崔…　Ⅲ. ①税务代理—高等学校—教材　Ⅳ. ①F810. 423

中国版本图书馆 CIP 数据核字（2013）第 137660 号

出版
发行　中国金融出版社

社址　北京市丰台区益泽路 2 号
市场开发部　（010）63266347，63805472，63439533（传真）
网上书店　http://www.chinafph.com
　　　　　　（010）63286832，63365686（传真）
读者服务部　（010）66070833，62568380
邮编　100071
经销　新华书店
印刷　保利达印务有限公司
尺寸　185 毫米 ×260 毫米
印张　18.75
字数　425 千
版次　2013 年 7 月第 1 版
印次　2015 年 1 月第 2 次印刷
定价　38.00 元
ISBN 978 - 7 - 5049 - 7039 - 8/F. 6599
如出现印装错误本社负责调换　联系电话（010）63263947

内容简介

　　本教材是根据本科院校培养应用型人才的任务要求，按照使学生既掌握税务代理的理论知识又培养其税务代理实务操作能力的思路，采取先阐述税务代理实务相关理论、继而进行税务代理实务操作能力训练来设计体例，安排教学内容。全书共十章：第1章为税务代理总论篇，阐述税务代理实务的基本理论，为以后各章学习奠定基础。第2章至第4章为涉税服务税务代理篇，均为从事税务代理工作的基本理论。第5章至第7章为纳税申报代理实务篇，每章均从税法基本规定及税种纳税申报代理实务两个角度进行阐述，目的是巩固基础知识，通过企业的实际操作案例，加强学生的税务代理实务操作能力。第8章和第9章为税务代理纳税审查篇，有助于培养学生纳税审查意识，提高税务代理审查水平。第10章为其他税务代理事宜，介绍代理税务行政复议操作要点、从事税务代理的执业风险的因素等。

　　本教材可作为财政专业、税务专业、会计专业、财务管理专业、审计专业以及工商管理类专业本科教材，同时亦可满足高职高专院校相关专业的需要，也可作为财会人员、税务人员的业务用书或供自学使用。

前　言

　　应用型本科院校的人才培养目标是面对现代社会生产、建设、管理、服务等一线岗位，培养能直接从事实际工作、解决具体问题、维持工作有效运行的高等应用型人才。优化教材建设是深化教育教学改革的重要组成部分，并在一定意义上起着先导作用。目前国内应用型本科院校所采用的教材往往只是对理论性较强的本科院校教材进行简单删减而成，针对性、应用性不够突出，因材施教的目的难以达到。因此，我们组织既具有深厚的理论功底又长期实践于税收征纳工作一线的教师编写了《税务代理实务》，以满足当前人才培养目标的需求。

　　在本教材编写过程中，突出与办学定位、教学目标的一致性和适应性，既严格遵照学科体系的知识构成和教材编写的一般规律，又针对应用型本科人才培养目标及与之相适应的教学特点，精心设计写作体例，科学安排知识内容，围绕应用讲授理论，做到"专业理论管用、基础知识够用、实践技能实用"。基于此，本教材具有以下特点：

　　1. 坚持"理论体系完整性"。本科应用型人才的培养首先要求为学生打下扎实的理论基础，使其掌握完整的学科理论体系，既有利于其深造学习，又有利于其实践能力与创新能力的培养与发挥。本教材展现了我国完整的税制体系，包括程序性税收制度与实体性税收制度。程序性税收制度介绍了税收管理、纳税管理、发票管理等内容，实体性税收制度介绍了流转税、所得税、资源税等税种的有关纳税人、征税对象、税率、纳税地点等内容。

　　2. 强调"知识内容实用性"。本教材在知识内容介绍与讲解中，注重实际工作对知识内容的要求，所依据的是至编写之日最新的税收法规、最新的税务代理实务操作要求、最新的实际业务中工作动态，以使学生所学知识与实际需求零距离，减少实际工作中知识运用时的"错位"现象。在知识内容数量的把握上坚持以"够用"为标准，不求面面俱到，所以只介绍和讲解基本税收法规、基本税务处理方法与基本税收实务操作方法。

　　3. 突出"实践技能职业化"。"学以致用"，在掌握基本理论、基本知识的基础上培养适合职业化要求的实践技能是必须面临与解决的问题。因此，本教材结合税收征纳实践工作设计了符合学生职业能力培养要求的模拟操作案例，模拟案例以"过程"为导向、用"任务"进行驱动，教学中可按照实际工作流程进行教师指导下的纳税实务模拟操作，在此基础上深化对理论知识的理解并形成符合纳税实务工作的职业能力。

本教材由哈尔滨金融学院、哈尔滨商业大学、黑龙江科技学院的具有多年教学经验的教师编写，崔艳辉担任主编，王娜、周颂担任副主编。具体分工如下：第1章、6章、8章由崔艳辉编写；第2章、5章、7章由王娜编写；第3章、4章、9章由周颂编写；第10章由赵凯、王炜、张海涛编写。本教材由崔艳辉拟定全书的编写原则、编写体例并对全书进行了统纂定稿。

在本教材编写过程中，参阅了国家最新出台的税收法规，参考了最近出版的税法教材、税务会计教材、纳税申报教材及其他纳税实务类教材，密切结合了税收征纳实务工作，吸纳了税务系统一线工作者的宝贵建议，借此机会向他们表示衷心的感谢。

限于作者水平和时间，书中疏漏不足之处实属难免，敬请各位专家和读者提出宝贵意见。

编者
2013 年 5 月

目　　录

第 1 章
税务代理总论

【学习目标】

通过本章学习，使学生对代理与税务代理的内涵有所了解，使学生了解并掌握税务代理的特性及原则，税务代理制度的模式。重点掌握税务代理人应承担的法律责任，为在实际税务代理中能依法代理奠定基础。

【导入案例】

小企业更需要税务代理

在人们的印象当中，聘请税务代理的多是那些上档次、够规模的大中型企业，小企业因其比较简单无须聘请税务代理。然而，我的亲身经历告诉我，在聘请税务代理方面，小企业比大型企业更加需要。

3 年前，我所经营的企业还仅仅是个家庭作坊式的小企业。当时就曾有税务代理机构就代理一事与我联系。对此我不以为然，认为像我这样的小企业，聘请一个会计就完全可以应付纳税之事，根本用不着税务代理。因此，我一口回绝了税务代理机构的请求，并且对邻街的一家同行企业聘请税务代理的行为不屑一顾。

可是 1 年之后，邻街的那家同行企业在纳税信用评比中被评为 A 级企业，而我所经营的企业则因会计人员的屡次失误被评为 C 级。不仅如此，在这 1 年当中我所经营的企业因账目混乱多次被税务部门查处，企业所支付的罚款、滞纳金就有几千元之多。最为严重的是，因屡次被税务部门处罚，企业的信誉迅速下降，一批老客户纷纷离开并准备与那家 A 级企业合作。

完全不同的发展状况，使我明白，对我经营的这样的小企业来说，聘请税务代理还真不可或缺。假如我当初聘请了税务代理，我会少支付许多罚款、滞纳金；假如聘请了税务代理，我的客户也不会离我而去。所以我想对那些小企业的老板们说：为了企业的健康发展，还是请一家税务代理机构为好。

资料来源：吕海宁口述，吕凤柱整理. 小企业更需要税务代理［N］. 中国税务报，2007 - 07 - 09.

1.1 税务代理概述

1.1.1 税务代理的含义

税务代理是注册税务师从事的主要业务，是注册税务师执业的基本内容。

代理是指代理人以被代理人的名义在代理权限内进行直接对被代理人发生法律效力的法律行为。《中华人民共和国民法通则》（以下简称《民法通则》）依照代理权产生的根据不同，将代理分为委托代理、法定代理和指定代理。税务代理是代理业的一个组成部分，具有代理的一般共性，是一种专项代理，属于民事代理中委托代理的一种。因此，注册税务师必须通过委托人的委托和授权才能以委托人（被代理人）的名义进行税务事宜的代理。

税务代理是指注册税务师在国家法律规定的代理范围内，以税务师事务所的名义，接受纳税人、扣缴义务人的委托，代为办理税务事宜的各项行为的总称。税务代理的兴起，适应了社会经济发展的需要，成千上万个企业和个人都可以通过税务代理履行纳税义务，量大面广，因此税务代理具有广泛的社会性。

1.1.2　税务代理的特点

1. 主体资格的特定性

在税务代理法律关系中，代理行为发生的主体资格是特定的，作为代理人必须是经批准具有税务代理执业资格的注册税务师和税务师事务所。不符合上述条件的单位和个人均不能从事税务代理业务。作为被代理人一方必须是负有纳税义务或扣缴税款义务的纳税人或扣缴义务人。主体资格的特定性是注册税务师执业的法定要求，也是注册税务师行业有序发展的基本条件。

2. 代理活动的公正性

税务代理人是沟通税收征收机关与纳税人的中介，与征纳双方没有任何利益冲突。因此，在执业过程中，注册税务师站在客观、公正的立场上，以税法为准绳，以服务为宗旨，既为维护纳税人合法权益服务，又为维护国家税法的尊严服务。公正性是税务代理人执业的基本要求，离开公正性，税务代理人的存在就失去了意义。

3. 法律约束性

税务代理人从事的税务代理业务不是一般意义上的事务委托或劳务提供，而是负有法律责任的契约行为。注册税务师与被代理人之间的关系是通过代理协议建立起来的，税务代理人在从事税务代理活动过程中，必须站在客观、公正的立场上行使代理权限，且其行为受税法及有关法律的约束。

4. 活动的知识性与专业性

税务代理行业是一种知识密集型专业活动。税务代理人应当具有专业知识和实践经验，有综合分析能力，有较高的政策水平。由此可见，税务代理的知识性十分突出。此外，税务代理人执业还表现出较强的专业性，在执业过程中，税务代理人必须以税收法规和民事代理法规为依据，专门从事有关税务事宜的代理。

5. 执业内容的确定性

注册税务师的税务代理业务范围，由国家以法律、行政法规和行政规章的形式确定，注册税务师不得超越规定的内容从事代理活动。除税务机关按照法律、行政法规规定委托其代理外，注册税务师不得代理应由税务机关行使的行政职权。

6. 税收法律责任的不转嫁性

税务代理活动是一项民事活动，代理关系的建立并不改变纳税人、扣缴义务人对其本身所固有的税收法律责任的承担。在代理过程中产生的税收法律责任，无论出自纳税人、扣缴义务人的原因，还是由于代理人的原因，其承担者均应为纳税人或扣缴义务人，而不能因为建立了税务代理关系而转移征纳关系，即转移纳税人、扣缴义务人的法律责任。但是这种法律责任的不转嫁性，并不意味着税务代理人在执业过程中可以对纳税人、扣缴义务人的权益不负责任，不承担任何代理过错。若因税务代理人工作过失而导致纳税人、扣缴义务人产生损失的，纳税人、扣缴义务人可以通过民事诉讼程序向代理人提出赔偿要求。

7. 有偿服务性

税务代理行业是伴随着市场经济而产生和发展起来的，它以服务为宗旨，以社会效益为目的，在获取一定的报酬的前提下，既服务于纳税人、扣缴义务人，又间接服务于税务机关，服务于社会。

1.1.3　税务代理原则

从事税务代理活动必须遵循以下原则：

1. 自愿委托原则

税务代理人从事的业务属于委托代理范畴，必须依照民法有关代理活动的基本原则，坚持自愿委托。这种代理关系的建立要符合代理双方的共同意愿。纳税人、扣缴义务人有委托或不委托的选择权，同时也有选择谁为其代理的权利；税务代理人也同样具有选择其所代理对象的自由，在被代理人向其寻求代理时，税务代理人拥有接受委托或拒绝代理的选择权。双方依法确立的代理关系不是依据任何行政隶属的关系，而是依据合同的契约关系。税务代理人不能以任何方式强迫纳税人、扣缴义务人委托其代理，被代理人也不得违背代理人意志，胁迫为其代理。只有在双方自愿和合法的基础上订立契约，双方的税收法律关系才能真正确立。

2. 依法代理原则

依法代理是注册税务师执业的一个重要原则。首先，从事税务代理的机构必须是依法成立的税务师事务所，从事税务代理的注册税务师必须是经过全国统一考试合格，并在注册税务师管理机构注册登记的具有税务代理执业资格的代理人员；其次，注册税务师承办一切代理业务，都要以法律、法规为指针，其所有活动都必须在法律、法规规定的范围内进行。注册税务师制作涉税文书，须符合国家法律、法规规定的原则，依照税法规定正确计算被代理人应纳或应扣缴的税款。注册税务师在执业过程中，要充分体现被代理人的合法意愿，在被代理人授权的范围内开展活动。

3. 独立、公正原则

税务代理执业的独立性是指税务代理人在其代理权限内，独立行使代理权，不受其他机关社会团体和个人的干预。注册税务师是独立行使自己职责的行为主体，其从事的具体代理活动不受税务机关控制，更不受纳税人、扣缴义务人左右，而是严格按照税法的规定，靠自己的知识和能力独立处理受托业务，帮助纳税人、扣缴义务人准确履行纳税或扣缴义务并维护他们的合法权益，从而使税法意志得以真正实现。

税务代理人的执业行为是一项社会性中介服务活动，涉及注册税务师、被代理人以及国家的利益关系。因此，客观公正地开展代理活动是税务代理的一项重要原则。注册税务师在实施税务代理过程中，必须站在公正的立场上，在维护税法尊严的前提下，公正、客观地为纳税人、扣缴义务人代办税务事宜，绝不能因收取委托人的报酬而偏袒或迁就纳税人或扣缴义务人。

4. 维护国家利益和保护委托人合法权益的原则

税务代理人在税务代理活动中应向纳税人、扣缴义务人宣传有关税收政策，按照税法规定督促纳税人、扣缴义务人依法履行的自觉性；保护委托人的合法权益是注册税务师执业的又一重要原则。权益和义务是对称的，履行纳税（或扣缴）义务，就应享有纳税（或扣缴）权益。通过注册税务师的税务代理业务，纳税人可避免因不知法而导致不必要的处罚，而且还可通过注册税务师在合法合理的基础上进行税收筹划，节省不必要的税收支出，减少损失。

1.1.4 税务代理在税收征纳关系中的作用

税务代理是税务机关和纳税人之间的桥梁和纽带，通过具体的代理活动，不仅有利于纳税人正确履行纳税义务，而且对国家税收政策的正确贯彻落实具有积极作用。

1. 税务代理有利于促进依法治税

依法治税是税收工作的基本原则。依法治税的基本要求是税务机关依法行政，纳税人、扣缴义务人依法纳税。推行税务代理制度，选用熟悉财税业务的专家作为沟通征纳双方的桥梁，以客观公正的立场协调征纳双方的行为，帮助纳税人准确及时地缴纳税款，并监督纠正征纳双方可能的背离税法规定的行为，将有利于推进我国依法治税的进程。

2. 税务代理有利于完善税收征管的监督制约机制

加强税收征管工作的一个重要环节，是建立一个科学、严密的监督制约体系，确保税收任务的完成。实行税务代理制度，可在税收征纳双方之间通过注册税务师，形成纳税人、注册税务师、税务机关三方制约关系。纳税人作为履行纳税义务的主体，要自觉纳税，同时，受到税务机关与注册税务师的依法监督制约；税务机关作为税收征收的主体，要严格执法，同时又受到纳税人与注册税务师的监督制约；注册税务师在开展代理活动中，也要受纳税人和税务机关的监督制约。这就形成了一个全方位的相互制约体系，必将促进税收征管制度的进一步完善。

3. 税务代理有利于增强纳税人自觉纳税的意识

我国宪法规定，每个公民都有依法纳税的义务。从国际上看，无论是经济发达国家还是发展中国家，一般都建立了申报纳税制度。我国现行的《中华人民共和国税收征收管理法》（以下简称《税收征管法》）也对纳税人作了自觉申报纳税的规定，但由于税种多、计算复杂，让纳税人自行准确计算、申报纳税是有一定难度的。

实行税务代理制度，正是适应了纳税人准确履行纳税义务的需要，他们可以选择自己信赖的注册税务师代为履行申报纳税义务。税务代理制度的实施，有利于提高纳税人主动申报纳税的自觉性，增强纳税意识。

4. 税务代理有利于保护纳税人的合法权益

实行税务代理制度，纳税人可以在注册税务师的帮助下减少纳税错误，用足用好税收优惠政策，做好税收筹划。注册税务师还可协调税收征纳双方的分歧和矛盾，依法提出意见进行调解，如有需要，注册税务师可以接受纳税人委托向上级税务机关申请行政复议。这些都切实有效地维护了纳税人的合法权益。

1.2　税务代理制度

1.2.1　税务代理制度内涵及类型

1. 税务代理制度内涵

税务代理制度是指在税务代理活动中，税务代理人应遵循的法律制度和规范，它包括国家有关税务代理的法规、规章、制度和税务代理行业协会所制定的本行业业务操作规程两个层次。

2. 税务代理制度类型

各国往往根据本国的政治制度、宪法程序以及文化背景等因素来确定其税务代理制度类型，各国根据管理体制不同可以分为三种类型：集中型、松散型、混合型。

1.2.2　税务代理制度的产生与发展

1. 税务代理制度产生与发展的历史渊源

税务代理制度的起源可以追溯到日本的明治时代。1896 年，日本政府制定了《营业税法》，确定营业税以工商业者为纳税义务人。随着税收负担的加重，工商业者中的一些人向退职税务官吏及财会方面有造诣的人士寻求"关于税的商谈"和委托代理申报，以求得合理纳税。1904 年日俄战争爆发，日本政府为了筹措战争经费，采取增收营业税的办法，增加了纳税人计缴税款的难度和工作量，纳税人寻求税务咨询和委托代理申报的业务迅速增加，使专职于这种工作的人员有了较为稳定的市场，并以税务专家的职业固定下来。1911 年，大阪首先制定出《税务代办监督制度》，这是日本税务代理制度的前身。在日本税理士制度形成和发展的过程中，英、美、德、法等一些欧美国家、韩国和我国的台湾、香港地区也相继推行了税务代理制度。尽管世界各国（地区）税务代理制度的内容与模式不同，但是，税务代理制度产生的历史渊源却是相近的。

（1）寻求最小合理纳税的帮助

税务代理是依法受托代理的民事行为，纳税人自愿委托的意愿是税务代理存在的基本前提之一。纳税人在最小合理纳税与办税成本之间作出比较后，如果认为寻求专业人士的帮助是最为经济的，这种意识就会直接促进税务代理制度的产生与孕育。例如，在英国 1920 年的税制改革中，由于税率的提高和税法内容的繁杂，纳税人为了避免因不能通晓税法而多缴税款，开始向专家请教，于是，在英国的特许会计师、税务律师中出现了以提出建议为职业的专家。10年以后，税务检查官吉尔巴德·巴尔与其他税务专家共同创立了租税协会，成为英国唯一的专门从事税务代理业务的专业团体。租税协会的大多数会员限于某一税种的专业服务——为使委托人的应纳税额合法地减少到最小而提出建议。

（2）寻求解决税收争议的帮助

纳税人在履行纳税义务的过程中，因对税法理解的差异可能会与征税机关发生纳税争议，纳税人与税务官员在税收专业判断能力方面的差距，使其不具备为解决纳税争议而与税务机关充分交换意见的条件，寻求专家的指导或由其代行处理，会有效地保护纳税人自身的合法权益，这是注册税务师具有独立存在价值的重要原因之一。例如，为日本税理士制度奠定思想基础的《夏普宣言》就强调如下观点：当纳税人与具有丰富知识的税务官员发生争执时，就非常需要专家队伍的援助，双方可以在对等的条件下判断征税关系正确与否。虽然税务官员和税理士在维护国民的权利以及使其正确完成纳税义务方面负有共同的使命和责任，但是当有两个以上的合理选择时，税务官员往往会选择可以确保税收收入的方法，而税理士则会站在与征税机关平等的立场上给纳税人以专业化的援助，为最大限度地保护客户的利益而尽其努力。

（3）推行申报纳税制度的客观要求

纳税人自行申报纳税制度是现代税收管理的一个基本特征，特别是所得税由稽核课税向自行申报纳税方式的转变，更直接地促进了税务代理制度的发展，因为自行申报纳税制度意味着从计算应纳税额、履行申报手续到办理缴税事宜的整个过程，纳税人均应自行承担相应的法律责任，并因此会有一定的纳税风险。为了免受责罚，寻求税务专家代理申报就成为必要途径。例如，韩国的税务士是在第一次世界大战期间出现的。20世纪60年代初，韩国的《税务士法》规定税务士主要从事代理纳税人制作税务方面的申报、申请、请求、异议申请和税务咨询。从70年代中期开始，韩国规定由税务士制作法人所得税的文书——税务调整计算书和申报纳税前的审核，个人所得税申报表如能附送税务士审核后编制的税务调整计算书，则可免除税务调查，这一举措使韩国税务士的代理服务有了较大的发展。据韩国税务士会1992年度的统计资料，80%的法人所得税纳税人和近30万的个人所得税纳税人是通过税务士制作提交税务调整计算书而完成纳税申报的。

2. 我国税务代理制度产生与发展的基本历程

我国的税务代理制度是适应国家建立和完善社会主义市场经济体制，税制改革特别是税收征管改革不断深化的要求，顺应纳税人的客观需求而逐步产生和发展的。

第一，市场经济体制的建立推动了作为服务贸易组成部分的社会中介服务体的建立和发展。税务代理的行业独特性和社会性也逐渐显示出来，一支以税务代理为职业的队伍逐步形成。

第二，工商税制的全面改革和实行分税制的税收管理体制，使税收深入到社会生产的各个环节，涉及全体国民的切身利益，纳税人的责任逐步加大。同时，改革后纳税人承担纳税责任的税种一般要涉及多个，而且缴纳增值税的企业、外商投资企业和外国企业以及中央所属的缴纳营业税的企业，要面向国税、地税两套税务机构纳税，纳税风险与法律责任都相应增加。为减少损失、提高纳税的准确性、有效保护自身合法权益，寻求税务代理就成为一种必然。

第三，税收征管模式的转换，税务专管员制度的改革，分清了税收征纳双方的权利、义务、责任，企业为了能独立完成纳税义务，客观上需要社会中介提供服务。

我国税务代理制度产生与发展的基本历程，大致可分为如下几个阶段：

（1）20 世纪 80 年代初的税务咨询业

20 世纪 80 年代，随着国家税制进行一系列改革，我国的税收从单一税制改变为复合税制，纳税难度相应加大。为帮助纳税人准确纳税，一些地区的离退休税务干部组建了税务咨询机构，为纳税人解答税法方面的问题。这是税务代理的雏形。

（2）20 世纪 90 年代初税务代理市场的启动

在国家推行一系列税制改革的同时，从 1988 年起，全国逐步开展税收征管改革，辽宁、吉林的一些地区结合征管方式的改变，进行了税务代理的试点，取得了一定的成效。为此，在 1993 年实施的《税收征管法》第五十七条中明确规定"纳税人、扣缴义务人可以委托税务代理人代为办理税务事宜"（2001 年 4 月修订后的《税收征管法》为第八十九条），并授权国家税务总局制定具体办法。1994 年，国家税务总局颁发了《税务代理试行办法》，要求各地有步骤地开展税务代理的试点工作，税务代理市场开始启动。

（3）税务代理制的全面推行

进入 20 世纪 90 年代中后期，我国的税收征管改革进入深化阶段，税收征管实现了程序化，纳税人必须自觉履行各项纳税义务。但仅凭纳税人自身的努力难以准确地履行其纳税义务，寻求税务代理的客观需求越来越迫切。特别是经过几年的试点，税务代理已逐渐被纳税人和社会各界所接受，并已形成一定的规模。为促进税收征管改革的深入开展，规范代理行为，提高代理质量，1996 年人事部和国家税务总局联合下发了《注册税务师资格制度暂行规定》，在税务代理行业实行执业准入控制，全面实施注册税务师制度，标志着注册税务师执业资格制度在我国的正式确立。

（4）税务代理制的规范管理

进入 21 世纪，注册税务师行业作为具有涉税鉴证和涉税服务双重职能社会中介组织的定位逐渐清晰；行业队伍逐步壮大，制度建设得到加强，执业水平不断提高，管理体制初步理顺。2005 年，《注册税务师管理暂行办法》的出台标志着注册税务师行业进入一个崭新的规范发展时期。

1.3　注册税务师及税务师事务所

1.3.1　注册税务师及服务范围

1. 注册税务师的概念

注册税务师是在中华人民共和国境内依法取得注册税务师执业资格证书，从事涉税服务和鉴证业务的专业人员。注册税务师执业应当精通税收法律及财务会计制度，能够熟练地承担税务代理、税收筹划等业务，具备进行实务操作的素质和技能。注册税务师在纳税人、扣缴义务人的委托之下，从事相关涉税事宜。

注册税务师执业，应当依托于税务师事务所。税务师事务所是依法设立并承办法律、法规、规章规定的涉税服务和鉴证业务的社会中介机构。注册税务师和税务师事务所承办业务，应当以委托方自愿为前提，以有关法律、行政法规、规章为依据，并受法律保护。税务师事务所及注册税务师应当对其出具的鉴证报告及其他执业行为承担法律责任。

2. 注册税务师的服务范围

注册税务师的服务范围主要包括涉税服务和涉税鉴证两个方面。

根据 2005 年 12 月 30 日国家税务总局颁布的《注册税务师管理暂行办法》（国家税务总局第 14 号令）规定，注册税务师开展涉税服务是指注册税务师可以提供代办税务登记、纳税和退税、减免税申报、建账记账，增值税一般纳税人资格认定申请，利用主机共享服务系统为增值税一般纳税人代开增值税专用发票，代为制作涉税文书，以及开展税务咨询（顾问）、税收筹划、涉税培训等涉税服务业务。注册税务师承办的涉税鉴证业务包括：（1）企业所得税汇算清缴纳税申报的鉴证；（2）企业税前弥补亏损和财产损失的鉴证；（3）国家税务总局和省税务局规定的其他涉税鉴证业务。

1.3.2 注册税务师资格的取得

为了提高税务代理人员的执业素质，《注册税务师资格制度暂行规定》对从事税务代理业务的专业技术人员实行注册税务师制度，并将其纳入国家执业资格证书制度范畴，以促进税务代理业的健康发展。

1. 注册税务师资格考试制度

注册税务师应是精通税法和财务会计制度，并能熟练进行实务操作的专业技术人员，必须具备从事税务代理工作的素质和工作技能。实行注册税务师资格考试制度是保证执业准入控制的基本前提。

（1）报名参加注册税务师资格考试的条件

凡中华人民共和国公民，遵纪守法并具备下列条件之一者，可申请参加注册税务师资格考试：

①非经济类、法学类大专毕业后从事经济、法律工作满 8 年。

②经济类、法学类大专毕业后，或非经济类、法学类大学本科毕业后，从事经济、法律工作满 6 年。

③经济类、法学类大学本科毕业后，或非经济、法学类第二学士或研究生班毕业后，从事经济、法律工作满 4 年。

④经济类、法学类第二学位或研究生班毕业后，或获非经济、法学类硕士学位后，从事经济、法律工作满 2 年。

⑤获得经济类、法学类硕士学位后，从事经济，法律工作满 1 年。

⑥获得经济类、法学类博士学位。

⑦在全国实行专业技术资格考试前，按照国家有关规定已评聘了经济、会计、统计、审计和法律中级专业职务或参加全国统一考试，取得经济、会计、统计、审计专业中级专业技术资格者，从事税务代理业务满 1 年，可报名参加注册税务师全部科目考试。

⑧已评聘经济、会计、统计、审计、法律等高级专业技术职务，从事税收工作满 2 年的人员，可以免予部分科目考试。

⑨人事部和国家税务总局规定的其他条件。

（2）注册税务师资格考试科目

注册税务师资格考试实行全国统一大纲、统一命题、统一组织的考试制度，原则上每年举行一次，具体考试办法由人事部与国家税务总局共同制定。考试科目共分五个科目：税法（Ⅰ）、税法（Ⅱ）、税务代理实务、税收相关法律、财务与会计。

税法（Ⅰ）：主要内容包括税法基本原理及流转税（增值税、消费税、营业税、关税、资源税）方面的法律、法规；

税法（Ⅱ）：主要内容包括除流转税以外的其他税种的有关法律、法规；

税务代理实务：侧重于税务代理基本业务知识和实际操作技能；

税收相关法律：包括法律基础理论及若干涉税单行法律，如行政法、民商法、刑法等；

财务与会计：侧重于财会业务和实际操作。

（3）考试成绩有效期

①考试以三年为一个周期，参加全部五个考试科目人员必须在连续三个考试年度（第一年至第三年为一个周期，第二年至第四年为一个周期，依此类推）内通过全部五个科目的考试；

②免试财务与会计科人员，须在连续的两个考试年度内通过其余四个科目考试；

③只参加税务代理实务和税收相关法律两个科目考试的人员，须在一个考试年度内通过应试科目考试。

2. 注册税务师的备案制度

国家税务总局及其授权的省、自治区、直辖市和计划单列市注册税务师管理中心，为注册税务师的备案管理机构。按照《注册税务师资格制度暂行规定》的要求，通过考试取得中华人民共和国注册税务师资格证书者，必须在取得证书后 3 个月内到所在省、自治区、直辖市和计划单列市注册税务师管理中心申请办理备案手续。经注册税务师管理中心审核后，对在税务师事务所执业满 2 年的，给予执业备案，在证书备注栏加盖"执业备案"章；对在税务师事务所执业不满 2 年或者暂不执业的，给予非执业备案，在证书备注栏加盖"非执业备案"章。注册税务师管理中心应当将本地注册税务师的备案情况上报国家税务总局。执业备案和注销备案的注册税务师应当向社会公告，公告办法由国家税务总局另行规定。

3. 注册税务师的权利与义务

税务代理作为民事代理的一种，其代理人注册税务师享有民法所规定的权利。注册税务师执业，享有下列权利：

（1）注册税务师有权依照《注册税务师管理暂行办法》规定的范围，代理由委托人委托的代理事宜；注册税务师对委托人违反税收法律、法规行为的委托，有权拒绝。

（2）注册税务师依法从事税务代理业务，受国家法律保护，任何机关、团体、单位和个人不得非法干预。

（3）注册税务师可以向税务机关查询税收法律、法规、规章和其他规范性文件。

（4）注册税务师可以要求委托人提供有关会计、经营等涉税资料（包括电子数据），以及其他必要的协助。

（5）注册税务师可以对税收政策存在的问题向税务机关提出意见和修改建议；可以对税务机关和税务人员的违法、违纪行为提出批评或者向上级主管部门反映。

（6）注册税务师对行政处分决定不服的，可以依法申请复议或向人民法院起诉。

注册税务师应按其代理职责履行义务并承担相关的法律责任。注册税务师执业，需履行下列义务：

（1）注册税务师执业由税务师事务所委派，个人不得承接业务。

（2）注册税务师应当在对外出具的涉税文书上签字盖章，并对其真实性、合法性负责。

（3）注册税务师执业中发现委托人有违规行为并可能影响审核报告的公正、诚信时，应当予以劝阻；劝阻无效时，应当终止执业。

（4）注册税务师对执业中知悉的委托人的商业秘密，负有保密义务。

（5）注册税务师应当对业务助理人员的工作进行指导与审核，并对其工作结果负责。

（6）注册税务师与委托人有利害关系的，应当回避；委托人有权要求其回避。

（7）注册税务师应当不断更新执业所需的专业知识，提高执业技能，并按规定接受后续教育培训。

1.3.3　税务师事务所

税务师事务所是专职从事税务代理的工作机构，由注册税务师出资设立，其组织形式为有限责任制税务师事务所和合伙制税务师事务所，以及国家税务总局规定的其他形式。

1. 申请设立税务师事务所应报送的资料

申请设立税务师事务所，应当向省级注册税务师管理中心提出书面申请，并报送下列有关资料：

（1）税务师事务所的名称、组织机构、业务场所；

（2）税务师事务所主要负责人的姓名、简历及有关证明文件；

（3）税务师事务所的从业人员情况，包括注册税务师的姓名、简历及有关证明文件；

（4）税务师事务所章程、合同和协议；

（5）注册税务师管理中心要求的其他资料。

2. 税务师事务所的经营、变更及注销等有关事宜

（1）税务师事务所应当就本所注册税务师变动情况，向省注册税务师管理中心备案；省注册税务师管理中心应当将本地区当年注册税务师变动情况汇总，上报国家税务总局。

（2）税务师事务所应当依法纳税，并建立健全内部管理制度，严格财务管理，建立职业风险基金，办理职业保险。

（3）税务师事务所承接委托业务，应当与委托人签订书面合同并按照国家价格主管部门的有关规定收取费用。

（4）税务师事务所在工商行政管理部门办理合并、变更、注销等手续后，应当到省注册税务师管理中心备案。

（5）对合并、变更的税务师事务所，符合设立条件的，核发新的税务师事务所执业证；不符合设立条件的，收回税务师事务所执业证，不再核发。

（6）注销的税务师事务所，由省注册税务师管理中心核销税务师事务所执业证。

（7）合并、变更、注销的税务师事务所，省注册税务师管理中心办理完相关手续后，应当在 30 日内报国家税务总局备案。省注册税务师管理中心应当将已办理完相关备案手续的税务师事务所通报税务师事务所所在地主管税务机关并向社会公告。

1.4　税务代理的业务范围及规则

1.4.1　税务代理的范围

税务代理的范围是指按照国家有关法律规定，允许注册税务师从事的业务内容。尽管世界各国所规定的业务不尽相同，但其基本原则是大致一样的，即税务代理的业务范围主要是纳税人所委托的各项涉税事宜。

《注册税务师管理暂行办法》规定，注册税务师可以接受委托人的委托从事下列范围内的业务代理：

（1）代办税务登记；

（2）办理纳税、退税和减免税申报；

（3）建账记账；

（4）办理增值税一般纳税人资格认定申请；

（5）利用主机共享服务系统为增值税一般纳税人代开增值税专用发票；

（6）代为制作涉税文书；

（7）开展税务咨询（顾问）、税收筹划、涉税培训等涉税服务业务。

注册税务师还可承办下列涉税鉴证业务：

（1）企业所得税汇算清缴纳税申报的鉴证；

（2）企业税前弥补亏损和财产损失的鉴证；

（3）国家税务总局和省税务局规定的其他涉税鉴证业务。

根据现行有关法律的规定，注册税务师不能违反法律、行政法规的规定行使税务机关的行政职能。同时，对税务机关规定必须由纳税人、扣缴义务人自行办理的税务事宜，注册税务师不得代办。

1.4.2 税务代理中注册税务师的执业规则

注册税务师执业时，遇有下列情形之一的，应当拒绝出具有关报告：

（1）委托人示意其作不实报告或者不当证明的；

（2）委托人故意不提供有关资料和文件的；

（3）委托人有其他不合理的要求，致使注册税务师出具的报告不能对涉税的重要事项作出正确表述的。

注册税务师执业，应当按照业务规程确定的工作程序建立工作底稿、出具有关报告。注册税务师出具报告时，不得有下列行为：

（1）明知委托人对重要涉税事项的处理与国家税收法律、法规及有关规定相抵触，而不予指明；

（2）明知委托人对重要涉税事项的处理会损害报告使用人或者其他利害关系人的合法权益，而予以隐瞒或者作不实的报告；

（3）明知委托人对重要涉税事项的处理会导致报告使用人或者其他利害关系人产生重大误解，而不予指明；

（4）明知委托人对重要涉税事项的处理有其他不实内容，而不予指明。

注册税务师不得有下列行为：

（1）执业期间，买卖委托人的股票、债券；

（2）索取、收受委托合同约定以外的酬金或者其他财物，或者利用执业之便，谋取其他不正当的利益；

（3）允许他人以本人名义执业；

（4）向税务机关工作人员行贿或者指使、诱导委托人行贿；

（5）其他违反法律、行政法规的行为。

1.5 税务代理的法律关系和法律责任

税务代理的法律关系是指纳税人、扣缴义务人委托注册税务师办理涉税事宜而产生的委托方与受托方之间的权利、义务和责任关系。注册税务师以委托方的名义进行代理工作，其代理过程中所产生的法律后果直接归属委托方，税务代理法律关系的确定以委托代理协议书的签订为标志。同时，委托代理项目、委托期限等的变化，将直接影响双方的权利、义务关系，税务代理法律关系将随之发生变更。

1.5.1 税务代理的法律关系

1. 税务代理关系的确立

（1）税务代理关系确立的前提

税务代理不同于一般民事代理，税务代理关系的确立，应当以双方自愿委托和自愿受理为前提，同时还要受代理人资格、代理范围及委托事项的限制。

①委托项目必须符合法律规定。《注册税务师管理暂行办法》明确规定，注册税务师可以接受纳税人、扣缴义务人的委托从事规定范围内的业务代理，注册税务师不得超越法律规定范围进行代理，并严禁代理偷税、骗税行为。

②受托代理机构及专业人员必须具有一定资格。税务代理是一项政策性较强、法律约束较高的工作，因此，受托代理机构及从业人员必须取得一定资格。按现行规定，从事税务代理的机构只能是经国家税务总局及其授权部门确认批准的负有限责任的税务师事务所和合伙税务师事务所，其他机构不得从事税务代理业务。同时，税务代理专业人员必须经考试取得中华人民共和国注册税务师执业资格证书并经省、自治区、直辖市和计划单列市注册税务师管理机构备案，方可从事代理业务。

③注册税务师承办业务必须由所在的税务师事务所统一受理。

④签订委托代理协议书。税务代理关系确立必须书面签订委托代理协议书，而不得以口头或其他形式。未经签订委托代理协议书而擅自开展代理业务的，不受法律保护。

（2）税务代理关系确立程序及形式

税务代理关系确立大致有两个阶段：第一阶段是准备阶段，主要就委托内容与权利义务进行洽谈；第二阶段是签约阶段，即委托代理关系确立阶段。

①税务代理关系的准备阶段。税务代理关系确立前代理双方应就委托项目及服务标准协商一致，并对双方权利义务进行商定，特别是应由纳税人、扣缴义务人提供的与委托税务事宜有关的情况、数据、证件、资料等必须如期、完整、准确地提供。同时，双方应就代理费收取等事宜协商一致。这一阶段，注册税务师处于税务代理关系确立前的主导地位，必须向委托人阐明税务代理业务范围、税务代理责任、双方权利义务以及税务代理收费等，取得委托人认同。

②委托代理协议书签约阶段。在委托方、受托方就协议约定内容取得一致意见后，委托方、受托方应就约定内容签订委托代理协议书。委托代理协议书应当载明委托方、受托方名称，代理事项，代理权限，代理期限以及其他应明确的事项，并由注册税务师及其所在的税务代理机构和委托方签名盖章。协议书经委托方，受托方签章后，正式生效。

税务代理委托协议书

编号：第　号

甲方：　　　　　　　　　　乙方：

法定代表人：　　　　　　　法定代表人：

地址：　　　　　　　　　　地址：

电话：　　　　　　　　　　电话：

联系人：　　　　　　　　　联系人：

税务登记号：

兹有_____（甲方）委托××××税务师事务所有限公司（乙方），提供

_____服务。经双方协商，现将双方责任及有关事项约定如下：

一、委托事项：

（一）项目名称：

（二）具体内容及要求：

（三）完成时间：

二、代理费用及支付方式：

（一）完成约定事项的代理费用为人民币（大写）_____元。

（二）上述费用按_____方式，自协议签订后_____日内支付完毕。

三、甲方义务及责任：

（一）甲方应对乙方开展审核工作给予充分的合作，提供必要的条件，并按乙方的要求，提供账册、凭证、报表以及其他在审核过程中需要查看的各种文件资料。

（二）甲方必须向乙方及时提供与委托事项有关的凭证及其他涉税资料，并对其真实性、合法性、完整性责任。如因甲方提供的涉税资料失实，造成代理结果错误的，乙方不负赔偿责任。

（三）作为审核程序的一部分，在乙方认为必要时，甲方应提供一份管理当局声明书，对有关会计报表方面的情况作必要的说明。

（四）甲方不得授意乙方代理人员实施违反税收法律、法律的行为。如有此类情况，经劝告后仍不停止者的，乙方有权终止代理。

（五）甲方应按约定的条件，及时足额支付代理费。不按约定时间支付的，应按约定数额的_____比例支付违约金。

四、乙方的义务及责任：

（一）乙方接受委托后，应及时委派代理人员为甲方提供约定的服务。

（二）乙方委派代理人员必须对执业中知悉的甲方商业秘密保密，维护甲方的合法权益。

（三）按照国家有关税收法规的要求，对甲方提供的企业所得税税前扣除项目相关资料，实施必要的税务审核程序，并按时出具代理报告。如超过约定时限，给甲方造成损失的，应按收取代理费的_____比例支付违约金。

（四）因乙方违反税收法律、法规，造成被审核企业未缴或少缴税款的，除由甲方缴纳或者补缴税款、滞纳金外，乙方应承担相应的赔偿责任。

五、协议签订后，双方应积极按约履行，不得无故终止。如有法定情形或特殊原因确需终止的，提出终止的一方应及时通知另一方，并给对方以必要的准备时间。

六、协议履行中如遇情况变化，需要更、补充有关条款的，由双方协商议定。

七、协议履行中如有争议，双方应协商解决，协商不成，可通过诉讼方式解决。

八、本协议经双方法定代表人签字并加盖单位公章后生效。

九、本协议一式两份，甲乙双方各执一份，并具有同等法律效力。

十、本协议未尽事宜，经双方协商同意后，可另行签字订补充协议。

签订时间：　　年　　月　　日

签订地点：

2. 税务代理关系的变更

委托代理协议书签订后，注册税务师及其助理人员应按协议约定的税务代理事项进行工作，但遇有下列问题之一的，应由协议双方协商对原订协议书进行修改和补充：

（1）委托代理项目发生变化的。这里有两种情况：第一种是原委托代理项目有了新发展，代理内容超越了原约定范围，经双方同意增加或减少代理内容的。如原来签订的是单项代理，后改为综合代理。第二种是由于客观原因，委托代理内容发生变化，需要相应修改或补充原协议内容的。

（2）注册税务师发生变化的。

（3）由于客观原因，需要延长完成协议时间的。

上述内容的变化都将使税务代理关系发生变化，因此，必须先修订委托代理协议书，并经过委托方和受托方以及注册税务师共同签章后生效，修订后的协议书具有同等法律效力。

3. 税务代理关系的终止

税务代理委托协议约定的代理期限届满或代理事项完成，税务代理关系自然终止。

有下列情形之一的，委托方在代理期限内可单方终止代理行为：

（1）税务代理执业人员未按代理协议的约定提供服务；

（2）税务师事务所被注销资格；

（3）税务师事务所破产、解体或被解散。

有下列情形之一的，税务师事务所在代理期限内可单方终止代理行为：

（1）委托人死亡或解体，破产；

（2）委托人自行实施或授意税务代理执业人员实施违反国家法律、法规行为，经劝告仍不停止其违法活动的；

（3）委托人提供虚假的生产经营情况和财务会计资料，造成代理错误的。

委托关系存续期间，一方如遇特殊情况需要终止代理行为的，提出终止的一方应及时通知另一方，并向当地主管税务机关报告，终止的具体事项由双方协商解决。

1.5.2　税务代理的法律责任

为了维护税务代理双方的合法权益，保证税务代理活动顺利进行，使税务代理事业能够在法制的轨道上健康发展，必须明确税务代理的法律责任。

规范税务代理法律责任的法律是《民法通则》、《税收征管法》及其实施细则和其他有关法律、行政法规，承担的法律责任既包括民事法律责任，也包括刑事法律责任。

1. 委托方的法律责任

根据《中华人民共和国合同法》规定，当事人一方不履行合同义务或者履行合同义务不符合约定的，应当承担继续履行、采取补救措施或者赔偿损失等违约责任。因此，如果委托方违反代理协议的规定，致使注册税务师不能履行或不能完全履行代理协议，由此而产生法律后果的法律责任应全部由委托方承担，其中，纳税人除了应按规定承担本身应承担的税收法律责任以外，还应按规定向受托方支付违约金和赔偿金。

2. 受托方的法律责任

《民法通则》第六十六条规定：代理人不履行职责而给被代理人造成损害的应当承担民事责任。根据这项规定，税务代理如因工作失误或未按期完成税务代理事务等未履行税务代理职责，给委托方造成不应有的损失的，应承担责任。

《税收征管法实施细则》第九十八条规定：税务代理违反税收法律、行政法规，造成纳税人未缴或者少缴税款的，除由纳税人缴纳或者补缴应纳税款、滞纳金外，对税务代理人处纳税人未缴或者少缴税款 50% 以上 3 倍以下的罚款。

《注册税务师管理暂行办法》规定，对注册税务师及其所在机构违反该规定的行为，分别按下列规定进行处理：

（1）注册税务师有下列行为之一的，由省税务局予以警告或者处 1 000 元以上 5 000 元以下罚款，责令其限期改正，限期改正期间不得对外行使注册税务师签字权；逾期不改正或者情节严重的，应当向社会公告，公告办法另行规定：

①执业期间买卖委托人股票、债券的；

②以个人名义承接业务或者收费的；

③泄露委托人商业秘密的；

④允许他人以本人名义执业的；

⑤利用执业之便，谋取不正当利益的；

⑥在一个会计年度内违反《注册税务师管理暂行办法》规定 2 次以上的。

（2）税务师事务所有下列行为之一的，由省税务局予以警告或者处 1 000 元以上 1 万元以下罚款，责令其限期改正；逾期不改正或者情节严重的，向社会公告：

①未按照《注册税务师管理暂行办法》规定承办相关业务的；

②未按照协议规定履行义务而收费的；

③未按照财务会计制度核算，内部管理混乱的；

④利用执业之便，谋取不正当利益的；

⑤采取夸大宣传、诋毁同行、以低于成本价收费等不正当方式承接业务的；

⑥允许他人以本所名义承接相关业务的。

（3）注册税务师和税务师事务所出具虚假涉税文书，但尚未造成委托人未缴或者少缴税款的，由省税务局予以警告并处 1 000 元以上 3 万元以下的罚款，并向社会公告。

（4）注册税务师和税务师事务所违反税收法律、行政法规，造成委托人未缴或者少缴税款的，由省税务局按照《税收征管法实施细则》第九十八条的规定处以罚款；情节严重的，撤销执业备案或者收回执业证，并提请工商行政管理部门吊销税务师事务所的营业执照。出现上述规定情形的，省注册税务师管理中心应当将处罚结果向国家税务总局备案，并向社会公告。

3. 对属于共同法律责任的处理

《民法通则》第六十七条规定：代理人知道被委托代理的事项违法，仍进行代理活动，或者被代理人知道代理人的代理行为违法，不表示反对的，被代理人和代理人负连带责任。根据这项规定，注册税务师与被代理人如果互相勾结、偷税抗税、共同违法，应按共同违法论处，双方都要承担法律责任。涉及刑事犯罪的，还要移送司法部门依法处理。

【思考与练习】

1. 简述税务代理的特征。
2. 简述税务代理的范围。

第 2 章
税务管理与税务登记代理实务

【学习目标】

通过本章学习，使学生对税务管理与企业税务登记范围的基本内容有所了解，学生应重点掌握税务登记的类型及其内容、有关表格的填制方法，熟悉纳税事项税务登记代理实务的操作。

【导入案例】

天宇科技有限公司成立于 2007 年 2 月，注册资本 80 万元，主营工艺品的加工、生产，被税务机关认定为小规模纳税人。因为市场前景看好，2011 年销售收入达到 120 万元。为应对企业高速成长对资金的需求，股东会于 2011 年 12 月 20 日通过增加注册资本 150 万元的决议，并于 2012 年 1 月 5 日办理工商登记变更手续。2012 年 1 月该公司委托注册税务师代为办理上述涉税业务。

问：注册税务师应就企业的上述业务承办哪些具体涉税业务？通过本章学习可以得到答案。

2.1 税务管理概述

税务管理是国家税务机关依照税收政策、法令、制度对税收分配全过程所进行的计划、组织、协调和监督控制的管理活动。它是保证财政收入及时、足额入库，实现税收分配目标的重要手段。税务管理可分为两个层次：一是税收政策、法令、制度的制定，即税收立法；二是税收政策、法令、制度的执行，即税收的征收管理，也是税收执法。

2.1.1 税务管理体制

税务管理体制是指在中央与地方，以及地方各级政府之间划分税收管理权限的一种制度，是税收管理制度的重要组成部分。税收管理权限包括税收立法权和税收管理权两个方面。

1. 税收立法权

税收立法权是指国家最高权力机关依据法定程序赋予税收法律效力时所具有的权力。税收立法权包括税法制定权、审议权、表决权和公布权。

2. 税收管理权

税收管理权是指贯彻执行税法所拥有的权限，它实质上是一种行政权力，属于政府及其职能部门的职权范围。税收管理权包括税种的开征与停征权、税法的解释权、税目的增减与税率的调整权、减免税的审批权。

2.1.2 分税制下的税务管理体制

1. 分税制的概念

分税制是指在划分中央与地方政府事权的基础上，按照税种划分中央与地方财政收入的一种财政管理体制。分税制不仅是财政管理体制的目标模式，同时也是税务管理体制改革的重要内容。实行分税制，有利于进一步理顺中央与地方的财政分配关系，更好地发挥国家财政的职能作用，增强中央的宏观调控能力，促进社会主义市场经济体制的建立和国民经济又好又快发展。

2. 分税制的内容

（1）合理划分中央和地方政府的事权范围。中央政府主要负责国防、外交、武警、国家重点建设、中央国家机关经费以及实施宏观调控所必需的支出；地方政府主要承担地区政权机关经费及本地区经济和各种事业发展所需支出。

（2）合理划分税种，按税种划分中央与地方收入。将国家开征的全部税种划分为中央税、中央与地方共享税和地方税。属于维护国家权益、实施宏观调控所必需的税种划为中央税；属于与经济发展密切相关的主要税种划为中央与地方共享税；属于适合地方征管，有利于调动地方积极性的税种划为地方税。

（3）分设国家税务局和地方税务局两套税务机构。为了保证分税制的顺利实施，我国将原来的一套税务机构分设为国家税务局和地方税务局两套机构，国家税务局隶属中央政府，负责中央税、中央与地方共享税的征收和管理；地方税务局隶属于地方各级政府，负责地方税的征收和管理。

2.1.3 我国税务管理机构设置及其职能划分

1. 税务管理机构的设置

税务机关是主管我国税收征收管理工作的部门。1994 年，为了进一步理顺中央与地方的财政分配关系，更好地发挥国家财政的职能作用，增强中央的宏观调控能力，促进社会主义市场经济体制的建立和国民经济持续、快速、健康发展，我国开始实行分税制财政管理体制。同时，为了适应分税制财政管理体制的需要，我国对税收管理机构也进行了相应的配套改革。中央政府设立国家税务总局，是国务院主管税收工作的直属机构。省及省以下税务机构分设为国家税务局和地方税务局两个系统。

国家税务局系统的机构设置为四级，即国家税务总局，省（自治区、直辖市）国家税务局，地（设区的市、州、盟）国家税务局，县（市、旗）国家税务局。国家税务局系统实行国家税务总局垂直管理的领导体制，在机构、编制、经费、领导干部职务的审批等方面按照下管一级的原则，实行垂直管理。地方税务局按行政区划设置，分为三级，即省（自治区、直辖市）地方税务局，地（设区的市、州、盟）地方税务局，县（市、旗）地方税务局。地方税务局系统的管理体制、机构设置、人员编制按地方人民政府组织法的规定办理。省（自治区、直辖市）地方税务局实行省（自治区、直辖市）人民政府和国家税务总局双重领导，以地方政府领导为主的管理体制。国家税务总局对省（自治区、直辖市）地方税务局的领导，主要体现在税收业务的指导和协调以及对国家统一的税收制度、政策的组织实施和监督检查等方面。省（自治区、直辖市）以下地方税务局实行上级税务机关和同级政府双重领导、以上级税务机关垂直领导为主的管理体制，即地（设区的市、州、盟）以及县（市、旗）地方税务局的机构设置、干部管理、人员编制和经费开支由所在省（自治区、直辖市）地方税务机构垂直管理。

国家（地方）税务局系统依法设置，对外称谓统一为国家（地方）税务局、税务分局、税务所和国家（地方）税务局稽查局，按照行政级次、行政（经济）区划或隶属关系命名税务机关名称并明确其职责。各级税务局为全职能局，按照省（自治区、直辖市），副省级城市，地区（市、盟、州）以及直辖市的区、副省级市的区，县（旗），县级市、地级市城区的行政区划设置，地级以上城市的区也可按经济区划设置。税务分局、税务所为非全职能局（所），是上级税务机关的派出机构，可按行政区划设置，也可按经济区划设置。较大县的城区、管辖五个以上乡镇（街道）的可设置税务分局。管辖四个以下乡镇（街道）的机构称税务所。各级税务局稽查局是各级税务局依法对外设置的直属机构。地级市的城区如有需要，可以设置稽查局，城区稽查局视不同情况既可按行政区划设置，也可跨区设置。

截至 2010 年底，全国省及以下国家税务局系统共有 31 个省（自治区、直辖市）局、15 个副省级城市局、337 个地（设区的市、州、盟）局、82 个直辖市区局、159 个副省级城市区局、899 个地（设区的市、州、盟）区局和 2 033 个县（市、旗）局，另外设置有 3 414 个稽查局、直属分局等直属机构，10 193 个税务分局、税务所等派出机构，4 346 个信息中心、机关服务中心等事业单位。地方税务局系统共有 30 个省（自治区、直辖市）局、15 个副省级城市局、325 个地（设区的市、州、盟）局、73 个直辖市区局、94 个副省级城市区局、586 个地（设区的市、州、盟）区局和 1 932 个县（市、旗）局，另设置有 5 186 个稽查局、直属分局等直属机构，16 373 个税务分局、税务所等派出机构，2 190 个信息中心、机关服务中心等事业单位。

2. 税收征收范围的划分

（1）国家税务局系统的征收范围

国家税务局系统负责征收和管理的项目有增值税、消费税（其中进口环节的增值税、消费税由海关负责代征），车辆购置税，铁道部门、各银行总行、各保险公司总公司集中缴纳的营业税、企业所得税和城市维护建设税，中央企业缴纳的企业所得税，中央与地方所属企业、事业单位组成的联营企业、股份制企业缴纳的企业所得税，地方银行、非银行金融企业缴纳的企业所得税，海洋石油企业缴纳的企业所得税、资源税，2002～2008 年期间注册的企业、事业单位缴纳的企业所得税，对储蓄存款利息征收的个人所得税（目前暂免征收），对股票交易征收的印花税。

西藏自治区只设立国家税务局，征收和管理税务系统负责的所有项目，但是暂不征收消费税、房产税、城镇土地使用税、契税和烟叶税。

（2）地方税务局系统的征收范围

地方税务局系统负责征收和管理的项目有营业税、企业所得税、个人所得税、资源税、印花税和城市维护建设税（不包括由国家税务局系统负责征收管理的部分）、房产税、城镇土地使用税、耕地占用税、契税、土地增值税、车船税、烟叶税、固定资产投资方向调节税。其中，固定资产投资方向调节税已经停止征收；少数地区的耕地占用税、契税征收和管理工作还没有从财政部门移交地方税务局。

（3）海关系统的征收范围

海关系统负责征收和管理的项目有关税、船舶吨税。此外，负责代征进口环节的增值税、消费税。

自 2009 年起，企业所得税的征收管理范围按照下列规定调整：

（1）下列新增企业的企业所得税由国家税务局系统负责征收和管理：应当缴纳增值税的企业，企业所得税全额为中央收入的企业，在国家税务局缴纳营业税的企业，银行（信用社）、保险公司，外商投资企业和外国企业常驻代表机构，在中国境内设立机构、场所的其他非居民企业。

应当缴纳营业税的新增企业，其企业所得税由地方税务局系统负责征收和管理。

（2）非居民企业没有在中国境内设立机构、场所，而来源于中国境内的所得；或者虽然在中国境内设立机构、场所，但是取得的来源于中国境内的所得与其在中国境内所设机构、场所没有实际联系，中国境内的单位、个人向非居民企业支付上述所得的，该项所得应当扣缴的企业所得税的征收管理，分别由主管支付该项所得的中国境内单位、个人所得税的国家税务局或者地方税务局负责（其中不缴纳企业所得税的单位由国家税务局负责）。

（3）2008 年以前已经成立的跨区经营汇总纳税企业，2009 年以后新设立的分支机构，其企业所得税的征收管理机关应当与其总机构企业所得税的征收管理机关一致。2009 年以后新增跨区经营汇总纳税企业，其总机构企业所得税的征收管理机关按照上述第一条规定的原则确定，其分支机构企业所得税的征收管理机关也应当与总机构企业所得税的征收管理机关一致。

（4）依法免缴增值税、营业税的企业，按照其免缴的上述税种确定企业所得税的征收管理机关。既不缴纳增值税，也不缴纳营业税的企业，其企业所得税暂由地方税务局系统负责征收和管理。

（5）既缴纳增值税，又缴纳营业税的企业，原则上按照其税务登记的时候自行申报的主营业务应当缴纳的上述税种确定企业所得税的征收管理机关。企业办理税务登记证的时候无法确定主营业务的，一般以工商登记注明的第一项业务为准。企业所得税的征收管理机关一经确定，原则上不再调整。

2.2　企业税务登记代理实务

企业税务登记的范围主要涉及两个方面：企业、企业设在外地的分支机构和从事生产、经营的场所，个体工商户和从事生产、经营的事业单位的税务登记；企业特定税种、纳税事项的税务登记。

依据我国《税收征管法》的规定，从事生产、经营的纳税人，必须在法定期限内依法办理税务登记。税务登记，是税务机关对纳税人的经济活动进行登记，并据此对纳税人实施税务管理的一项法定制度。税务登记是整个税收征管的首要环节，是纳税人与税务机关建立税务联系的开始。

2.2.1　开业税务登记

开业税务登记，是指纳税人经由工商登记而成立，或者相关组织和个人依据法律、行政法规的规定成为纳税人时，依法向税务机关办理的税务登记。

1. 开业税务登记管理规程

（1）企业，企业设在外地的分支机构和从事生产、经营的场所，个体工商户和从事生产、经营的事业单位（以下统称从事生产、经营的纳税人）向生产、经营所在地税务机关申报办理税务登记：

①从事生产、经营的纳税人领取工商营业执照（含临时工商营业执照）的，应当自领取工商营业执照之日起 30 日内申报办理税务登记，税务机关核发税务登记证及副本（纳税人领取临时工商营业执照的，税务机关核发临时税务登记证及副本）；

②从事生产、经营的纳税人未办理工商营业执照但经有关部门批准设立的，应当自有关部门批准设立之日起 30 日内申报办理税务登记，税务机关核发税务登记证及副本；

③从事生产、经营的纳税人未办理工商营业执照也未经有关部门批准设立的，应当自纳税义务发生之日起 30 日内申报办理税务登记，税务机关核发临时税务登记证及副本；

④有独立的生产经营权、在财务上独立核算并定期向发包人或者出租人上交承包费或租金的承包承租人，应当自承包承租合同签订之日起 30 日内，向其承包承租业务发生地税务机关申报办理税务登记，税务机关核发临时税务登记证及副本；

⑤从事生产、经营的纳税人外出经营，自其在同一县（市）实际经营或提供劳务之日起，在连续的 12 个月内累计超过 180 天的，应当自期满之日起 30 日内，向生产、经营所在地税务机关申报办理税务登记，税务机关核发临时税务登记证及副本；

⑥境外企业在中国境内承包建筑、安装、装配、勘探工程和提供劳务的，应当自项目合同或协议签订之日起 30 日内，向项目所在地税务机关申报办理税务登记，税务机关核发临时税务登记证及副本。

上述以外的其他纳税人，除国家机关、个人和无固定生产、经营场所的流动性农村小商贩外，均应当自纳税义务发生之日起 30 日内，向纳税义务发生地税务机关申报办理税务登记，税务机关核发税务登记证及副本。

（2）纳税人在申报办理税务登记时提供以下证件和资料：

①工商营业执照或其他核准执业证件；

②有关合同、章程、协议书；

③组织机构统一代码证书；

④法定代表人或负责人或业主的居民身份证、护照或者其他合法证件。

纳税人在申报办理税务登记时，应当如实填写税务登记表。

（3）税务登记表的主要内容包括：

①单位名称、法定代表人或者业主姓名及其居民身份证、护照或者其他合法证件的号码；

②住所、经营地点；

③登记类型；

④核算方式；

⑤生产经营方式；

⑥生产经营范围；

⑦注册资金（资本）、投资总额；

⑧生产经营期限；

⑨财务负责人、联系电话；

⑩国家税务总局确定的其他有关事项。

（4）税务登记证件的主要内容包括纳税人名称、税务登记代码、法定代表人或负责人、生产经营地址、登记类型、核算方式、生产经营范围（主营、兼营）、发证日期、证件有效期等。已办理税务登记的扣缴义务人应当向扣缴义务发生之日起30日内，向税务登记地税务机关申报办理扣缴税款登记。税务机关在其税务登记证件上登记扣缴税款事项，不再发给扣缴税款登记证件。

根据税收法律、行政法规的规定可不办理税务登记的扣缴义务人，应当自扣缴义务发生之日起30日内，向机构所在地税务机关申报办理扣缴税款登记。税务机关核发扣缴税款登记证件。

（5）开业税务登记的程序（见图2-1）。

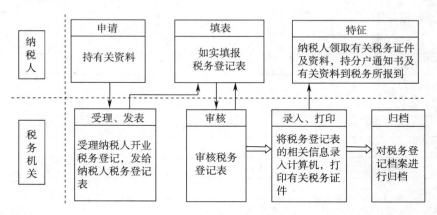

图2-1　开业税务登记流程图

2. 代理税务登记操作规范

（1）以企业的名义向税务机关办理税务登记申报注意事项：

①按法定期限即30日内申报登记，时间不能滞后；

②申请税务登记报告书应详细写明申请税务登记的原因和要求；

③提供办理税务登记所必备的资料和复印件。

（2）代理填报税务登记表。税务登记表分三种类型，分别适用于单位纳税人、个体经营、临时任务登记纳税人、企业分支机构、个体工商户和其他单位。注册税务师应根据企业的经济类型领取相应的表，填写完毕后将登记表及有关资料报送税务机关审核。适用于单位纳税人的税务登记表具体格式见表2-1。

表2-1 税务登记表
（适用单位纳税人）

填表日期： 年 月 日

纳税人名称				纳税人识别号			
登记注册类型				批准设立机关			
组织机构代码				批准设立证明或文件号			
开业（设立）日期		生产经营期限		证照名称	企业法人营业证	证照号码	
注册地址				邮政编码		联系电话	
生产经营地址				邮政编码		联系电话	
核算方式	请选择对应项目打"✓"□独立核算 □非独立核算			从业人数	____，其中外籍人数		
单位性质	请选择对应项目打"✓"□企业 □事业单位 □社会团体 □民办非企业单位 □其他						
网站网址				国标行业	□□□□□□ □□		
适用会计制度	请选择对应项目打"✓"□企业会计制度 □ 小企业会计制度 □ 金融企业会计制度 □ 行政事业单位会计制度						
经营范围主营：	请将法定代表人（负责人）身份证件复印件粘贴在此处						

内容 项目	姓名	身份证件		固定电话	移动电话	电子邮箱
		种类	号码			
法定代表人						
财务负责人						
办税人						

税务代理人名称		纳税人识别号		联系电话	电子邮箱

注册资本或投资总额	币种	金额	币种	金额	币种	金额

投资方名称	投资方经济性质	投资比例	证件种类	证件号码	国籍或地址

自然人投资比例		外资投资比例		国有投资比例	
分支机构名称		注册地址		纳税人识别号	

总机构名称		纳税人识别号	
注册地址		经营范围	

续表

法定代表人姓名		联系电话		注册地址邮政编码	
代扣代缴、代收代缴税款业务情况	代扣代缴、代收代缴税款业务内容			代扣代缴、代收代缴税种	

附报资料：1. 营业执照副本复印件　　　2. 组织机构代码证复印件　　　3. 公司设立登记申请书
　　　　　4. 租房协议　　　　　　　5. 验资报告　　　　　　　　6. 法定代表人身份证复印件
　　　　　7. 企业章程　　　　　　　8. 审批表

经办人签章： 年　月　日	法定代表人（负责人）签章： 年　月　日	纳税人公章： 年　月　日

以下由税务机关填写：

纳税人所处街乡		隶属关系	
国税主管税务局	国税主管税务所（科）		是否属于国税、地税共管户
地税主管税务局	地税主管税务所（科）		
经办人（签章）： 国税经办人： 地税经办人： 受理日期： 　　年　月　日	国家税务登记机关 （税务登记专用章）： 核准日期： 　　年　月　日 国税主管税务机关：		地方税务登记机关 （税务登记专用章）： 核准日期： 　　年　月　日 地税主管税务机关：
国税核发税务登记证副本数量：	本发证日期：　　年　月　日		
地税核发税务登记证副本数量：	本发证日期：　　年　月　日		

填表说明

一、本表适用于各类单位纳税人填用。

二、从事生产、经营的纳税人应当自领取营业执照，或者自有关部门批准设立之日起 30 日内，或者自纳税义务发生之日起 30 日内，到税务机关领取税务登记表，填写完整后提交税务机关，办理税务登记。

三、办理税务登记应当出示、提供以下证件资料（所提供资料原件用于税务机关审核，复印件留存税务机关）：

1. 营业执照副本或其他核准执业证件原件及其复印件；

2. 组织机构代码证书副本原件及其复印件；

3. 注册地址及生产、经营地址证明（产权证、租赁协议）原件及其复印件；如为自有房产，请提供产权证或买卖契约等合法的产权证明原件及其复印件；如为租赁的场所，请提供租赁协议原件及其复印件，出租人为自然人的还须提供产权证明的复印件；如生产、经营地址与注册地址不一致，请分别提供相应证明；

4. 公司章程复印件；

5. 有权机关出具的验资报告或评估报告原件及其复印件；

6. 法定代表人（负责人）居民身份证、护照或其他证明身份的合法证件原件及其复印件；复印件分别粘贴在税务登记表的相应位置上；

7. 纳税人跨县（市）设立的分支机构办理税务登记时，还须提供总机构的税务登记证（国、地税）副本复印件；

8. 改组改制企业还须提供有关改组改制的批文原件及其复印件；

9. 税务机关要求提供的其他证件资料。

四、纳税人应向税务机关申报办理税务登记。完整、真实、准确、按时地填写此表。

五、使用碳素或蓝墨水的钢笔填写本表。

六、本表一式二份（国地税联办税务登记的本表一式三份）。税务机关留存一份，退回纳税人一份（纳税人应妥善保管，验换证时需携带查验）。

七、纳税人在新办或者换发税务登记时应报送房产、土地和车船有关证件，包括房屋产权证、土地使用证、机动车行驶证等证件的复印件。

八、表中有关栏目的填写说明：

1. "纳税人名称"栏：指企业法人营业执照或营业执照或有关核准执业证书上的"名称"。

2. "身份证件名称"栏：一般填写"居民身份证"，如无身份证，则填写"军官证"、"士兵证"、"护照"等有效身份证件。

3. "注册地址"栏：指工商营业执照或其他有关核准开业证照上的地址。

4. "生产经营地址"栏：填办理税务登记的机构生产经营地地址。

5. "国籍或地址"栏：外国投资者填国籍，中国投资者填地址。

6. "登记注册类型"栏：即经济类型，按营业执照的内容填写；不需要领取营业执照的，选择"非企业单位"或者"港、澳、台商企业常驻代表机构及其他"、"外国企业"；如为分支机构，按总机构的经济类型填写。

7. "投资方经济性质"栏：单位投资的，按其登记注册类型填写；个人投资的，填写自然人。

8. "证件种类"栏：单位投资的，已经办理税务登记的，填写税务登记证件及号码；未办理税务登记的，填写其组织机构代码证及号码；个人投资的，填写其身份证件名称及身份证号码。

9. "全国组织机构统一代码证书类型"：按企业法人、企业非法人、事业法人、事业非法人、机关法人、机关非法人、社会团体法人、社会团体非法人、民办非企业、其他填列。

10. "国标行业"栏：按纳税人从事生产经营行业的主次顺序填写，其中第一个行业填写纳税人的主行业。

（3）代理领取税务登记证件。税务机关将税务登记资料审核完毕，发放税务登记证件时，注册税务师应及时到税务机关领取税务登记证件，并将其交给企业，进行税务登记证使用管理方面的辅导。

2.2.2　变更税务登记

变更税务登记是指纳税人办理税务登记后，需要对原登记内容进行更改，而向税务机关申报办理的税务登记。

1. 变更税务登记适用范围

（1）改变名称；（2）改变法人代表；（3）改变经济性质；（4）增设或撤销分支机构；（5）改变住所或经营地点（涉及主管税务机关变动的办理注销登记）；（6）改变生产、经营范围或经营方式；（7）增减注册资本；（8）改变隶属关系；（9）改变生产经营期限；（10）改变开户银行和账号；（11）改变生产经营权属以及改变其他税务登记内容。

2. 变更税务登记管理规程

（1）纳税人税务登记内容发生变化的，应当向原税务登记机关申报办理变更税务登记。纳税人已在工商行政管理机关办理变更登记的，应当自工商行政管理机关变更登记之日起30日内，向原税务机关如实提供下列证件、资料，申报办理变更税务登记：

①工商登记变更表及工商营业执照；

②纳税人变更登记内容的有关证明文件；

③税务机关发放的原税务登记证件（税务登记证正、副本和税务登记表等）；

④其他有关资料。

（2）纳税人按照规定不需要在工商行政管理机关办理变更登记，或者其变更登记的内容与工商登记内容无关的，应当自税务登记内容实际发生变化之日起30日内，或者自有关机关批准或者宣布变更之日起30日内，持下列证件到原税务登记机关申报办理变更税务登记：

①纳税人变更登记内容的有关证明文件；

②税务机关发放的原税务登记证件（税务登记证正、副本和税务登记表等）；

③其他有关资料。

税务机关应当自受理之日起30日之内，审核办理变更税务登记。纳税人税务登记表和税务登记证中的内容都发生变更的，税务机关按变更后的内容重新核发税务登记证件；纳税人税务登记表的内容发生变更而税务登记证中的内容未发生变更的，税务机关不再核发税务登记证件。

（3）股权转让交易双方均为非居民企业且在境外交易的，被转让股权的境内企业在依法变更税务登记时，应将股权转让合同复印件报送主管税务机关。

（4）变更税务登记的程序（见图2-2）。

3. 代理变更税务登记操作要点

（1）代理填写变更税务登记表（见表2-2）提交税务机关审核。注册税务师领取变更税务登记表以后，应根据企业的实际情况，详细填写纳税人识别号、纳税人名称、填表日期、变更登记事项及其变更前后的内容，并办理签章手续。

（2）领取变更后的税务登记证及有关资料。注册税务师应及时到税务机关领取重新核发的税务登记证件及有关资料，送交企业存档。

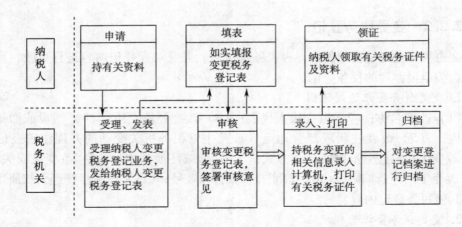

图 2 - 2　变更税务登记流程图

表 2 - 2　　　　　　　　　　　　　变更税务登记表

纳税人名称		纳税人识别号		
变更登记事项				
序号	变更项目	变更前内容	变更后内容	批准机关名称及文件
送缴证件情况：				
纳税人：				
经办人：	法定代表人（负责人）：		纳税人（签章）	
年　月　日	年　月　日		年　月　日	
经办税务机关审核意见：				
经办人：	负责人：		税务机关（签章）	
年　月　日	年　月　日		年　月　日	

2.2.3　停业、复业登记

1. 停业、复业登记管理规程

（1）实行定期定额征收方式的个体工商户需要停业的，应当在停业前向税务机关申报办理停业登记。纳税人的停业期不得超过一年。

（2）纳税人在申报办理停业登记时，应如实填写停业申请登记表（见表 2 - 3），说明停业理由、停业期限、停业前的纳税情况和发票的领、用、存情况，并结清应纳税款、滞纳金、罚款。税务机关应收存其税务登记证件及副本、发票领购簿、未使用完的发票和其他税务证件。

表 2－3 停业申请登记表

企业编码		税务登记号				
纳税人名称						
地址				联系电话		
办税员				办税员证号		
停业原因						
批准机构及文号				申请停业期限		年 月 日至 年 月 日
有关税务事项是否均已结清				企业盖章： 年 月 日		
以下由税务机关填写						
结算清缴税款情况				经办人： 年 月 日		
清缴发票情况				经办人： 年 月 日		
封存税务机关发放证件	种类	税务登记证	税务登记证副本	发票购领簿		其他有关证件
	收缴情况					
核准停业期限	年 月 日至 年 月 日					
税务登记部门审批意见： 经办人： 负责人： 年 月 日		批准意见	局长签字： 年 月 日			
			主管税务机关盖章： 年 月 日			

注：本表为 16 开竖式一式二份，税务机关审核后，税务机关留存一份，交纳税人一份。

（3）纳税人在停业期间发生纳税义务的，应当按照税收法律、行政法规的规定申报缴纳税款。

（4）纳税人应当于恢复生产经营之前，向税务机关申报办理复业登记，如实填写停业复业（提前复业）报告书，领回并启用税务登记证件、发票领购簿及其停业前领购的发票。

（5）纳税人停业期满不能及时恢复生产经营的，应当在停业期满前向税务机关提出延长停业登记申请，并如实填写停业复业（提前复业）报告书（见表2-4）。

表2-4　　　　　　　　　　　　停业、复业（提前复业）报告书

纳税人基本情况	纳税人名称		纳税人识别号		经营地点		
停业期限				复业时间			
缴回发票情况	种类	号码	本数	领回发票情况	种类	号码	本数
缴存资料情况	发票领购簿	税务登记证	其他资料	领用税务资料情况	发票领购簿	税务登记证	其他资料
	是（否）	是（否）	是（否）		是（否）	是（否）	是（否）
结清税款情况	应纳税款	滞纳金	罚款	停业期是（否）纳税	已缴应纳税款	已缴滞纳金	已缴罚款
	是（否）	是（否）	是（否）		是（否）	是（否）	是（否）
纳税人（签章）						年　月　日	
税务机关复核	经办人：　年　月　日		负责人：　年　月　日		税务机关（签章）　年　月　日		

2. 停业、复业的程序（见图2-3与图2-4）

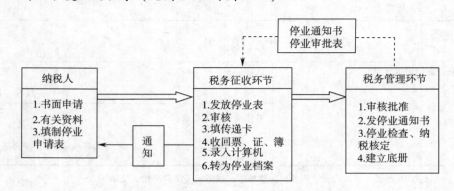

图2-3　停业税务管理流程图

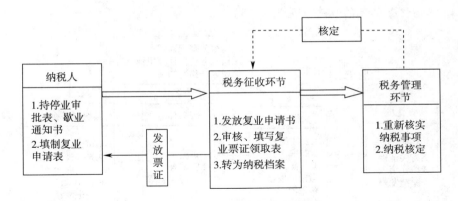

图 2 - 4　复业税务管理流程图

3. 代理停业、复业登记操作要点

（1）代理停业、复业登记申报。注册税务师应按照规定的期限以纳税人的名义向税务机关办理停业、复业登记申报，填报停业、复业报告书，并提交相关证明文件和资料。

（2）代理填报停业、复业登记表。根据企业实际情况，填写停业、复业登记表。

（3）代理领取企业停业、复业登记的有关批件。

2.2.4　注销税务登记

1. 注销税务登记管理规程

（1）纳税人发生解散、破产、撤销以及其他情形，依法终止纳税义务的，应当在向工商行政管理机关或者其他机关办理注销登记前，持有关证件和资料向原税务登记机关申报办理注销税务登记；按规定不需要在工商行政管理机关或者其他机关办理注册登记的，应当自有关机关批准或者宣告终止之日起15日内，持有关证件和资料向原税务机关申报办理注销税务登记。

（2）纳税人被工商行政管理机关吊销营业执照或者被其他机关予以撤销登记的，应当自营业执照被吊销或者被撤销登记之日起15日内，向原税务机关申报办理注销税务登记。

（3）纳税人因住所、经营地点变动，涉及改变税务登记机关的，应当在向工商行政管理机关或者其他机关申请办理变更、注销登记前，或者住所、经营地点变动前，持有关证件和资料，向原税务登记机关申报办理注销税务登记，并自注销税务登记之日起30日内向迁达地税务机关申报办理税务登记。

（4）境外企业在中国境内承包建筑、安装、装配、勘探工程和提供劳务的，应当在项目完工、离开中国境内前15日内，持有关证件和资料，向原税务登记机关申报办理注销税务登记。

（5）纳税人办理注销税务登记前，应当向税务机关提交相关证明文件和资料，结清应纳税款，多退（免）税款，滞纳金和罚款，缴销发票、税务登记证件和其他税务证件，经税务机关核准后，办理注销税务登记手续。

2. 注销税务登记的程序（见图 2－5）

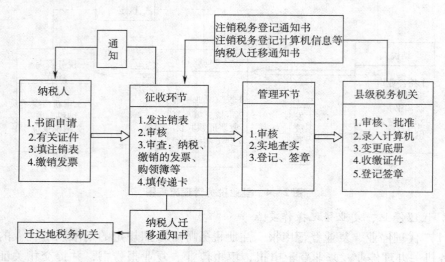

图 2－5　注销税务登记流程图

3. 代理注销税务登记操作要点

（1）代理注销税务登记申报。注册税务师应按照规定的期限以纳税人的名义向税务机关办理注销税务登记申报，填报注销税务登记申请审批表（见表 2－5）并提交相关证明文件和资料。

（2）代理填报注销税务登记申请审批表。根据企业的实际情况填写注销税务登记申请审批表，经企业盖章后报送税务机关办理审批手续。将已领购的或已购未用的发票、发票领购簿、税务登记证等税收票证交回税务机关审验核销。

（3）代理领取注销税务登记的有关批件。税务机关在纳税人结清全部纳税事项后，核发注销税务登记通知书，注册税务师应及时到税务机关领回有关注销税务登记的批件、资料，交给纳税人。

表 2－5　　　　　　　　　　　　　注销税务登记申请审批表

纳税人名称	纳税人识别号		
注销原因			
附送资料			
纳税人： 经办人： 　年　　月　　日	法定代表人（负责人）： 　年　　月　　日		纳税人（签章） 　年　　月　　日
以下由税务机关填写			
受理时间	经办人： 　年　　月　　日	负责人： 　年　　月　　日	
缴销发票情况	经办人： 　年　　月　　日	负责人： 　年　　月　　日	

续表

税务检查意见	检查人员： 年　月　日		负责人： 年　月　日	
收缴税务证件情况	种类	税务登记证 正本	税务登记证 副本	临时税务 登记证正本	临时税务 登记证副本
	收缴 数量				
	经办人：　　　　负责人： 年　月　日　　年　月　日			
批准意见	部门负责人：　　　税务机关（签章） 年　月　日　　　　　年　月　日			

2.2.5　外出经营报验登记

1. 外出经营报验的一般要求

纳税人外出经营税收的管理包括纳税人外出经营活动的税收管理和外埠纳税人经营活动的税收管理。

纳税人到外埠销售货物的，外出经营活动税收管理证明有效期限一般为30日；到外埠从事建筑安装工程的，有效期限一般为1年，因工程需要延长的，应当向核发税务机关重新申请。

2. 纳税人外出经营活动税收的管理程序（见图2-6）

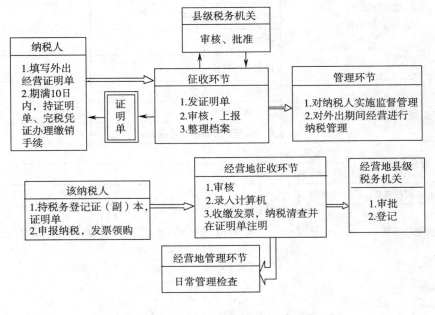

图2-6　外出经营税收管理流程图

2.3 纳税事项税务登记代理实务

本节主要介绍增值税一般纳税人认定登记、税种认定登记、代扣代缴税务登记代理实务。

2.3.1 增值税一般纳税人认定登记

1. 增值税一般纳税人认定登记管理规程

（1）符合增值税一般纳税人条件的企业，应在向税务机关办理税务登记的同时，申请办理一般纳税人认定手续；已开业经营的小规模企业（商业零售企业除外），若当年应税销售额超过小规模纳税人标准的，应在次年 1 月底之前，申请办理一般纳税人认定手续。

（2）企业申请办理一般纳税人认定手续，应向所在地主管国税局提出书面申请，说明企业的经济形式、生产经营范围、产品名称及用途、企业注册资本、会计核算等问题，经税务机关审核后填写增值税一般纳税人申请认定表（见表 2－6）。

表 2－6　　　　　　增值税一般纳税人申请认定表

纳税人识别号：

纳税人名称：　　　　　　　　　　　　　　　申请时间：　　年　　月　　日

年度实际销售额 或年度预计销售额	生产货物的销售额	
	加工、修理修配的销售额	
	批发、零售的销售额	
	应税销售额合计	
	固定资产规模	
会计财务核算状况	专业财务人员人数	
	设置账簿种类	
	能否准确核算进项、销项税额	
企业类别	工业	
	商业	
核发税务登记证副本数量		
基层税务部门意见 （盖章） 　　　年　　月　　日	县（区）税务部门意见 （盖章） 　　　年　　月　　日	市（地）税务部门意见 （盖章） 　　　年　　月　　日

期限：　　年　　月　　日至　　年　　月　　日

注：此表一式三份，纳税人填报后，经税务机关审核后，一份交纳税人，两份交主管税务机关留存。

（3）企业总、分支机构不在同一县市的，应分别向其机构所在地主管税务机关申请办理一般纳税人认定登记手续。企业总机构已被认定为增值税一般纳税人的，其分支机构可持总机构为增值税一般纳税人的证明，向主管税务机关申请认定为一般纳税人。除商业企业以外，纳税人总、分支机构实行统一核算，其总机构年应税销售额超过小规模企业标准，但分支机构年应税销售额未超过小规模企业标准的，其分支机构可申请办理一般纳税人认定手续。在办理认定手续时，须提供总机构所在地主管税务机关批准其总机构为一般纳税人的证明。

（4）县级以上国家税务机关对经审核符合增值税一般纳税人条件的企业，在增值税一般纳税人申请认定表上签署意见，并将企业的税务登记证副本首页上方加盖"增值税一般纳税人"戳记（见图 2-7）。对从事商业经营的新办企业和小规模企业，一般是先认定为"增值税临时一般纳税人"，经过 3 个月或半年时间的考核后，再转为正式的一般纳税人。

		管理编码：2300007896543211000
	总机构情况（由分支机构填写）	
名　称		
纳税人识别号		
地　址		
经营范围		
	分支机构设置（由总机构填写）	
名　称		
地　址		
名　称		
地　址		
名　称		
地　址		
名　称		
地　址		
名　称		
地　址		

黑地税字 230110690855686 号

纳税人名称：哈尔滨黄河实业有限公司

法定代表人（负责人）：赵兵

地　　　址：哈尔滨香坊区公滨路210号

登记注册类型：有限责任公司（法人与自然人投资或控股）

经营范围：汽车轮胎的生产与销售

批准设立机关：哈尔滨市香坊区工商管理局

扣缴义务：依法确定

发证税务机关

二〇一〇年　月十五日

国家税务总局监制

图 2-7　税务登记证（副本）

（5）新办小型商贸企业是指新办小型商贸批发企业。由于新办小型商贸批发企业尚未进行正常经营，对其一般纳税人资格，一般情况下需要经过一定时间的实际经营才能审核认定。对新办工业企业增值税一般纳税人的认定，主管税务机关也应及时组织对纳税人的实地查验，核实是否拥有必要的厂房、机器设备和生产人员，是否具备一般纳税人财务核算条件。在 2004 年 6 月 30 日前已办理税务登记并正常经营的属于小规模纳税人的商贸企业，按其实际纳税情况核算年销售额实际达到 180 万元后，经主管税务机关审核，可直接认定为一般纳税人，不实行辅导期一般纳税人管理。

2009 年 1 月 1 日起施行的修订后的《增值税暂行条例》和《增值税暂行条例实施细则》，降低了小规模纳税人标准。小规模纳税人的标准，由原来的年应税销售额工业 100 万元以下和商业 180 万元以下分别降低为工业 50 万元以下和商业 80 万元以下。根据国税函〔2008〕79 号文件，2008 年应税销售额超过新标准的小规模纳税人向主管税务机关申请一般纳税人资格认定的，主管税务机关应按照现行规定为其办理一般纳税人认定手续；2009 年应税销售额超过新标准的小规模纳税人，应当按照《增值税暂行条例》及其实施细则的有关规定向主管税务机关申请一般纳税人资格认定。未申请办理一般纳税人认定手续的，应按销售额依照增值税税率计算应纳税额，不得抵扣进项税额，也不得使用增值税专用发票。年应税销售额未超过新标准的小规模纳税人，可以按照现行规定向主管税务机关申请一般纳税人资格认定。

2. 代理增值税一般纳税人认定登记操作要点

（1）针对增值税一般纳税人申请认定表的主要内容，注册税务师应要求企业提供有关资料，如企业设立的合同、章程，企业申办工商登记、税务登记的报表和证件，企业已实现销售的情况，会计、财务核算的原始资料等。对企业可能实现或已经实现的年度应税销售额，企业会计、财务处理的方法和管理制度，企业财务人员的办税能力能否具备增值税一般纳税人的条件等问题，写出有关增值税一般纳税人认定登记的核查报告，作为增值税一般纳税人申请认定表的附件，报送主管国税局。

（2）对于税务机关审核后认定为正式一般纳税人的企业，注册税务师可将加盖一般纳税人戳记的税务登记证副本、增值税一般纳税人申请认定表交企业存档，并告知增值税一般纳税人办税的要求。如果企业暂被认定为临时一般纳税人，应指导企业准确核算增值税的进项税额、销项税额，待临时一般纳税人期满后，向税务机关提出转为正式一般纳税人的申请。

纳税人在办理开业登记时，可以按预计销售额填写，经主管税务机关审核后，认定为增值税一般纳税人，享有增值税一般纳税人的所有权利及义务。一个会计年度结束后，纳税人根据实际经营情况，据实填写增值税一般纳税人申请认定表，交主管税务机关审核。

2.3.2 税种认定登记代理实务

税种认定登记是在纳税人办理了开业税务登记和变更税务登记之后，由主管税务局（县级以上国税局、地税局）根据纳税人的生产经营项目，进行适用税种、税目、税率的鉴定，以指导纳税人、扣缴义务人办理纳税事宜。

1. 税种认定登记管理规程

（1）纳税人应在领取税务登记证副本后和申报纳税之前，到主管税务机关的征收管理部门申请税种认定登记，填写纳税人税种登记表（见表 2-7）。纳税人如果变更税务登记的内容涉及税种、税目、税率变化的，应在变更税务登记之后重新申请税种认定登记，并附送申请报告。

表 2 - 7 　　　　　　　　　　　　　　　纳税人税种登记表

纳税人识别号：

纳税人名称：　　　　　　　　　　　　　　　　　　　法定代表人：

一、增值税：			
类别	1. 销售货物 □ 2. 加工 □ 3. 修理修配 □ 4. 其他 □	货物或项目名称	主营
			兼营
纳税人认定情况	1. 增值税一般纳税人 □；2. 小规模纳税人 □；3. 暂认定增值税一般纳税人 □		
经营方式	1. 境内经营货物 □；2. 境内加工修理 □；3. 自营出口 □；4. 间接出口 □；5. 收购出口 □；6. 加工出口 □		
备注：			
二、消费税：			
类别	1. 生产 □ 2. 委托加工 □ 3. 零售 □	应税消费品名称	1. 烟 □；2. 酒及酒精 □；3. 化妆品 □；4. 护肤、护发品 □；5. 贵重首饰及珠宝玉石 □；6. 鞭炮、焰火 □；7. 汽油 □；8. 柴油 □；9. 汽车轮胎 □；10. 摩托车 □；11. 汽车 □
经营方式	1. 境内销售 □；2. 委托加工出口 □；3. 自营出口 □；4. 境内委托加工 □		
备注：			
三、营业税：			
经营项目	主营		
	兼营		
备注：			
四、企业所得税：			
法定或申请纳税方式	1. 按实纳税 □；2. 核定利润率计算纳税 □；3. 按经费支出换算收入计算纳税 □；4. 按佣金率换算收入纳税 □；5. 航空、海运企业纳税方式 □；6. 其他纳税方式 □		
非生产性收入占总收入的比例（%）			
备注：季度预缴方式：1. 按上年度四分之一 □；2. 按每季度实际所得 □			
五、城市维护建设税：1. 市区 □；2. 县城镇 □；3. 其他 □			
六、教育费附加：			
七、其他费用：			

以上内容纳税人必须如实填写，如内容发生变化，应及时办理变更登记。

（2）税务机关对纳税人报送的纳税人税种登记表及有关资料进行审核，也可根据实际情况派人到纳税人的生产经营现场调查之后，对纳税人适用的税种、税目、税率、纳税期限、纳税方法等作出确认，在纳税人税种登记表的有关栏目中注明，或书面通知纳税人税种认定结果，以此作为办税的依据。

2. 代理税种认定登记操作要点

（1）代理税种认定登记，注册税务师应在核查纳税人有关资料的基础上，结合纳税事项深入调查。特别是对于增值税企业的混合销售行为，兼营非应税劳务的纳税事项，生产加工应税消费品的企业消费税适用税目、税率的纳税事项，外商投资企业生产性与非生产性的认定，以及产品出口企业、高新技术企业的认定，应详细核查纳税人的合同、章程及有关的批文和证件，会计科目处理及原始凭证等资料，逐一核实认定后，再向主管税务机关提交核查报告和纳税人税种登记表，履行申报手续。

（2）在取得主管税务机关税种认定的通知之后，注册税务师应指导纳税人具体的办税事宜。如果纳税人对税务机关的认定提出异议，应进一步调查并提出意见，提交主管税务机关重新加以认定。对于税种认定涉及国税、地税两套税务机构的纳税人，应分别申办税种认定手续。

【思考与练习】

1. 简述开业登记的程序。

2. 简述代理增值税一般纳税人认定登记操作要点。

3. 德鑫塑料制品有限公司，成立于 2009 年 2 月，注册资本 80 万元，主营塑料制品的加工，被税务机关认定为小规模纳税人，纳税人识别号 210211610450116。因为市场前景看好，2011 年销售收入达到 120 万元。为应对企业高速成长对资金的需求，股东会于 2011 年 12 月 20 日通过增加注册资本 150 万元的决议，并于 2012 年 1 月 5 日办理工商登记变更手续，2012 年 1 月德鑫公司委托注册税务师代理上述涉税业务。

（1）注册税务师可承办哪些具体涉税业务？（2）具体说明上述业务的操作要点。

第 3 章

发票领购与审查代理实务

【学习目标】

通过本章学习，使学生对发票的种类与使用范围有个全面的了解，在此基础上掌握增值税专用发票的内容和填开要求，掌握发票领购的管理规程，掌握发票审查代理实务。

【导入案例】

××税务师事务所受托对亚桑公司 2010 年 10 月至 2011 年 12 月的发票使用情况进行审查。注册税务师通过增值税应交税费明细账与增值税专用发票抵扣联等进项原始凭证核对，其他业务收入与开出发票的记账联核对等方法，发现问题如下：

2010 年 12 月筹建期内采购低值易耗品从某商场取得增值税专用发票未附"销货清单"3 份。

2011 年 2 月 5 日、11 日、23 日从某生铁厂采购原料取得的增值税专用发票抵扣联 3 份为旧版专用发票，应予以缴销金额为 124 000 元，已计提进项税额 21 080 元。

2010 年 10 月至 12 月销售边角余料取得其他业务收入 74 100 元，已作销售处理，但是开具企业事业单位往来结算收据，属于以非经营性票据结算经营性收入。

2011 年 10 月至 12 月该公司采购原材料，取得运费发票 6 份未加盖财务专用章，金额 25 070 元。

针对上述问题，注册税务师应提出哪些建议？

资料来源：全国注册税务师执业资格考试教材编写组．税务代理实务［M］．中国税务出版社，2011．

3.1 发票代理领购实务

发票是指一切单位和个人在购销商品、提供或者接受劳务服务以及从事其他经营活动时，所提供给对方的收付款的书面证明。它是财务收支的法定凭证，是会计核算的原始凭据，是税务检查的重要依据。

代理发票领购事宜，首先要了解发票的种类与适用范围，税务机关有关发票管理权限的划分，发票领购的管理制度等各项规定，根据纳税人适用的发票种类和领购发票的方式，办理发票领购事宜。

3.1.1 发票的种类与使用范围

根据《发票管理办法》和国家税务总局的有关规定，发票的管理权限按流转税主体税种划分。增值税纳税人使用的发票由国家税务局管理，如增值税专用发票，工业、商业企业销货发票，加工修理发票等；营业税纳税人使用的发票由地方税务局管理，如服务业、建筑安装业、运输业、金融保险业等开具的结算营业收入的各种发票。有的发票对于增值税或营业税纳税人都适用，如临时经营发票用于临时经营单位销售货物，或提供营业税应税劳务时使用。因此，增值税企业发票领购到国税局办理，营业税企业发票领购到地税局办理。如果一个企业以增值税为主并兼有营业税的经营项目，就应该分别到国税和地税主管税务机关办理。

发票种类繁多，主要是按行业特点和纳税人的生产经营项目分类，每种发票都有特定的使用范围。

1. 增值税专用发票

增值税专用发票（以下简称专用发票）只限于增值税一般纳税人领购使用，增值税小规模纳税人和非增值税纳税人不得领购使用。从行业划分来讲，它是工业、商业企业用于结算销售货物和加工、修理修配劳务使用的发票。根据《关于修订〈增值税专用发票使用规定〉的通知》（国税发〔2006〕156号），一般纳税人有下列情形之一的，不得领购开具专用发票：

（1）会计核算不健全，不能向税务机关准确提供增值税销项税额、进项税额、应纳税额数据及其他有关增值税税务资料的。

（2）有《税收征管法》规定的税收违法行为，拒不接受税务机关处理的。

（3）有下列行为之一，经税务机关责令限期改正而仍未改正的：

①虚开增值税专用发票；

②私自印制专用发票；

③向税务机关以外的单位和个人买取专用发票；

④借用他人专用发票；

⑤未按规定开具专用发票；

⑥未按规定保管专用发票和专用设备；

⑦未按规定申请办理防伪税控系统变更发行；

⑧未按规定接受税务机关检查。

（4）销售的货物全部属于免税项目者。

从1995年7月1日起，一般纳税人经营商业零售的烟、酒、食品、服装、鞋帽（不包括劳保专用的部分）、化妆品等消费品不得开具专用发票；一般纳税人生产经营机器、机车、汽车、轮船、锅炉等大型机械电子设备，凡直接销售给使用单位的，不再开具专用发票，而改用普通发票。

从2003年7月1日起，增值税一般纳税人必须通过防伪税控系统开具专用发票，同时全国统一废止增值税一般纳税人所用的手写版专用发票。

根据国家税务总局公告（〔2008〕第1号），自2009年1月1日起，从事废旧物资回收经营业务的增值税一般纳税人销售废旧物资，不得开具印有"废旧物资"字样的增值税专用发票。纳税人取得的2009年1月1日以后开具的废旧物资专用发票，不再作为增值税扣税凭证。

2. 普通发票

普通发票主要由营业税纳税人和增值税小规模纳税人使用，增值税一般纳税人在不能开具专用发票的情况下也可使用普通发票，所不同的是具体种类要按适用范围选择。如普通发票中的商业批发零售发票、加工修理修配发票是由增值税纳税人使用的，而属于结算服务收入、运输收入等的普通发票主要由营业税纳税人使用。普通发票由行业发票和专用发票组成。前者适用于某个行业的经营业务；后者仅适用于某一经营项目，可以说是在行业发票划分的基础上再细分，其作用在于控制一些特定经营项目的税收征管和进行社会经济管理，除此以外，其结算内容在票面设计上也有特殊要求，如广告费用结算发票、出售地下水专用发票、商品房销售发票等。

（1）增值税纳税人使用的普通发票

增值税纳税人使用的普通发票主要有工业企业产品销售统一发票，工业企业材料销售统一发票，工业企业加工产品统一发票，工业加工修理统一发票，商业零售统一发票，商业批发统一发票，农林牧水产品收购统一发票，废旧物资收购发票，机动车专项修理专用发票，电业局电力销售专用发票，自来水公司销售专用发票，公共事业联合收费处缴费专用发票，临时经营发票等。

（2）营业税纳税人使用的普通发票

营业税纳税人使用的普通发票主要有建筑安装企业统一发票，旅店业统一发票，饮食业统一发票，广告业统一发票，社会服务业统一发票，代理购销业务统一发票，商品房销售专用发票，社会办医疗机构收费统一发票，产权交易专用发票，房屋出租专用发票，全国联运行业统一发票，水路货运结算发票，临时经营发票。

（3）货物运输发票

2003 年 10 月，国家税务总局发布《货物运输业营业税征收管理办法》和《运输发票增值税抵扣管理试行办法》。从 2003 年 11 月 1 日起，提供货物运输劳务的纳税人必须经主管地方税务局认定方可开具货物运输业发票。凡未经地方税务局认定的纳税人开具货物运输业发票不得作为记账凭证和增值税抵扣凭证。"两法"主要内容如下：

①纳税人的认定。

从事货物运输的承包人、承租人、挂靠人和个体运输户不得认定为向开票纳税人。

铁路运输（包括中央、地方、工矿及其他单位所属铁路）、管道运输、国际海洋运输业务、装卸搬运以及公路、内河客运业务的纳税人不需要进行开票纳税人资格认定，不需要报送货物运输业发票清单。

②关于办理税务登记前发生的货物运输劳务征税问题。

单位和个人在领取营业执照之日起 30 日内向主管地方税务局申请办理税务登记的，对其自领取营业执照之日至取得税务登记证期间提供的货物运输劳务，办理税务登记手续后，主管地方税务局可为其代开货物运输业发票。

单位和个人领取营业执照超过 30 日未向主管地方税务局申请办理税务登记的，主管地方税务局应按《税收征管法》及其实施细则的规定进行处理，在补办税务登记手续后，对其自领取营业执照之日至取得税务登记证期间提供的货物运输劳务，可为其代开货物运输业发票。

地方税务局对提供货物运输劳务的单位和个人进行税收管理过程中，凡发现代开票纳税人（包括承包人、承租人、挂靠人以及其他单位和个人）未办理税务登记、符合税务登记条件的，必须依法办理税务登记。

③关于货运发票开具问题。

代开票纳税人管理的所有单位和个人（包括外商投资企业、特区企业和其他单位、个人），凡按规定应当征收营业税，在代开货物运输业发票时一律按开票金额3%征收营业税，按营业税税款7%预征城市维护建设税，按营业税税款3%征收教育费附加，同时按开票金额25%预征所得税，预征的所得税年终时进行清算。但代开票纳税人实行核定征收企业所得税办法的，年终不再进行所得税清算。

在代开票时已征收的属于法律法规规定的减征或者免征的营业税及城市维护建设税、教育费附加、所得税以及高于法律法规规定的城市维护建设税税率的税款，在下一征期退税。具体退税办法按《国家税务总局、中国人民银行、财政部关于现金退税问题的紧急通知》（国税发〔2004〕47号）执行。

提供了货物运输劳务但按规定不需办理工商登记和税务登记的单位和个人，凭单位证明或个人身份证在单位机构所在地或个人车籍地由代开单位代开货物运输业发票。

④关于税款核定征收问题。

按照《运输发票增值税抵扣管理试行办法》的规定，对代开票纳税人实行定期定额征收方法。凡核定的营业额低于当地确定的营业税起征点的，不征收营业税；凡核定的营业额高于当地确定的营业税起征点的，代开发票时按规定征收税款。

单位和个人利用自备车辆偶尔对外提供货物运输劳务的，可不进行定期定额管理，代开票时对其按次征税。

代开票纳税人实行定期定额征收方法时，为避免在代开票时按票征收发生重复征税，对代开票纳税人可采取以下征收方法：

a. 在代开票时对开具的货物运输业发票上注明的营业税应税收入按规定征收（代征）营业税、所得税及附加。

b. 代开票纳税人采取按月还是按季结算，由省级地方税务局确定。

c. 代开票纳税人在缴纳定额税款时，其在代开票时取得的税收完税凭证上注明的税款大于定额税款的，不再缴纳定额税款；完税凭证上注明的税款小于定额税款的，则补缴完税凭证上注明的税款与定额税款差额部分。

⑤关于货运发票的抵扣问题。

增值税一般纳税人外购货物和销售应税货物所取得的由出自开票纳税人或代开票单位为代开票纳税人开具的货物运输业发票准予抵扣进项税额。

增值税一般纳税人取得税务机关认定为自开票纳税人的联运单位和物流单位开具的货物运输业发票准予计算抵扣进项税额。准予抵扣的货物运费金额是指自开票纳税人和代开票单位为代开票纳税人开具的货运发票上注明的运费、建设基金和现行规定允许抵扣的其他货物运输费用；装卸费、保险费和其他杂费不予抵扣。货运发票应当分别注明运费和杂费,对未分别注明,而合并注明为运杂费的不予抵扣。

增值税一般纳税人取得 2010 年 1 月 1 日以后开具的公路内河货物运输业统一发票,应在开具之日起 180 日内到税务机关办理认证,并在认证通过的次月申报期内,向主管税务机关申报抵扣进项税额。

增值税一般纳税人在 2004 年 3 月 1 日以后取得的货物运输业发票,必须按照增值税运费发票抵扣清单的要求填写全部内容,对填写内容不全的不得予以抵扣进项税额。

增值税一般纳税人取得的联运发票应当逐票填写在增值税运费发票抵扣清单的"联运"栏内。

增值税一般纳税人取得的内海及近海货物运输发票,可暂填写在增值税运输发票抵扣清单的"内河运输"栏内。

3. 专业发票

专业发票是指国有金融、保险企业的存贷、汇兑、转账凭证,保险凭证;国有邮政、电信企业的邮票、邮单,电报收据;国有铁路、民用航空企业和交通部门、国有公路、水上运输企业的客票、货票等。经国家税务总局或者省、自治区、直辖市税务机关批准,专业发票可由政府主管部门自行管理,不套印税务机关的统一发票监制章,也可根据税收征管的需要纳入统一发票管理。

3.1.2　发票领购管理规程

1. 发票领购的适用范围

(1)依法办理税务登记的单位和个人,在领取税务登记证后可以申请领购发票,属于法定的发票领购对象;如果单位和个人办理变更或者注销税务登记,则应同时办理发票和发票领购簿的变更、缴销手续。

(2)依法不需要办理税务登记的单位,发生临时经营业务需要使用发票的,可以凭单位介绍信和其他有效证件,到税务机关代开发票。

(3)临时到本省、自治区、直辖市以外从事经营活动的单位和个人,凭所在地税务机关开具的外出经营活动税收管理证明,在办理纳税担保的前提下,可向经营地税务机关申请领购经营地的发票。

2. 发票领购手续

国家税务总局《关于普通发票行政审批取消和调整后有关税收管理问题的通知》(国税发〔2008〕15 号)规定:取消普通发票领购行政审批事项,纳税人领购普通发票的审核将作为税务机关一项日常发票管理工作。纳税人办理了税务登记后,即具有领购普通发票的资格,无须办理行政审批事项。纳税人可根据经营需要向主管税务机关提出领购普通发票申请。主管税务机关接到申请后,应根据纳税人生产经营等情况,确认纳税人使用发票的种类、联次、版面金额以及购票数量。确认期限为 5 个工作日,确认完毕,通知纳税人办理领购发票事宜。需要临时使用发票的单位和个人,可以直接向税务机关申请办理发票的开具。

对于跨省、自治区、直辖市从事临时经营活动的单位和个人申请领购发票,税务机关应要求提供保证人,或者缴纳不超过 1 万元的保证金,并限期缴销发票。

3.1.3 代理领购发票操作要点

1. 代理自制发票审批程序与操作要点

《发票管理办法实施细则》规定：凡有固定生产经营场所，财务核算和发票管理制度健全，发票使用量较大的单位，可以申请印制印有本单位名称的发票即自制发票。如果统一发票式样不能满足业务需要，也可以自行设计本单位的发票式样，报经县（市）以上税务机关批准到指定的印刷厂印制。自制发票仅限于普通发票。

（1）要求用票单位根据业务特点和经营需要，设计发票式样，预计使用数量。

（2）代理填写企业自制发票申请审批表（见表3－1），写明所需发票的种类、名称、格式、联次和需求数量，连同发票式样一同提交主管税务机关审批。

表3－1　　　　　　　　　　企业自制发票申请审批表

纳税人税务登记证号码				纳税人编码			
纳税人名称				纳税人分类码			
生产经营地址				联系电话		邮政编码	
发票名称							
订印本数（份数）	份数/本	金额版	文字版	规格（cm）	联次	纸质	装订方式	
申请理由： （公章） 发票经办人：　　　　　法定代表人：　　　　　申请日期：　　年　　月　　日								
以下由税务机关填写								
主管税务机关发票 管理环节审批意见	经办人：		部门负责人：		（公章） 主管局长： 　　　　年　月　日			
上级税务机关发票 管理环节审批意见	经办人：				部门负责人（签章）： 　　　　年　月　日			
发票承印单位签收：　　　　　　　　　　　　　　　　　　　　　　　　年　　月　　日								

（3）取得税务机关核准的发票印制通知书后，到指定的印刷厂印制。发票印制完毕，代理人应指导用票单位建立发票领用存的管理制度，按季度向主管税务机关报送发票领用存情况季报表。

（4）《国家税务总局关于办理印有企业名称发票变更缴销手续问题的批复》（国税函〔2008〕929 号）规定，印有企业名称发票，在企业办理变更税务登记的同时，办理发票变更手续，并重新办理印有企业名称发票的行政审批手续。主管税务机关向企业下达限期缴销旧版发票的通知，在缴销限期未满之前旧版发票可继续使用。具体缴销限期，由主管税务机关根据企业用票情况确定。完成印有企业名称发票的行政审批手续后，办理企业印制新版发票和变更发票领购簿手续，办理企业领购新版发票事宜，并按期缴销旧版发票。

2. 代理统印发票领购操作要点

统印发票的领购方式有如下三种：

第一，批量供应。税务机关根据用票单位业务量对发票需求量的大小，确定一定时期内的合理领购数量，用量大的可以按月领购，用量不太大的可以按季领购，防止其积存较多发票而引起管理上的问题。这种方式主要适用于财务制度较健全、有一定经营规模的纳税人。

第二，交旧购新。用票单位交回旧的（已填用过的）发票存根联，经主管税务机关审核后留存，才允许领购新发票。主管税务机关对旧发票存根联进行审核，主要看其存根联是否按顺序号完整保存，作废发票是否全份缴销，填开的内容是否真实、完整、规范等。

第三，验旧购新。这种方式与交旧购新基本相同，主要区别是税务机关审验旧发票存根以后，由用票单位自己保管。

后两种方式适用于财务制度不太健全、经营规模不大的单位和个体工商业户，以便于税务机关能及时检查并纠正其发票使用过程中出现的问题。

代理人应根据用票单位适用的发票领购方式，办理发票领购手续。在初次办理统印发票的领购时，应填写发票领购申请审批表，经核准后，持普通发票领购簿、单位公章、经办人印章等到主管税务机关办理发票领购手续，按规定缴纳发票工本费，并取得收据。

发票领购以后，代理人应将其与发票领购簿记载的种类、数量、字轨号码进行核对，确认无误后交给用票单位并履行签收手续。

对于再次领购发票的用票单位，代理人应按税务机关发票保管与使用的规定，认真审查发票存根联的各项内容，对于发现的问题应提示用票单位予以纠正，再按用票单位适用的购票方式办理发票领购手续。

对于用票单位已经发生的发票丢失、发票使用不符合规范等问题，代理人应指导用票单位向主管税务机关提交检查报告，并办理有关手续。

3.2 发票填开的要求及操作要点

注册税务师在代理建账建制、办理账务、开展税务咨询、受聘为税务顾问等业务过程中，必然涉及企业在经济业务往来中如何开具和取得发票的问题，因此，发票的开具要求和填开的操作要点也是注册税务师必须掌握的。

3.2.1 发票的开具要求

1. 发票开具使用的要求

任何填开发票的单位和个人，只有在发生经营业务并确认营业收入时才能开具发票，未发生经营业务一律不得开具发票；不得转借、转让或者代开发票；未经税务机关批准，不得拆本使用发票，也就是说不能将一本发票拆成一份一份使用；不得自行扩大专用发票的使用范围，如将增值税专用发票用于非增值税一般纳税人。

2. 发票开具时限的要求

增值税专用发票开具的时限为：采用预收货款、托收承付、委托银行收款结算方式的，为货物发出的当天；采用交款发货结算方式的，为收到货款的当天；采用赊销、分期付款结算方式的，为合同约定的收款日期的当天；将货物交给他人代销，为收到受托人送交的代销清单的当天；设有两个以上机构并实行统一核算的纳税人，将货物从一个机构移送其他机构用于销售，按照规定应当征收增值税的，为货物移送的当天；将货物作为投资提供给其他单位或者个体经营者，将货物分给股东或投资者的，均为货物移送的当天。一般纳税人必须按照上述规定的时限开具增值税专用发票，不得提前或滞后。

3. 发票开具地点的要求

发票限于领购单位和个人在本省（直辖市、自治区）范围内开具，有些省级税务机关规定仅限于在本县、市内开具；有些省级税务机关虽然规定在本省（直辖市、自治区）跨县、市开具，但附有限定条件。任何单位和个人未经批准，不得跨规定使用区域携带、邮寄或者运输发票，更不得携带、邮寄或者运输发票出入国境。

4. 电子计算机开具发票的要求

用票单位使用电子计算机开具发票，必须报经主管税务机关批准，并使用税务机关统一监制的机外发票，即经税务机关批准的在定点印制发票企业印制的供电子计算机开具的发票。同时，开具后的存根联应当按照顺序号装订成册，以备税务机关检查。

3.2.2 发票填开的操作要点

1. 发票的开具

任何单位和个人销售商品、提供服务以及从事经营活动时，对外发生经营业务收取款项，收款方应当向付款方开具发票。特殊情况下，由付款方向收款方开具发票：一是收购单位收购货物或者农副产品付款时，应当向收款人开具发票；二是扣缴义务人支付个人款项时，应当向收款人开具发票。

增值税一般纳税人除《增值税专用发票使用规定（试行）》第四条所列情形外，销售货物（包括视同销售货物）、应税劳务、根据《增值税暂行条例实施细则》规定应当征收增值税的非应税劳务（以下简称销售应税项目），必须向购买方开具专用发票。但有下列情形的，不得开具专用发票：向消费者销售应税项目；销售免税项目；销售报关出口的货物、在境外销售应税劳务；将货物用于非应税项目；将货物用于集体福利或个人消费；将货物无偿赠送他人；提供非应税劳务（应当征收增值税的除外）、转让无形资产或销售不动产。向小规模纳税人销售应税项目，可以不开具专用发票。

2. 发票的填写

开具发票应当按照规定的时限、顺序，逐栏、全部联次一次性如实填开，即必须做到按号码顺序填开，填写项目齐全，内容真实，字迹清楚，全部联次一次性复写或打印，内容完全一致，并在发票联或者抵扣联加盖单位财务印章或发票专用章。填写专用发票还要求：字迹不得涂改；票面品名与货物相符，票面金额与实际收取的金额相符；各项目内容正确无误，发票联和抵扣联盖财务专用章或发票专用章；按照《增值税专用发票使用规定（试行）》第六条所规定的时限开具专用发票；不得拆本使用专用发票以及不得开具票样与国家税务总局统一制定的票样不相符的专用发票。同时，填写发票应当使用中文，民族自治地方可以同时使用当地通用的一种民族文字，外商投资企业和外国企业可以同时使用一种外国文字。

3. 发票的取得

为了便于进行会计核算，任何单位和从事生产经营活动的个人在购买商品、接受服务以及从事其他经营活动中支付款项，应当向收款方索取发票。根据《发票管理办法》规定，在取得发票时，不得要求变更品名和金额。同时，不符合规定的发票，即应经而未经税务机关监制的发票，填写项目不齐全、内容不真实、字迹不清楚的发票，没有加盖财务印章或者发票专用章的发票，伪造、作废以及其他不符合税务机关规定的发票，一律不得作为财务报销凭证，任何单位和个人有权拒收。

4. 发票的作废

用票单位和个人开具发票发生错填、误填等需要重新开具发票的，可在原发票上注明"作废"字样后，重新开具发票；如果发生销货退回需开红字发票，必须收回原发票并注明"作废"字样或者取得对方的有效凭证；发生销售折让的，在收回原发票并注明"作废"字样后，重新开具销售发票。开具专用发票填写有误的，应当另行开具，并在误填的专用发票上注明"误填作废"四字；如专用发票开具后因购货方不索取而成为废票，也应按填写有误办理。

3.3　发票审查代理实务

发票检查是税收检查的重要内容和发票管理的重要环节。注册税务师开展发票审查业务属于用票单位自查，可以有效地指导用票单位的发票管理，减少纳税风险。

3.3.1　代理发票审查的基本内容

代理发票审查一般不单独进行，而是注册税务师在计算填报纳税申报表和办理发票领购手续之前所做的准备工作。当然，在审查纳税情况时，代理发票审查也是不可缺少的环节。

注册税务师接受纳税人委托进行发票审查时，首先应明确发票审查的目的和要求，以及审查的对象和范围，然后深入纳税人的生产经营场所进行实地审查。

1. 普通发票代理审查操作要点

（1）审查发票基础管理情况

发票基础管理工作的状况，直接影响到发票使用、保管等各个环节的管理成效。发票基础管理工作包括用票单位发票管理人员的配备、发票存放的安全性、发票取得与开具管理环节的严密性等。

（2）审查发票领购、发放、保管情况

对发票领购环节主要审查发票领购的手续是否合法，有无私印、私售发票的问题；对发票发放环节主要审查发票的发放是否符合规定的范围，按序时登记并有领取人的签收手续；对发票保管环节主要审查发票存根、库存未用的发票是否保存完整，账面数与实际库存数是否相等，有无发生丢失、霉烂等情况，已用的发票存根联及作废发票是否完整保存，是否按规定造册登记并报税务机关销毁。

（3）审查发票使用情况

注册税务师审查发票的使用情况，主要从三个方面入手：

第一，审查发票开具内容是否真实，即票面各项内容所反映的业务是否为用票单位的真实情况。

第二，审查发票有无超经济范围填开的问题，填开的方法是否符合规定要求，如发票各栏项目的填写是否准确无误，各联次是否一次性开具，是否加盖了财务专用章或发票专用章，大小写金额是否封顶等。

第三，审查发票取得是否符合发票管理制度的规定，有无转借、代开或虚开发票的问题。对于从中国境外取得的发票如有疑问，可要求纳税人提供境外公证部门或注册会计师的确认证明。

2. 增值税专用发票代理审查操作要点

增值税专用发票是纳税人经济活动中的重要原始凭证，是兼记销货方纳税义务和购货方进项税额的合法证明，对增值税的计算和管理起着决定性的作用。因此，做好增值税专用发票的代理审查工作，对保证纳税人正确核算应纳税额是十分重要的。增值税专用发票的审查除上述审查普通发票的操作要点以外，还应侧重以下几个方面：

（1）增值税专用发票开具的范围。审查发生销售免税项目、在境外销售应税劳务、向消费者销售应税项目时，用票单位是否有开具增值税专用发票的问题。

（2）增值税专用发票抵扣联的取得。对用票单位取得增值税专用发票的时间、内容、税额计算等方面进行详细核查，凡属于未按规定取得增值税专用发票的情况，应提示纳税人不得计算抵扣进项税额。

（3）增值税专用发票的缴销。为了保证增值税专用发票的安全使用，纳税人要按规定的期限缴销，如从开具第一张专用发票的时间算起至60天内要办理缴销手续。对于填开有误的专用发票要加盖"误填作废"的条形专用章后予以缴销。

3.3.2　代理发票审查的基本方法

审查发票的方法可以因事而异，其目的是帮助纳税人严格按照发票管理制度的规定取得和开具发票，保证原始凭证的真实性与合法性。

1. 对照审查法

对照审查法是将出票单位发票使用的实际情况与发票领购簿及发票领用存的情况核对，审查私印发票、丢失发票、转借发票、虚开发票、代开发票、使用作废发票和超经营范围填开发票的问题。

2. 票面逻辑推理法

这是根据发票各个栏目所列内容之间，发票与用票单位有关经济业务之间的关系进行分析审核，从中发现问题的一种审查方法。

（1）利用发票的各项内容之间的逻辑关系进行分析审核。发票所列各项内容之间，有其内在的逻辑关系或规律性，如果违背了这些规律，就说明发票使用存在问题。如增值税专用发票中购、销双方的名称与税务登记号有着直接的对应关系，根据销售货物或劳务的名称可以确定适用税率，根据计里单价、数量、单位、金额、税率和税额之间的逻辑关系可以推断金额和税额的计算有无错误等。

（2）利用发票和企业经济业务的关系进行分析审核。发票与企业的购销业务有着直接的联系，而购销业务与企业存货数量及货币资金（包括债权、债务）的增减变化有着一定的对应关系，利用这一逻辑关系就可以审查发票使用有无问题。

首先，取得发票的金额与存货、费用增加额，货币资金减少额、流动负债增加额呈同步变化趋势；其次，填开发票的金额与存货减少额、货币资金或应收债权增加额呈同步变化趋势。如果企业取得或填开的发票与购销业务之间的关系违背了上述规律，在数量、金额上的逻辑关系不符，就有可能存在问题，需进一步审查核实。

3. 发票真伪鉴别方法

在实际工作中，用票单位和个人往往会遇到真伪发票的鉴别问题。因此，学会鉴别真伪发票的方法，对于指导纳税人依法取得合法有效的结算凭证，保护自身的经济利益是十分有益的。

（1）普通发票真伪鉴别方法

①发票监制章是识别发票真伪的法定标志之一。全国统一启用的新版发票的"发票监制章"，其形状为椭圆形，上环刻制"全国统一发票监制章"字样，下环刻制"税务局监制"字样，中间刻制国税、地税税务机关所在地的省、市全称或简称，字体为正楷，印色为大红色，套印在发票联的票头正中央。

②从发票联底纹、发票防伪专用纸等方面识别。这些防范措施也是识别发票真伪的重要依据。

③采用发票防伪鉴别仪器，识别是否为统一的防伪油墨。

（2）增值税专用发票真伪鉴别方法

为鉴别增值税专用发票的真伪，首先应了解其防伪措施，其次，采取特定的审查方法来鉴别其真伪。

①对照光线审查增值税专用发票的发票联和抵扣联，看是否为国家税务总局统

一规定的带有水印图案的防伪专用纸印制。

②用紫外线灯和发票鉴别仪鉴别无色和有色荧光防伪标志。

【思考与练习】

1. 简述代理统印发票领购操作要点。

2. 某贸易公司 2012 年 5 月 25 日从外地某钢铁厂购进螺纹钢一批，钢铁厂于当日开具增值税专用发票并将发票联和抵扣联交给贸易公司业务人员。2012 年 6 月 4 日贸易公司业务人员在返程途中被盗，将增值税专用发票的发票联和抵扣联丢失。因此项购销业务涉及金额巨大，贸易公司当即于 2012 年 6 月 5 日派相关人员去钢铁厂进行沟通，说明情况并希望钢铁厂再开一张相同金额的增值税专用发票，钢铁厂财务人员拒绝另行开具增值税专用发票。

问题：（1）钢铁厂为什么拒绝另行开具增值税专用发票？

（2）贸易公司在钢铁厂不另开增值税专用发票的情况下，怎样才能取得此项业务的增值税进项税额抵扣凭证？

（3）贸易公司最迟应何时办妥各项相关手续，才能保证此项业务的进项税额可以抵扣？

第 4 章

建账建制代理实务

【学习目标】

通过本章学习，使学生了解建账建制的意义和作用，掌握建账建制的适用范围与基本要求，掌握代理建账的基本内容和操作规程。

【导入案例】

浪时服装厂属于个体经营者，系小规模纳税人，现委托方正税务师事务所代理记账，税务师事务所派王丽为浪时服装厂代理记账。2011 年部分经济业务如下：购入材料，销售产品，支付工资等。请问王丽如何为浪时服装厂代制会计凭证？

4.1　代理建账建制基本要求及范围

建账建制、代理记账是注册税务师执业的一项内容，其主要服务对象是财务核算制度不够健全，缺少合格会计人员的集体、私营中小企业，还有数量庞大的个体工商户。

4.1.1　代理建账建制的适用范围

根据国务院批转国家税务总局《关于加强个体私营经济税收征管强化查账征收工作的意见》，个体、私营业户可自行建账，也可以聘请社会中介机构代理建账，具体范围如下：

（1）有固定经营场所的个体、私营经济业户；

（2）名为国有或集体实为个体、私营经济业户；

（3）个人租赁、承包经营企业。

经营规模小、确无建账能力的个体、私营业户，经县以上税务机关批准，可暂不建账或不设置账簿。

4.1.2　代理建账建制的基本要求

在个体、私营业户中全面实行建账，采取查账征收的方法涉及面广、综合性强，单凭税务机关独立运作难以实现有效的控管，特别是大多数个体、私营业户存在着从业人员素质普遍偏低、财务人员短缺、自行建账困难的情况，由税务代理等社会中介机构介入这项工作是十分必要的。注册税务师首先应了解国家有关代理记账的管理制度，在代理建账建制的过程中，主动接受税务机关的监督与管理，区别不同的业户实施分类建账。对于达到一定经营规模的个体工商户，按定期定额征收的私

51

营企业，各类名为国有、集体实为个体或私营的企业，个人租赁承包经营的企业要建立复式账，其他业户建立简易账。

1. 复式账建账建制的基本要求

符合下列情形之一的个体工商户，应当设置复式账：

（1）注册资金在 20 万元以上的；

（2）销售增值税应税劳务的纳税人或营业税纳税人月销售（营业）额在 40 000 元以上；从事货物生产的增值税纳税人月销售额在 60 000 元以上；从事货物批发或零售的增值税纳税人月销售额在 80 000 元以上的；

（3）省级税务机关确定应设置复式账的其他情形。

2. 简易账建账建制的基本要求

符合下列情形之一的个体工商户，应当设置简易账，并积极创造条件设置复式账：

（1）注册资金在 10 万元以上 20 万元以下的；

（2）销售增值税应税劳务的纳税人或营业税纳税人月销售（营业）额在 15 000 元至 40 000 元；从事货物生产的增值税纳税人月销售额在 30 000 元至 60 000 元；从事货物批发或零售的增值税纳税人月销售额在 40 000 元至 80 000 元的；

（3）省级税务机关确定应当设置简易账的其他情形。

建立简易账的个体工商户应建立经营收入账、经营费用账、商品（材料）购进账、库存商品（材料）盘点表、利润表，以收支方式记录和反映生产经营情况并进行简易会计核算。简易账簿均采用订本式，建立简易账簿核算的个体户其会计制度和财务制度应与设立复式账的个体业户相同，只是会计核算科目、核算方法要简单许多。

4.2　代理建账建制的基本内容及规范

我国现行财务会计制度体系是以《企业财务通则》与《企业会计准则》为基本法规，在"两则"下按行业设置 13 种会计制度和财务制度，规范行业的财务核算与管理。代理建账建制的基本内容，主要针对应按个体工商户会计制度、财务制度核算的纳税单位。就个体工商户的会计制度与个人所得税计税办法而言，属于按经济性质设置会计与财务制度，虽然其核算的基本原则与方法趋同于企业财务、会计制度，但是具体会计科目的运用、税前成本费用列支的标准都有一定差别。

4.2.1　代理建账建制的基本内容

1. 代建个体工商户会计制度

（1）代建个体工商户复式账会计制度

注册税务师为个体工商户建立复式账簿，应按个体户会计制度的规定，设置和使用会计科目，也可以根据实际情况自行增加、减少或合并某些会计科目，按月编制资产负债表（见表 4 - 1）、应税所得表（见表 4 - 2）和留存利润表（见表 4 - 3），报送主管财税机关。

表 4 - 1　　　　　　　　　　　　　　资产负债表

资产	金　额	负债及业主权益	金额
资产： 现金 银行存款 应收款项 存货 待摊费用 待处理财产损失 固定资产原价 减：累计折旧 固定资产净值 固定资产清理 在建工程 无形资产 资产总计		负债： 借入款项 应付款项 应付工资 应交税费 负债合计 业主权益： 业主投资 留存利润 业主权益合计 负债及业主权益合计	

表 4 - 2　　　　　　　　　　　　　　应税所得表

项目	行次	金额
营业收入 减：营业税金及附加 营业成本 营业费用 营业外收支（净收益以"－"号表示） 本年经营所得（如经营亏损以"－"号表示） 减：应弥补的以前年度亏损 本年应税所得（如为亏损以"－"号表示）		

表 4 - 3　　　　　　　　　　　　　　留存利润表

项目	行次	金额
本年应税所得 减：个人所得税 税后列支费用 转入逾期亏损 加：年初留存利润 　　年末留存利润		

（2）代建个体工商户简易账会计制度

建立简易账簿的个体工商户，生产经营的特点是规模小、收入少，因而核算内容从会计科目的设置到编制会计报表都大大简化，主要是控制收支两方面的核算和反映盈亏。注册税务师代为建账建制除设置简易会计科目核算外，还要按月编制应税所得表，在办理当期纳税申报时向主管财政、税务机关报送。

2. 代建个体工商户财务制度

长期以来，个体、私营业户税款征收的基本方法是定期定额，查账征收所占比例较低。改变所得税的计算方法实行查账征收，不仅要建立个体工商户的会计制度，还必须有规范的财务核算制度。凡是按个体工商户进行税务登记管理的，均以每一纳税年度的收入总额减除成本、费用和损失后的余额为应纳税所得额，作为计算个人所得税的依据。

收入确认是按权责发生制的原则，确认从事生产经营以及与此相关活动所取得的各项收入。

成本列支范围是个体户从事生产经营所发生的各项直接支出和应计入成本的间接费用，包括：实际消耗的各种原材料、辅助材料、备品配件，外购半成品、燃料、动力、包装物等直接材料；实际发生的商品进价成本、运输费、装卸费、包装费；实际支出的折旧费、修理费、水电费、差旅费、租赁费（不包括融资租赁）、低值易耗品等，以及支付给生产经营从业人员的工资。

费用列支范围是个体户从事生产经营过程中所发生的销售费用、管理费用和财务费用。

损失列支范围包括存货，固定资产盘亏，报废毁损和出售的净报失，自然灾害或者意外事故损失。另外，包括在营业外支出科目中核算的赔偿金、违约金、公益救济性捐赠等。

下列税前不允许扣除的各项支出，要从成本费用中剔除：

（1）资本性支出，包括为购置和建造固定资产、无形资产以及其他资产的支出，对外投资的支出；

（2）被没收的财物支付的罚款；

（3）缴纳的个人所得税以及各种税收的滞纳金、罚款；

（4）各种赞助支出；

（5）自然灾害或者意外事故损失有赔偿的部分；

（6）分配给投资者的股利；

（7）用于个人和家庭的支出；

（8）与生产经营无关的其他支出；

（9）国家税务总局规定不准扣除的其他支出。

4.2.2 代理记账操作规范

注册税务师代理记账，应购领统一格式的账簿凭证，启用账簿时送主管税务机关审验盖章。账簿和凭证要按发生时间的先后顺序填写、装订或粘贴，凭证和账簿不得涂改、销毁、挖补。对各种账簿、凭证、表格必须保存 10 年以上，销毁时须经主管税务机关审验和批准。

1. 代制会计凭证

会计凭证是记录经济业务、明确经济责任的书面证明，是登记账簿的依据。会计凭证按其填制的程序和用途不同，分为原始凭证和记账凭证两种。注册税务师代制会计凭证主要是在审核原始凭证的基础上代制记账凭证。

（1）审核原始凭证。原始凭证是进行会计核算的原始资料，它分为自制原始凭证和外来原始凭证两种。例如，个体户销售货物、提供应税劳务所开具的发票，材料验收入库时填制的收料单，产品（商品）出库时填制的出库单等。注册税务师代理记账但不代客户制作原始凭证，仅指导其正确填制或依法取得有效的原始凭证。为了保证记账凭证的真实合法性，应注意从以下几个方面审核原始凭证：

原始凭证内容的真实性与完整性。原始凭证所记录的经济业务应与实际情况相符，各项内容应填写齐全。例如，开具或取得的发票，其客户名称、业务内容、单位价格、金额等栏目应真实完整地反映某项经济业务的来龙去脉，凡属名实不符或项目填列不全的发票，注册税务师应指导纳税单位加以改正。

原始凭证取得的时效性与合法性。原始凭证入账的时间有一定的时限要求，其凭证上注明的时间应与会计核算期间相符，凭证的取得也应符合现行财务和税收征管法规的要求。

（2）代制记账凭证。记账凭证是根据合法的原始凭证或原始凭证汇总表编制的，它是登记账簿的依据。注册税务师应根据纳税单位原始凭证的多寡和繁简情况，按月或按旬到户代制记账凭证。记账凭证可以根据每一张原始凭证单独填制，也可以按反映同类经济业务的若干原始凭证汇总填制。

根据原始凭证简要概括业务内容，填入"摘要"栏内，有助于登记账簿和日后查阅凭证。

根据会计科目的内容正确编制会计分录，做到账户对应关系清晰。

将记账凭证连续编排号码并附列原始凭证，按月装订成册。

会计凭证是重要的经济资料和会计档案，注册税务师完成记账凭证的编制后，应帮助纳税单位建立立卷归档制度，指定专人保管。

2. 代为编制会计账簿

注册税务师根据记账凭证所确定的会计分录，分别在日记账和分类账的有关账户中进行登记的工作简称为记账。代理简易账的记账工作是以收支方式记录、反映生产情况并进行简易会计核算，在编制记账凭证后根据业务内容按时间顺序记入相关账户，实际上是俗称的流水账。代记复式账的操作应根据会计账户的特点来进行。

现金日记账和银行存款日记账，应由纳税单位的出纳人员登记，注册税务师审核有关凭证和登记内容，使其能逐日反映库存现金和银行存款收入的来源、支出与结存的情况，保证账实相符。

总分类账一般应采用借、贷、余额三栏式的订本账，直接根据各种记账凭证逐笔进行登记，也可先编制成汇总记账凭证或科目汇总表，再据以登记。每月应将当月已完成的经济业务全部登记入账，并于月份终了时结出总账、各分类账户的本期发生额和期末余额，作为编制会计报表的主要依据。

明细分类账是总分类账的明细科目，可分类连续地记录和反映个体户资产、负债、所有者权益、成本、费用、收入等明细情况，注册税务师应根据个体、私营业户所属经营行业的特点，经营项目的主要范围，设置明细分类账。例如，从事饮食服务的业户，可设置"存货"、"固定资产"、"应收款项"、"应付款项"、"应付工资"、"应交税费"、"营业收入"、"营业成本"、"营业费用"、"本年应税所得"、"留存利润"等明细分类账。

明细分类账一般采用活页式账簿，其格式可选择三栏式、数量金额式或多栏式明细分类账。登记方法可根据原始凭证逐日定期汇总登记，或者逐笔登记。

注册税务师将上述账簿登记编制完毕，还要进行对账工作，进行账证核对、账账核对和账实核对，在会计期末即月份、季度和年度终了时进行结账，以确定本期收入成本、费用和应税所得，同时也为编制会计报表准备数据。

3. 代为编制会计报表

会计报表是提供会计资料的重要手段。个体工商户的会计报表比企业的要简单许多。设置复式账的个体工商户要编报资产负债表、应税所得表和留存利润表；设置简易账的仅要求编报应税所得表，它除可以总括反映业户的资产负债情况外，最重要的是为个人所得税的计算提供真实可靠的依据。

（1）数字真实，内容完整。根据权责发生制的要求，会计报表应在全部经济业务都登记入账，进行对账、结账和试算平衡后，再根据账簿资料编制，应做到内容填报齐全，数字编报真实可靠。

（2）计算准确，报送及时。会计报表要以会计账簿各明细科目期末余额为依据，反映出表账之间、表表之间严密的数字逻辑关系，既不能漏报，也不可随意编报，并应在规定的时间内报送主管财税机关。

4. 代理纳税申报

注册税务师代理建账、记账过程中，对于客户生产经营情况应有较为全面、深入的了解，在按月结账编制报表的同时，可代理纳税申报事宜。

关于个体工商户的所得税，应单独填报个体工商户所得税年度申报表，要依据应税所得表按月填报并附送有关财务报表，在年度终了后三个月内汇算清缴，实行多退少补。如果分月、分次取得所得并已预缴税款，可在年度汇算时计算应补退税额。

5. 代理纳税审查

代理纳税审查的作用是帮助个体户正确、完整地履行纳税义务，避免因不了解税法或财务会计制度的规定而漏缴税款。注册税务师代理纳税审查工作的重点，就是审查应税所得表所列各项是否符合个体工商户财务会计制度的规定。

【思考与练习】

1. 注册税务师代制会计凭证要注意哪些问题？
2. 注册税务师代编会计报表要注意哪些问题？

第 5 章

流转税纳税申报代理实务

【学习目标】

通过本章学习，使学生掌握流转税中增值税、消费税和营业税的申报代理实务，内容包括流转税的基本税制内容，申报代理操作规范，账务处理，申报表的填制。学生应该掌握这些内容，为税务代理的实施奠定基础。

【导入案例】

如何代理增值税纳税申报？

山西省某煤气化公司系增值税一般纳税人，主要生产和销售居民用煤气、焦炭和焦油等产品。在销售过程中，针对不同产品的市场需求情况，该公司采用了不同的销售方式，既有现款销售，也有分期付款等销售方式，生产原料既有从一般纳税人处购进也有从小规模纳税人处购买。运营过程中，由于管理不善，一批原煤丢失。

税务机关核定纳税期限为 1 个月。该公司委托兰天税务师事务所为其代理增值税纳税申报事宜。兰天税务师事务所在办理纳税申报时应提供哪些资料？如何填写纳税申报表？

资料来源：奚卫华. 税务代理实务［M］. 北京：中国人民大学出版社，2008.

5.1 增值税纳税申报代理实务

2008 年 11 月 5 日，国务院第 34 次常务会议再次修订通过了《中华人民共和国增值税暂行条例》，自 2009 年 1 月 1 日起实施。为了监控税源，强化征收，在纳税申报环节，将增值税专用发票的使用与对纳税人的管理综合为一体，因此纳税申报的操作具有政策面广、技能性强的特点，是流转税中代理申报技术难度较高的税种。

5.1.1 应纳税额的计算

增值税是对在我国境内销售货物或者提供加工、修理修配劳务，以及进口货物的单位和个人，就其取得货物或应税劳务的销售额以及进口货物的金额计算税款，并实行税款抵扣制的一种流转税。

1. 一般纳税人应纳税额的计算

一般纳税人销售货物或者提供应税劳务，应纳税额为当期销项税额抵扣当期进项税额后的余额。应纳税额计算公式为：

应纳税额 = 当期销项税额 – 当期进项税额 – 上期留抵税额

如应纳税额大于零，则为当期应缴纳的增值税；如应纳税额小于零，则为本期留抵税额，转入下一期抵扣。

（1）销项税额

销项税额指纳税人销售货物或者提供应税劳务，按照销售额和适用税率计算并向购买方收取的增值税额，其计算公式为：

销项税额 = 销售额 × 税率

式中所述销售额，是指纳税人销售货物或者提供应税劳务向购买方收取的全部价款和价外费用，但是不包括收取的销项税额。

（2）进项税额

纳税人购进货物或者接受应税劳务，所支付或者负担的增值税额为进项税额。包括：

①从销售方取得的增值税专用发票上注明的增值税额；

②从海关取得的海关进口增值税专用缴款书上注明的增值税额；

③购进农产品，除取得增值税专用发票或者海关进口增值税专用缴款书外，按照农产品收购发票或者销售发票上注明的农产品买价和13%的扣除率计算的进项税额；

④购进或者销售货物以及在生产过程中支付运输费用的，按照运输费用结算单据上注明的运输费用金额和7%的扣除率计算的进项税额。

（3）不得从销项税额中抵扣的进项税额

纳税人购进货物或者应税劳务，未按照规定取得并保存增值税扣税凭证或者增值税扣税凭证上未按照规定注明增值税额及其他有关事项的，其进项税额不得从销项税额中抵扣。

下列项目的进项税额不得从销项税额中抵扣：

①用于非增值税应税项目、免征增值税项目、集体福利或者个人消费的购进货物或者应税劳务；

②非正常损失的购进货物及相关的应税劳务；

③非正常损失的在产品、产成品所耗用的购进货物或者应税劳务；

④国务院财政、税务主管部门规定的纳税人自用消费品；

⑤上述第①项至第④项规定的货物的运输费用和销售免税货物的运输费用。

税务机关规定的不得抵扣的其他进项税额。

（4）进项税额抵扣的相关规定

增值税一般纳税人取得2010年1月1日以后开具的增值税专用发票、公路内河货物运输业统一发票和机动车销售统一发票，应在开具之日起180日内到税务机关办理认证，并在认证通过的次月申报期内，向主管税务机关申报抵扣进项税额。

实行海关进口增值税专用缴款书（以下简称海关缴款书）"先比对后抵扣"管理办法的增值税一般纳税人取得2010年1月1日以后开具的海关缴款书，应在开具之日起180日内向主管税务机关报送海关完税凭证抵扣清单（包括纸质资料和电子数据）申请稽核比对。未实行海关缴款书"先比对后抵扣"管理办法的增值税一般纳税人取得 2010 年 1 月 1 日以后开具的海关缴款书，应在开具之日起 180 日后的第一个纳税申报期结束以前，向主管税务机关申报抵扣进项税额。

增值税一般纳税人取得 2010 年 1 月 1 日以后开具的增值税专用发票、公路内河货物运输业统一发票、机动车销售统一发票以及海关缴款书，未在规定期限内到税务机关办理认证、申报抵扣或者申请稽核比对的，不得作为合法的增值税扣税凭证，不得计算进项税额抵扣。

（5）进项税额的扣减

因进货退出或折让而收回的增值税额，应从发生进货退出或折让当期的进项税额中扣减。

已抵扣进项税额的购进货物或应税劳务发生进项税额不得从销项税额中抵扣情况的，应将该项购进货物或应税劳务的进项税额从当期的进项税额中扣减。

（6）进项税额不足抵扣的处理

因当期销项税额小于当期进项税额不足抵扣时，其不足部分可以结转下期继续抵扣。

2. 小规模纳税人的征收率及应纳税额的计算

从 2009 年 1 月 1 日起，小规模纳税人增值税征收率为 3%。征收率的调整由国务院决定。

小规模纳税人销售货物或者提供应税劳务，按照销售额和规定的征收率计算应纳税额，不得抵扣进项税额。应纳税额计算公式为：

$$应纳税额 = 销售额 \times 征收率$$

其中，销售额比照一般纳税人规定确定。需要指出的是，小规模纳税人的销售额也不包括其应纳税额，小规模纳税人如采用销售额和应纳税额合并定价方法的，按下列公式计算销售额：

$$销售额 = 含税销售额 \div (1 + 征收率)$$

【例 5 - 1】某企业为增值税一般纳税人，2012 年 3 月发生以下业务：

A. 外购原材料 100 吨，取得增值税专用发票，支付价款（不含税）50 000 元；另支付运输费用 2 500 元，取得普通发票。

B. 外购辅助材料 50 吨，取得增值税专用发票，支付价款（不含税）25 000 元，当月企业基建工程领用 10 吨。

C. 企业生产需要，进口一台设备，关税完税价格为 100 000 元，已纳关税 20 000 元。

D. 销售外购的原材料 30 吨，取得不含税销售收入 20 000 元。

E. 销售产品 500 件，每件价税合计为 234 元，用自备汽车运输，向买方收取运输费 5 000 元，包装费 2 020 元。

F. 用上述产品 100 件发放职工福利。

假设上述各项购销货物的增值税税率均为 17%。

根据以上条件，计算该企业当月应纳增值税税额如下：

A. 当月销项税额 = 20 000 × 17% + （500 + 100）× 234 ÷ （1 + 17%）× 17% +

（5 000＋2 020）÷（1＋17%）×17%＝24 820（元）

    B. 当月进项税额＝50 000×17%＋2 500×7%＋（50－10）÷50×25 000×17%＝12 075（元）

    C. 当月应纳增值税税额＝24820－12075＝12745（元）

    D. 进口设备应纳增值税税额＝（100 000＋20 000）×17%＝20 400（元）

    E. 该企业当月应纳增值税税额＝12 745＋20 400＝33 145（元）

    3. 出口货物应退税额的计算方法

    （1）外贸企业出口货物退税计算方法

    有进出口经营权的外贸企业收购货物直接出口或委托其他外贸企业代理出口货物的，应依据购进出口货物所取得的增值税专用发票上列明的进项金额和该货物适用的退税率计算退税。其公式是：

$$应退税额＝购进货物的进项金额×退税率$$

    （2）生产企业出口货物"免、抵、退"税计算方法

    实行"免、抵、退"税管理办法的"免"税，是指对生产企业出口的自产货物，免征本企业生产销售环节的增值税；"抵"税，是指生产企业出口的自产货物所耗用原材料、零部件等应予退还的进项税额，抵顶内销货物的应纳税款；"退"税，是指生产企业出口的自产货物在当期内因抵顶的进项税额大于应纳税额而未抵顶完的税额，经主管税务机关批准后，予以退税。

    生产企业出口货物"免、抵、退"税额应根据出口货物离岸价、出口货物退税率计算。出口货物离岸价（FOB）以出口发票上的离岸价为准（委托代理出口的，出口发票可以是委托方开具的或受托方开具的），若以其他价格条件成交，应扣除按会计制度规定允许冲减出口销售收入的运费、保险费、佣金等。申报数与实际支付数有差额的，在下次申报退税时调整（或年终清算时一并调整）。若出口发票不能如实反映离岸价，企业应按实际离岸价申报"免、抵、退"税，税务机关有权按照《税收征管法》、《增值税暂行条例》等的规定予以核定。

    ①免抵退税不得免征和抵扣税额的计算：

    免抵退税不得免征和抵扣税额＝当期出口货物离岸价×外汇人民币牌价×（出口货物征税率－出口货物退税率）－免抵退税不得免征和抵扣税额抵减额

    免抵退税不得免征和抵扣税额抵减额＝免税购进原材料价格×（出口货物征税率－出口货物退税率）

    ②当期应纳税额的计算：

    当期应纳税额＝当期内销货物的销项税额－（当期进项税额－当期免抵退税不得免征和抵扣税额）－上期留抵税额

    ③免抵退税额的计算：

    免抵退税额＝出口货物离岸价×外汇人民币牌价×出口货物退税率－免抵退税额抵减额

    免抵退税额抵减额＝免税购进原材料价格×出口货物退税率

    免税购进原材料包括国内购进免税原材料和进料加工免税进口料件，其中进料加工免税进口料件的价格为组成计税价格。

进料加工免税进口料件的组成计税价格 = 货物到岸价格 + 海关实征关税 + 海关实征消费税

④当期应退税额和当期免抵税额的计算：

$$当期免抵税额 = 当期免抵退税额 - 当期应退税额$$

当期期末留抵税额 ≤ 当期免抵退税额时，当期应退税额 = 当期期末留抵税额。

当期期末留抵税额 > 当期免抵退税额时，当期应退税额 = 当期免抵退税额。

当期免抵税额 = 0

当期期末留抵税额为当期增值税纳税申报表上的期末留抵税额。

5.1.2   代理增值税申报操作规范

增值税纳税申报分为"一般纳税人"和"小规模纳税人"两种，其中包括出口货物退免税的申报。其计税原始资料的稽核与办税程序均有不同的要求。

1. 增值税一般纳税人

增值税一般纳税人申报的特点是报表体系严密，计税资料齐全。

增值税一般纳税人纳税申报电子信息采集系统的增值税一般纳税人，应提供下列报表与资料。

必报资料：

（1）增值税纳税申报表（适用于增值税一般纳税人）及增值税纳税申报表附列资料（附表一、附表二）；

（2）使用防伪税控系统的纳税人，必须报送记录当期纳税信息的 IC 卡（明细数据备份在软盘上的纳税人，还须报送备份数据软盘）、增值税专用发票存根联明细表及增值税专用发票抵扣联明细表；

（3）资产负债表和利润表；

（4）成品油购销存情况明细表（发生成品油零售业务的纳税人填报）；

（5）主管税务机关规定的其他必报资料。

纳税申报实行电子信息采集的纳税人，除向主管税务机关报送上述必报资料的电子数据外，还需报送纸质的增值税纳税申报表（适用于一般纳税人）（主表及附表）。

备查资料：

（1）已开具的增值税专用发票和普通发票存根联；

（2）符合抵扣条件并且在本期申报抵扣的增值税专用发票抵扣联；

（3）海关进口货物完税凭证、运输发票、购进农产品普通发票的复印件；

（4）收购凭证的存根联或报查联；

（5）代扣代缴税款凭证存根联；

（6）主管税务机关规定的其他备查资料。

备查资料是否需要在当期报送，由各省级国家税务局确定。

2. 小规模纳税人

小规模纳税人由于计税方法简单，其纳税申报的操作也相对容易。

代理小规模纳税人的增值税申报，应在规定的期限内向主管税务机关报送纳税申报表。

注册税务师在编制纳税申报表时，应按以下规范操作：

（1）核查销售原始凭证及相关账户，稽核销售货物、应税劳务和视同销售的收入。

（2）对于有经营免税项目或有混合销售、兼营非应税劳务的，应通过核查原始凭证及核算过程，正确区分征免税项目及非应税项目的销售收入，将免税销售额和非应税劳务销售额分离出来。

（3）核查"应交税费——应交增值税"明细账，将含税收入换算成不含税销售额乘以征收率计算出当期应纳税额。

5.1.3 代理填制增值税纳税申报表的方法

1. 一般纳税人纳税申报表

（1）模拟案例

企业概况：

①纳税人名称：哈尔滨市兴盛机械制造有限公司

②纳税人类型：有限责任公司（增值税一般纳税人）

③法定代表人：许峰

④地址及电话：哈尔滨市香坊区公滨路 59 号 0451 – 84135488

⑤开户行及账号：工商银行哈尔滨市香坊区支行 3500043109006648289

⑥税务登记号：230110690719695

⑦主管国税机关：哈尔滨市香坊区国家税务局

业务资料：

【业务 1】2012 年 7 月 3 日因产品生产需要，购入甲型钢材，取得供货方开具的防伪税控增值税专用发票和运输单位开具的运输发票。货款 400 000 元，税款 68 000 元，运费 6 000 元，装卸费 600 元，保险费 200 元，相关款项已从结算账户转账付讫，发票已通过税务机关认证。

【业务 2】2012 年 7 月 9 日进行 6 月增值税纳税申报并通过网上划款缴纳增值税 93 500 元，并取得工商银行电子缴税付款凭证。

【业务 3】2012 年 7 月 11 日销售一批甲产品，开出增值税专用发票，取得运输单位开具的运费发票，货款 800 000 元、税款 136 000 元已收讫，运费 3 000 元、装卸费 300 元、保险费 100 元已支付。

【业务 4】2012 年 7 月 12 日将上月购进的乙型钢材一部分用于修缮办公楼，材料已领出。该批材料实际成本价 104 650 元，其中运费成本 4 650 元。

【业务 5】2012 年 7 月 13 日支付电费，取得香坊区国家电网公司开具的增值税专用发票，生产用电 149 000 元、税款 25 330 元，在建工程用电 37 250 元、税款 6 332.5 元，以上款项已通过转账付讫，发票已通过认证。

【业务 6】2012 年 7 月 15 日以自产丙产品 4 台作价 1 200 000 元，与哈尔滨海天工贸公司联合组建哈尔滨市天元工业有限公司，占该公司 10% 股份，已知每台产品对外不含税售价 300 000 元，成本价 250 000 元。已开出增值税专用发票。

【业务 7】2012 年 7 月 20 日，出售两台 2003 年购进的作为固定资产的设备，原价 500 000 元，已提折旧 300 000 元。售价 187 200 元相关款项已收存银行账户，开出增值税专用发票。

【业务 8】2012 年 7 月 31 日根据业务 1 至业务 7 项，计算应纳增值税税额并根据增值税税额填写纳税申报表。

（2）计算分析

业务分析：

【业务 1】

根据上述运费发票计算可抵扣的运费进项税额：

$$运费进项税额 = 6\ 000 \times 7\% = 420（元）$$

$$计入原材料成本的运杂费 = 6\ 800 - 6\ 000 \times 7\% = 6\ 380（元）$$

【业务 3】

根据上述运费发票计算可抵扣的运费进项税额：

$$运费进项税额 = 3\ 000 \times 7\% = 210（元）$$

$$计入销售费用的运杂费 = 3\ 400 - 210 = 3\ 190（元）$$

【业务 4】

根据领料单及材料明细账，计算应转出的进项税额：

$$转出进项税额 = （104\ 650 - 4\ 650） \times 17\% + 4\ 650 \div （1 - 7\%） \times 7\%$$
$$= 17\ 000 + 350$$
$$= 17\ 350（元）$$

$$应计入管理费用的金额 = 104\ 650 + 17\ 350 = 122\ 000（元）$$

【业务 5】

外购货物用于应税项目或用于制造费用、管理费用上，其进项税可以抵扣；用于非应税项目，或发生非正常损失的，其进项税不得抵扣。

$$计入在建工程成本的电费 = 37\ 250 + 6\ 332.50 = 43\ 582.50（元）$$

【业务 6】

根据相关原始凭证及同类产品对外不含税售价，计算销项税额：

$$销项税额 = 1\ 200\ 000 \times 17\% = 204\ 000（元）$$

【业务 7】

根据增值税有关销售使用过的固定资产应税规定，计算此笔业务的应纳税额。

$$应交增值税 = 187\ 200 \div （1 + 4\%） \times 4\% \times 50\% = 3\ 600（元）$$

（3）填制增值税纳税人增值税纳税申报表及其附列资料

增值税纳税申报表（适用于增值税一般纳税人）的填制（见表 5 - 1）。

表 5 - 1 　　　　　　　　　　增值税纳税申报表

（适用于增值税一般纳税人）

根据《中华人民共和国增值税暂行条例》第二十二条和第二十三条的规定制定本表。纳税人不论有无销售额，均应按主管税务机关核定的纳税期限按期填报本表，并于次月 1 日起 15 日内，向当地税务机关申报。

税款所属时间：　自 2012 年 7 月 1 日至 2012 年 7 月 31 日　填表日期：2012 年 8 月 2 日　金额单位：元（列至角分）

纳税人识别号	2 3 0 1 1 0 6 9 0 7 1 9 6 9 5			所属行业：		工业制造业	
纳税人名称	哈尔滨市兴盛机械制造有限公司	法定代表人姓名	许峰	注 册 地址	哈尔滨市香坊区公滨路59号	营业地址	哈尔滨市香坊区公滨路59号
开 户 银 行 及账号	工商银行哈尔滨市香坊区支行 3500043109006648289	企业登记注册类型	有 限 责 任公司			电话号码	0451 - 84135488

	项目	栏次	一般货物及劳务		即征即退货物及劳务	
			本月数	本年累计	本月数	本年累计
销售额	（一）按适用税率征税货物及劳务销售额	1	2 000 000.00	7 650 000.00	0.00	0.00
	其中：应税货物销售额	2	2 000 000.00	7 650 000.00	0.00	0.00
	应税劳务销售额	3	0.00	0.00	0.00	0.00
	纳税检查调整的销售额	4	0.00	0.00	0.00	0.00
	（二）按简易征收办法征税货物销售额	5	180 000.00	180 000.00	0.00	0.00
	其中：纳税检查调整的销售额	6	0.00	0.00	0.00	0.00
	（三）免、抵、退办法出口货物销售额	7	0.00	0.00	—	—
	（四）免税货物及劳务销售额	8	0.00	0.00	—	—
	其中：免税货物销售额	9	0.00	0.00	—	—
	免税劳务销售额	10	0.00	0.00	—	—
税款计算	销项税额	11	340 000.00	1 193 600.00	0.00	0.00
	进项税额	12	93 960.00	793 960.00	0.00	0.00
	上期留抵税额	13	0.00	0.00	0.00	0.00
	进项税额转出	14	17 350.00	17 350.00	0.00	0.00
	免、抵、退货物应退税额	15	0.00	0.00	0.00	0.00
	按适用税率计算的纳税检查应补缴税额	16	0.00	0.00	0.00	0.00
	应抵扣税额合计	17 = 12 + 13 - 14 - 15 + 16	76 610.00	776 610.00	0.00	0.00
	实际抵扣税额	18（如 17 < 11，则为 17，否则为 11）	76 610.00	776 610.00	0.00	0.00
	应纳税额	19 = 11 - 18	263 390.00	416 990.00	0.00	0.00
	期末留抵税额	20 = 17 - 18	0.00	0.00	0.00	0.00
	按简易征收办法计算的应纳税额	21	3 600.00	3 600.00	0.00	0.00
	按简易征收办法计算的纳税检查应补缴税额	22	0.00	0.00	—	—
	应纳税额减征额	23	0.00	0.00	0.00	0.00
	应纳税额合计	24 = 19 + 21 - 23	266 990.00	420 590.00	0.00	0.00

续表

项目	栏次	一般货物及劳务		即征即退货物及劳务	
		本月数	本年累计	本月数	本年累计
期初未缴税额（多缴为负数）	25	93 500.00	0.00	0.00	0.00
实收出口开具专用缴款书退税额	26	0.00	0.00	—	—
本期已缴税额	27 = 28 + 29 + 30 + 31	0.00	0.00	0.00	0.00
①分次预缴税额	28	0.00	0.00	0.00	0.00
②出口开具专用缴款书预缴税额	29	0.00	0.00	—	—
③本期缴纳上期应纳税额	30	93 500.00	0.00	0.00	0.00
④本期缴纳欠缴税额	31	0.00	0.00	0.00	0.00
期末未缴税额（多缴为负数）	32 = 24 + 25 + 26 − 27	266 990.00	266 990.00	0.00	0.00
其中：欠缴税额（≥0）	33 = 25 + 26 − 27	0.00	—	0.00	—
本期应补（退）税额	34 = 24 − 28 − 29	266 990.00	—	0.00	—
即征即退实际退税额	35	0.00	0.00	0.00	0.00
期初未缴查补税额	36	0.00	0.00	—	—
本期入库查补税额	37	0.00	0.00	—	—
期末未缴查补税额	38 = 16 + 22 + 36 − 37	0.00	0.00	—	—

左侧竖排："税款缴纳"

授权声明	如果你已委托代理人申报，请填写下列资料： 为代理一切税务事宜，现授权＿＿＿＿＿＿（地址）＿＿＿＿＿为本纳税人的代理申报人，任何与本申报表有关的往来文件，都可寄予此人。 授权人签字：	申报人声明	此纳税申报表是根据《中华人民共和国增值税暂行条例》的规定填报的，我相信它是真实的、可靠的、完整的。 声明人签字：

以下由税务机关填写

收到日期：　　　　　　　　接收人：　　　　　　　主管税务机构盖章：

增值税纳税申报表（适用于一般纳税人）填表说明

本申报表适用于增值税一般纳税人填报。增值税一般纳税人销售按简易办法缴纳增值税的货物，也使用本表。

1. 本表"税款所属时间"是指纳税人申报的增值税应纳税额的所属时间，应填写具体的起止年、月、日。

2. 本表"填表日期"指纳税人填写本表的具体日期。

3. 本表"纳税人识别号"栏，填写税务机关为纳税人确定的识别号，即税务登记证号码。

4. 本表"所属行业"栏，按照国民经济行业分类与代码中的最细项（小类）进行填写（国民经济行业分类与代码附后）。

5. 本表"纳税人名称"栏，填写纳税人单位名称全称，不得填写简称。

6. 本表"法定代表人姓名"栏，填写纳税人法定代表人的姓名。

7. 本表"注册地址"栏，填写纳税人税务登记证所注明的详细地址。

8. 本表"营业地址"栏，填写纳税人营业地的详细地址。

9. 本表"开户银行及账号"栏，填写纳税人开户银行的名称和纳税人在该银行的结算账户号码。

10. 本表"企业登记注册类型"栏，按税务登记证填写。

11. 本表"电话号码"栏，填写纳税人注册地和经营地的电话号码。

12. 表中"一般货物及劳务"是指享受即征即退的货物及劳务以外的其他货物及劳务。

13. 表中"即征即退货物及劳务"是指纳税人按照税法规定享受即征即退税收优惠政策的货物及劳务。

14. 本表第1项"按适用税率征税货物及劳务销售额"栏数据，填写纳税人本期按适用税率缴纳增值税的应税货物和应税劳务的销售额（销货退回的销售额用负数表示）。包括在财务上不作销售但按税法规定应缴纳增值税的视同销售货物和价外费用销售额，外贸企业作价销售进料加工复出口的货物，税务、财政、审计部门检查按适用税率计算调整的销售额。"一般货物及劳务"的"本月数"栏数据与"即征即退货物及劳务"的"本月数"栏数据之和，应等于附表一第7栏的"小计"中的"销售额"数。"本年累计"栏数据，应为年度内各月数之和。

15. 本表第2项"应税货物销售额"栏数据，填写纳税人本期按适用税率缴纳增值税的应税货物的销售额（销货退回的销售额用负数表示）。包括在财务上不作销售但按税法规定应缴纳增值税的视同销售货物和价外费用销售额，以及外贸企业作价销售进料加工复出口的货物。"一般货物及劳务"的"本月数"栏数据与"即征即退货物及劳务"的"本月数"栏数据之和，应等于附表一第5栏的"应税货物"中17%税率"销售额"与13%税率"销售额"的合计数。"本年累计"栏数据，应为年度内各月数之和。

16. 本表第3项"应税劳务销售额"栏数据，填写纳税人本期按适用税率缴纳增值税的应税劳务的销售额。"一般货物及劳务"的"本月数"栏数据与"即征即退货物及劳务"的"本月数"栏数据之和，应等于附表一第5栏的"应税劳务"中的"销售额"数。"本年累计"栏数据，应为年度内各月数之和。

17. 本表第4项"纳税检查调整的销售额"栏数据，填写纳税人本期因税务、财政、审计部门检查并按适用税率计算调整的应税货物和应税劳务的销售额，但享受即征即退税收优惠政策的货物及劳务经税务稽查发现偷税的，不得填入"即征即退货物及劳务"部分，而应将本部分销售额在"一般货物及劳务"栏中反映。"一般货物及劳务"的"本月数"栏数据与"即征即退货物及劳务"的"本月数"栏数据之和，应等于附表一第6栏的"小计"中的"销售额"数。"本年累计"栏数据，应为年度内各月数之和。

18. 本表第 5 项"按简易征收办法征税货物的销售额"栏数据，填写纳税人本期按简易征收办法征收增值税货物的销售额（销货退回的销售额用负数表示）。包括税务、财政、审计部门检查并按按简易征收办法计算调整的销售额。"一般货物及劳务"的"本月数"栏数据与"即征即退货物及劳务"的"本月数"栏数据之和，应等于附表一第 14 栏的"小计"中的"销售额"数。"本年累计"栏数据，应为年度内各月数之和。

19. 本表第 6 项"纳税检查调整的销售额"栏数据，填写纳税人本期因税务、财政、审计部门检查并按简易征收办法计算调整的销售额，但享受即征即退税收优惠政策的货物及劳务经税务稽查发现偷税的，不得填入"即征即退货物及劳务"部分，而应将本部分销售额在"一般货物及劳务"栏中反映。"一般货物及劳务"的"本月数"栏数据与"即征即退货物及劳务"的"本月数"栏数据之和，应等于附表一第 13 栏的"小计"中的"销售额"数。"本年累计"栏数据，应为年度内各月数之和。

20. 本表第 7 项"免、抵、退办法出口货物销售额"栏数据，填写纳税人本期执行免、抵、退办法出口货物的销售额（销货退回的销售额用负数表示）。"本年累计"栏数据，应为年度内各月数之和。

21. 本表第 8 项"免税货物及劳务销售额"栏数据，填写纳税人本期按照税法规定直接免征增值税的货物及劳务的销售额及适用零税率的货物及劳务的销售额（销货退回的销售额用负数表示），但不包括适用免、抵、退办法出口货物的销售额。"一般货物及劳务"的"本月数"栏数据，应等于附表一第 18 栏的"小计"中的"销售额"数。"本年累计"栏数据，应为年度内各月数之和。

22. 本表第 9 项"免税货物销售额"栏数据，填写纳税人本期按照税法规定直接免征增值税货物的销售额及适用零税率货物的销售额（销货退回的销售额用负数表示），但不包括适用免、抵、退办法出口货物的销售额。"一般货物及劳务"的"本月数"栏数据，应等于附表一第 18 栏的"免税货物"中的"销售额"数。"本年累计"栏数据，应为年度内各月数之和。

23. 本表第 10 项"免税劳务销售额"栏数据，填写纳税人本期按照税法规定直接免征增值税劳务的销售额及适用零税率劳务的销售额（销货退回的销售额用负数表示）。"一般货物及劳务"的"本月数"栏数据，应等于附表一第 18 栏的"免税劳务"中的"销售额"数。"本年累计"栏数据，应为年度内各月数之和。

24. 本表第 11 项"销项税额"栏数据，填写纳税人本期按适用税率计征的销项税额。该数据应与"应交税费——应交增值税"明细科目贷方"销项税额"专栏本期发生数一致。"一般货物及劳务"的"本月数"栏数据与"即征即退货物及劳务"的"本月数"栏数据之和，应等于附表一第 7 栏的"小计"中的"销项税额"数。"本年累计"栏数据，应为年度内各月数之和。

25. 本表第 12 项"进项税额"栏数据，填写纳税人本期申报抵扣的进项税额。该数据应与"应交税费——应交增值税"明细科目借方"进项税额"专栏本期发生数一致。"一般货物及劳务"的"本月数"栏数据与"即征即退货物及劳务"的"本月数"栏数据之和，应等于附表二第 12 栏中的"税额"数。"本年累计"栏数据，应为年度内各月数之和。

26. 本表第13项"上期留抵税额"栏数据，为纳税人前一申报期的"期末留抵税额"数，该数据应与"应交税费——应交增值税"明细科目借方月初余额一致。

27. 本表第14项"进项税额转出"栏数据，填写纳税人已经抵扣但按税法规定应作进项税转出的进项税额总数，但不包括销售折扣、折让，销货退回等应负数冲减当期进项税额的数额。该数据应与"应交税费——应交增值税"明细科目贷方"进项税额转出"专栏本期发生数一致。"一般货物及劳务"的"本月数"栏数据与"即征即退货物及劳务"的"本月数"栏数据之和，应等于附表二第13栏中的"税额"数。"本年累计"栏数据，应为年度内各月数之和。

28. 本表第15项"免、抵、退货物应退税额"栏数据，填写退税机关按照出口货物免、抵、退办法审批的应退税额。"本年累计"栏数据，应为年度内各月数之和。

29. 本表第16项"按适用税率计算的纳税检查应补缴税额"栏数据，填写税务、财政、审计部门检查按适用税率计算的纳税检查应补缴税额。"本年累计"栏数据，应为年度内各月数之和。

30. 本表第17项"应抵扣税额合计"栏数据，填写纳税人本期应抵扣进项税额的合计数。

31. 本表第18项"实际抵扣税额"栏数据，填写纳税人本期实际抵扣的进项税额。"本年累计"栏数据，应为年度内各月数之和。

32. 本表第19项"按适用税率计算的应纳税额"栏数据，填写纳税人本期按适用税率计算并应缴纳的增值税额。"本年累计"栏数据，应为年度内各月数之和。

33. 本表第20项"期末留抵税额"栏数据，为纳税人在本期销项税额中尚未抵扣完，留待下期继续抵扣的进项税额。该数据应与"应交税费——应交增值税"明细科目借方月末余额一致。

34. 本表第21项"按简易征收办法计算的应纳税额"栏数据，填写纳税人本期按简易征收办法计算并应缴纳的增值税额，但不包括按简易征收办法计算的纳税检查应补缴税额。"一般货物及劳务"的"本月数"栏数据与"即征即退货物及劳务"的"本月数"栏数据之和，应等于附表一第12栏的"小计"中的"应纳税额"数。"本年累计"栏数据，应为年度内各月数之和。

35. 本表第22项"按简易征收办法计算的纳税检查应补缴税额"栏数据，填写纳税人本期因税务、财政、审计部门检查并按简易征收办法计算的纳税检查应补缴税额。"一般货物及劳务"的"本月数"栏数据与"即征即退货物及劳务"的"本月数"栏数据之和，应等于附表一第13栏的"小计"中的"应纳税额"数。"本年累计"栏数据，应为年度内各月数之和。

36. 本表第23项"应纳税额减征额"栏数据，填写纳税人本期按照税法规定减征的增值税应纳税额。"本年累计"栏数据，应为年度内各月数之和。

37. 本表第24项"应纳税额合计"栏数据，填写纳税人本期应缴增值税的合计数。"本年累计"栏数据，应为年度内各月数之和。

38. 本表第25项"期初未缴税额（多缴为负数）"栏数据，为纳税人前一申报期的"期末未缴税额（多缴为负数）"。

39. 本表第26项"实收出口开具专用缴款书退税额"栏数据，填写纳税人本期实际收到税务机关退回的，因开具出口货物税收专用缴款书而多缴的增值税款。该数据应根据"应交税费——未交增值税"明细科目贷方本期发生额中"收到税务机关退回的多缴增值税款"数据填列。"本年累计"栏数据，为年度内各月数之和。

40. 本表第27项"本期已缴税额"栏数据，是指纳税人本期实际缴纳的增值税额，但不包括本期入库的查补税款。"本年累计"栏数据，为年度内各月数之和。

41. 本表第28项"①分次预缴税额"栏数据，填写纳税人本期分次预缴的增值税额。

42. 本表第29项"②出口开具专用缴款书预缴税额"栏数据，填写纳税人本期销售出口货物而开具专用缴款书向主管税务机关预缴的增值税额。

43. 本表第30项"③本期缴纳上期应纳税额"栏数据，填写纳税人本期上缴上期应缴未缴的增值税款，包括缴纳上期按简易征收办法计提的应缴未缴的增值税额。"本年累计"栏数据，为年度内各月数之和。

44. 本表第31项"④本期缴纳欠缴税额"栏数据，填写纳税人本期实际缴纳的增值税欠税额，但不包括缴纳入库的查补增值税额。"本年累计"栏数据，为年度内各月数之和。

45. 本表第32项"期末未缴税额（多缴为负数）"栏数据，为纳税人本期期末应缴未缴的增值税额，但不包括纳税检查应缴未缴的税额。"本年累计"栏与"本月数"栏数据相同。

46. 本表第33项"欠缴税额（≥0）"栏数据，为纳税人按照税法规定已形成欠税的数额。

47. 本表第34项"本期应补（退）税额"栏数据，为纳税人本期应纳税额中应补缴或应退回的数额。

48. 本表第35项"即征即退实际退税额"栏数据，填写纳税人本期因符合增值税即征即退优惠政策规定，而实际收到的税务机关返还的增值税额。"本年累计"栏数据，为年度内各月数之和。

49. 本表第36项"期初未缴查补税额"栏数据，为纳税人前一申报期的"期末未缴查补税额"。该数据与本表第25项"期初未缴税额（多缴为负数）"栏数据之和，应与"应交税费——未交增值税"明细科目期初余额一致。"本年累计"栏数据应填写纳税人上年度末的"期末未缴查补税额"数。

50. 本表第37项"本期入库查补税额"栏数据，填写纳税人本期因税务、财政、审计部门检查而实际入库的增值税款，包括：1. 按适用税率计算并实际缴纳的查补增值税款；2. 按简易征收办法计算并实际缴纳的查补增值税款。"本年累计"栏数据，为年度内各月数之和。

51. 本表第38项"期末未缴查补税额"栏数据，为纳税人纳税检查本期期末应缴未缴的增值税额。该数据与本表第32项"期末未缴税额（多缴为负数）"栏数据之和，应与"应交税费——未交增值税"明细科目期初余额一致。"本年累计"栏与"本月数"栏数据相同。

增值税纳税申报表附列资料（附表一）的填制（见表5-2）。

表5-2

增值税纳税申报表附列资料（附表一）
（本期销售情况明细）

纳税人名称：（公章）　填表日期：2012年8月2日　税款所属时间：2012年7月　金额单位：元（列至角分）

一、按适用税率征收增值税货物及劳务的销售额和销项税额明细

项目	栏次	应税货物 17%税率			13%税率			应税劳务			小计		
		份数	销售额	销项税额	份数	销售额	销项税额	份数	销售额	销项税额	份数	销售额	销项税额
防伪税控系统开具的增值税专用发票	1	1	2 000 000.00	340 000.00	0	0.00	0.00	0	0.00	0.00	1	2 000 000.00	340 000.00
非防伪税控系统开具的增值税专用发票	2	—	0.00	0.00	—	0.00	0.00	—	0.00	0.00	—	0.00	0.00
开具普通发票	3	—	0.00	0.00	—	0.00	0.00	—	0.00	0.00	—	0.00	0.00
未开具发票	4	—	0.00	0.00	—	0.00	0.00	—	0.00	0.00	—	0.00	0.00
小计	5=1+2+3+4	—	2 000 000.00	340 000.00	—	0.00	0.00	—	0.00	0.00	—	2 000 000.00	340 000.00
纳税检查调整	6	—	0.00	0.00	—	0.00	0.00	—	0.00	0.00	—	0.00	0.00
合计	7=5+6	—	2 000 000.00	340 000.00	—	0.00	0.00	—	0.00	0.00	—	2 000 000.00	340 000.00

二、简易征收办法征收增值税货物的销售额和应纳税额明细

项目	栏次	6%征收率			4%征收率			小计		
		份数	销售额	应纳税额	份数	销售额	应纳税额	份数	销售额	应纳税额
防伪税控系统开具的增值税专用发票	8	0	0.00	0.00	0	0.00	0.00	0	0.00	0.00

续表

项目	栏次	6%征收率			4%征收率			小计		
		份数	销售额	应纳税额	份数	销售额	应纳税额	份数	销售额	应纳税额
非防伪税控系统开具的增值税专用发票	9	0	0.00	0.00	0	0.00	0.00	0	0.00	0.00
开具普通发票	10	0	0.00	0.00	—	180 000.00	3 600.00	—	180 000.00	3 600.00
未开具发票	11	—	0.00	0.00	—	0.00	0.00	—	0.00	0.00
小计	12＝8＋9＋10＋11	—	0.00	0.00	—	180 000.00	3 600.00	—	180 000.00	3 600.00
纳税检查调整	13	—	0.00	0.00	—	0.00	0.00	—	0.00	0.00
合计	14＝12＋13	—	0.00	0.00	—	180 000.00	3 600.00	—	180 000.00	3 600.00

三、免征增值税货物及劳务的销售额明细

项目	栏次	免税货物			免税劳务			小计	
		份数	销售额	税额	份数	销售额	税额	销售额	税额
防伪税控系统开具的增值税专用发票	15	0	0.00	0.00	—	—	—	0.00	0.00
开具普通发票	16	0	0.00	—	—	0.00	—	0.00	—
未开具发票	17	—	0.00	—	—	0.00	—	0.00	—
合计	18＝15＋16＋17	—	0.00	0.00	—	0.00	0.00	0.00	0.00

增值税纳税申报表附列资料（附表一）的填表说明

1. 本表"税款所属时间"是指纳税人申报的增值税应纳税额的所属时间，应填写具体的起止年、月。

2. 本表"填表日期"指纳税人填写本表的具体日期。

3. 本表"纳税人名称"栏，应加盖纳税人单位公章。

4. 本表"一、按适用税率征收增值税货物及劳务的销售额和销项税额明细"和"二、简易征收办法征收增值税货物的销售额和应纳税额明细"部分中"防伪税控系统开具的增值税专用发票"、"非防伪税控系统开具的增值税专用发票"、"开具普通发票""未开具发票"各栏数据均应包括销货退回或折让、视同销售货物、价外费用的销售额和销项税额，但不包括免税货物及劳务的销售额，适用零税率货物及劳务的销售额和出口执行免、抵、退办法的销售额以及税务、财政、审计部门检查并调整的销售额、销项税额或应纳税额。

5. 本表"一、按适用税率征收增值税货物及劳务的销售额和销项税额明细"和"二、简易征收办法征收增值税货物的销售额和应纳税额明细"部分中"纳税检查调整"栏数据应填写纳税人本期因税务、财政、审计部门检查计算调整的应税货物、应税劳务的销售额、销项税额或应纳税额。

6. 本表"三、免征增值税货物及劳务的销售额明细"部分中"防伪税控系统开具的增值税专用发票"栏数据，填写本期因销售免税货物而使用防伪税控系统开具的增值税专用发票的份数、销售额和税额，包括国有粮食收储企业销售的免税粮食，政府储备食用植物油等。

增值税纳税申报表附列资料（附表二）的填制（见表 5 - 3）。

表 5 - 3   增值税纳税申报表附列资料（附表二）

（本期进项税额明细）

税款所属时间：2012 年 7 月

纳税人名称：（公章）   填表日期：2012 年 8 月 2 日   金额单位：元（列至角分）

一、申报抵扣的进项税额				
项目	栏次	份数	金额	税额
（一）认证相符的防伪税控增值税专用发票	1		549 000.00	93 330.00
其中：本期认证相符且本期申报抵扣	2		549 000.00	93 330.00
前期认证相符且本期申报抵扣	3	0	0.00	0.00
（二）非防伪税控增值税专用发票及其他扣税凭证	4	0	9 000.00	630.00
其中：海关完税凭证	5	0	0.00	0.00
农产品收购凭证及普通发票	6	0	0.00	0.00
废旧物资发票	7	0	0.00	0.00
运费发票	8	12	9 000.00	630.00
6% 征收率	9	0	0.00	0.00
4% 征收率	10	0	0.00	0.00

续表

项目	栏次	份数	金额	税额
（三）期初已征税款	11			0.00
当期申报抵扣进项税额合计	12	2	558 000.00	93 960.00

二、进项税额转出额

项目	栏次	税额		
本期进项税额转出额	13	17 350.00		
其中：免税货物用	14	0.00		
非应税项目用	15	17 350.00		
非正常损失	16	0.00		
按简易征收办法征税货物用	17	0.00		
免抵退税办法出口货物不得抵扣进项税额	18	0.00		
纳税检查调减进项税额	19	0.00		
未经认证已抵扣的进项税额	20	0.00		
	21			

三、待抵扣进项税额

项目	栏次	份数	金额	税额
（一）认证相符的防伪税控增值税专用发票	22			
期初已认证相符但未申报抵扣	23	0	0.00	0.00
本期已认证相符且本期未申报抵扣	24	0	0.00	0.00
期末已认证相符但未申报抵扣	25	0	0.00	0.00
其中：按照税法规定不允许抵扣	26	1	0.00	0.00
（二）非防伪税控增值税专用发票及其他扣税凭证	27	0	0.00	0.00
其中：海关完税凭证	28	0	0.00	0.00
农产品收购凭证及普通发票	29	0	0.00	0.00
废旧物资发票	30	0	0.00	0.00
运费发票	31	0	0.00	0.00
6% 征收率	32	0	0.00	0.00
4% 征收率	33	0	0.00	0.00
	34			

四、其他

项目	栏次	份数	金额	税额
本期认证相符的全部防伪税控增值税专用发票	35		549 000.00	93 330.00
期初已征税款挂账额	36	0	0.00	0.00
期初已征税款余额	37	0	0.00	0.00
代扣代缴税额	38	0	0.00	0.00

注：第 1 栏 = 第 2 栏 + 第 3 栏 = 第 23 栏 + 第 35 栏 - 第 25 栏；第 2 栏 = 第 35 栏 - 第 24 栏；第 3 栏 = 第 23 栏 + 第 24 栏 - 第 25 栏；第 4 栏等于第 5 栏至第 10 栏之和；第 12 栏 = 第 1 栏 + 第 4 栏 + 第 11 栏；第 13 栏等于第 14 栏至第 21 栏之和；第 27 栏等于第 28 栏至第 34 栏之和。

增值税纳税申报表附列资料（附表二）的填表说明

1. 本表"税款所属时间"是指纳税人申报的增值税应纳税额的所属时间，应填写具体的起止年、月。

2. 本表"填表日期"指纳税人填写本表的具体日期。

3. 本表"纳税人名称"栏，应加盖纳税人单位公章。

4. 本表"申报抵扣的进项税额"部分各栏数据，分别填写纳税人按税法规定符合抵扣条件，在本期申报抵扣的进项税额情况。

第 1 栏"认证相符的防伪税控增值税专用发票"，填写本期申报抵扣的认证相符的防伪税控增值税专用发票情况，包括认证相符的红字防伪税控增值税专用发票，应等于第 2 栏"本期认证相符且本期申报抵扣"与第 3 栏"前期认证相符且本期申报抵扣"数据之和。

第 2 栏"本期认证相符且本期申报抵扣"，填写本期认证相符本期申报抵扣的防伪税控增值税专用发票情况，应与第 35 栏"本期认证相符的全部防伪税控增值税专用发票"减第 24 栏"本期已认证相符且本期未申报抵扣"后的数据相等。

第 3 栏"前期认证相符且本期申报抵扣"，填写以前期认证相符本期申报抵扣的防伪税控增值税专用发票情况，应与第 23 栏"期初已认证相符但未申报抵扣"加第 24 栏"本期已认证相符且本期未申报抵扣"减第 25 栏"期末已认证相符但未申报抵扣"后数据相等。

第 4 栏"非防伪税控增值税专用发票及其他扣税凭证"，填写本期申报抵扣的非防伪税控增值税专用发票及其他扣税凭证情况，应等于第 5 栏至第 10 栏之和。

第 11 栏"期初已征税款"，填写按照规定比例在本期申报抵扣的初期存货挂账税额。

第 12 栏"当期申报抵扣进项税额合计"应等于第 1 栏、第 4 栏、第 11 栏之和。

5. 本表"二、进项税额转出额"部分填写纳税人已经抵扣但按税法规定应作进项税额转出的明细情况，但不包括销售折扣、折让，销货退回等应负数冲减当期进项税额的情况。

第 13 栏"本期进项税转出额"应等于第 14 栏至第 21 栏之和。

6. 本表"三、待抵扣进项税额"部分各栏数据，分别填写纳税人已经取得，但按税法规定不符合抵扣条件，暂不予在本期申报抵扣的进项税额情况及按照税法规定不允许抵扣的进项税额情况。

第 23 栏"期初已认证相符但未申报抵扣"，填写以前期认证相符，但按照税法规定，暂不予抵扣，结存至本期的防伪税控增值税专用发票，应与上期"期末已认证相符但未申报抵扣"栏数据相等。

第 24 栏"本期已认证相符且本期未申报抵扣"，填写本期认证相符，但因按照税法规定暂不予抵扣及按照税法规定不允许抵扣，而未申报抵扣的防伪税控增值税专用发票，包括商业企业购进货物未付款、工业企业购进货物未入库、购进固定资产、外贸企业购进供出口的货物、因退货将抵扣联退还销货方等。

第 25 栏"期末已认证相符但未申报抵扣"，填写截至本期期末，按照税法规定仍暂不予抵扣及按照税法规定不允许抵扣且已认证相符的防伪税控增值税专用发票情况。

第26栏"其中：按照税法规定不允许抵扣"，填写期末已认证相符但未申报抵扣的防伪税控增值税专用发票中，按照税法规定不允许抵扣，而只能作为出口退税凭证或应列入成本、资产等项目的防伪税控增值税专用发票，包括外贸出口企业用于出口而采购货物的防伪税控增值税专用发票、纳税人购买固定资产的防伪税控增值税专用发票、因退货将抵扣联退还销货方的防伪税控增值税专用发票等。

7. 本表"四、其他"栏中"本期认证相符的全部防伪税控增值税专用发票"项指标，应与防伪税控认证子系统中的本期全部认证相符的防伪税控增值税专用发票数据相同。"代扣代缴税额"项指标，填写纳税人根据《中华人民共和国增值税暂行条例实施细则》第三十四条的规定扣缴的增值税额。

增值税纳税申报表附列资料（附表三）的填制（见表5 – 4）。

表5 – 4　　　　　增值税纳税申报表附列资料（附表三）
（防伪税控增值税专用发票申报抵扣明细表）

申报抵扣所属时期：2012 年 7 月

纳税人识别号：

纳税人名称：　　　　　　填表日期：2012 年 8 月 2 日　　金额单位：元（列至角分）

类别	序号	发票代码	发票号码	开票日期	金额	税额	销货方纳税人识别号	认证日期	备注
本期认证相符且本期申报抵扣	1			7月11日	800 000.00	136 000.00			
	2			7月15日	1 200 000.00	204 000.00			
	小计				2 000 000.00	340 000.00			
前期认证相符且本期申报抵扣									
	小计								
	合计				2 000 000.00	340 000.00			

增值税纳税申报表附列资料（附表三）填表说明

1. 本表填写本期申报抵扣的防伪税控增值税专用发票抵扣联明细情况，包括认证相符的红字防伪税控增值税专用发票。

2. 本表"认证日期"填写该份防伪税控增值税专用发票通过主管税务机关认证相符的具体年、月、日。

3. 本表"金额""合计"栏数据应与附列资料（附表二）第1栏中"金额"项数据相等；本表"税额""合计"栏数据应与附列资料（附表二）第1栏中"税额"项数据相等。

增值税纳税申报表附列资料（附表四）的填制（见表5－5）。

表5－5　　　　　　　　增值税纳税申报表附列资料（附表四）

（防伪税控增值税专用发票存根联明细表）

申报抵扣所属时期：2012年7月

纳税人识别号：

纳税人名称：　　　　　　填表日期：2012年8月2日　　金额单位：元（列至角分）

序号	发票代码	发票号码	开票日期	购货方纳税人识别号	金额	税额	作废标志
1			7月3日		400 000.00	68 000.00	
2			7月13日		149 000.00	25 330.00	
合计	—	—	—	—	549 000.00	93 330.00	—

增值税纳税申报表附列资料（附表四）填表说明

1. 本表填写本期开具的防伪税控增值税专用发票存根联明细情况，包括作废和红字（负数）防伪税控增值税专用发票。

2. 本表"作废标志"栏填写纳税人当期作废的防伪税控增值税专用发票情况，以"＊"作标记，纳税人正常开具的防伪税控增值税专用发票，以空栏予以区别。

3. 本表"金额""合计"栏数据（不含作废发票金额）应等于增值税纳税申报表附列资料（表一）第1、8、15栏"小计""销售额"项数据之和；本表"税额""合计"栏数据（不含作废发票税额）应等于附列资料（附表一）第1栏"小计""销项税额"、第8栏"小计""应纳税额"、第15栏"小计""税额"项数据之和。

2. 小规模纳税人纳税申报表（见表 5 − 6）

表 5 − 6

增值税纳税申报表

（适用于小规模纳税人）

纳税人识别号：

纳税人名称（公章）：

税款所属期：　　年　　月　　日至　　年　　月　　日

填表日期：　　年　　月　　日　　　　　　　　　金额单位：元（列至角分）

	项目	栏次	本月数	本年累计
一、计税依据	应征增值税货物及劳务不含税销售额	1		
	其中：税务机关代开的增值税专用发票不含税销售额	2		
	税控器具开具的普通发票不含税销售额	3		
	销售使用过的应税固定资产不含税销售额	4		
	其中：税控器具开具的普通发票不含税销售额	5		
	免税货物及劳务销售额	6		
	其中：税控器具开具的普通发票销售额	7		
	出口免税货物销售额	8		
	其中：税控器具开具的普通发票销售额	9		
二、税款计算	本期应纳税额	10		
	本期应纳税额减征额	11		
	应纳税额合计	12 = 10 − 11		
	本期预缴税额	13		
	本期应补（退）税额	14 = 12 − 13		
纳税人或代理人声明：此纳税申报表是根据国家税收法律的规定填报的，我确定它是真实的、可靠的、完整的。	如纳税人填报，由纳税人填写以下各栏：			
	办税人员（签章）： 财务负责人（签章）： 法定代表人（签章）： 联系电话：			
	如委托代理人填报，由代理人填写以下各栏：			
	代理人名称： 经办人（签章）： 联系电话： 代理人（公章）：			

受理人：　　　　受理日期：　　年　　月　　日　　　　　　受理税务机关（签章）：

本表为 A4 竖式一式两份，一份纳税人留存，一份主管税务机关留存。

3. 生产企业"免、抵、退"税申报

（1）生产企业出口货物免抵退税申报汇总表（见表5−7）

表5−7   生产企业出口货物免抵退税申报汇总表

（适用于增值税一般纳税人）   金额单位：元（列至角分）

企业代码： 纳税人识别号：		纳税人名称（公章）：		
		税款所属期：　　年　月　日		
项目	栏次	当期	本年累计	与增值税纳税申报表差额
		a	b	c
当期免抵退出口货物销售额（美元）	1			—
当期免抵退出口货物销售额	2 = 3 + 4			—
其中：单证不齐销售额	3			—
单证齐全销售额	4			—
前期出口货物当期收齐单证销售额	5			—
单证齐全出口货物销售额	6 = 4 + 5			—
不予免抵退出口货物销售额	7			—
出口销售额乘征、退税率之差	8			—
上期结转免抵退税不得免征和抵扣税额抵减额	9			—
免抵退税不得免征和抵扣税额抵减额	10			—
免抵退税不得免征和抵扣税额	11（如8 > 9 + 10 则为8 − 9 − 10，否则为0）			0
结转下期免抵退税不得免征和抵扣税额抵减额	12（如9 + 10 > 8 则为9 + 10 − 8，否则为0）			—
出口销售额乘退税率	13			—
上期结转免抵退税额抵减额	14			—
免抵退税额抵减额	15			—
免抵退税额	16（如13 > 14 + 15 则为13 − 14 − 15，否则为0）			—
结转下期免抵退税额抵减额	17（如14 + 15 > 13 则为14 + 15 − 13，否则为0）			—
增值税纳税申报表期末留抵税额	18			—
计算退税的期末留抵税额	19 = 18 − 11c			—
当期应退税额	20（如16 > 19 则为19，否则为16）			—
当期免抵税额	21 = 16 − 20			—
出口企业	退税部门			

此表各栏目填报内容是真实、合法的，与实际出口货物情况相符。此次申报的出口业务不属于"四自三不见"等违背正常出口经营程序的出口业务。否则，本企业愿承担由此产生的相关责任。 经办人： 财务负责人：　　（公章） 企业负责人：　　　　　　　年　月　日	经办人： 复核人：　　（公章） 负责人：　年　月　日

注：本表一式四联，退税部门审核签章后返给企业二联，其中一联作为下期增值税纳税申报表附表，退税部门留存一联，报上级退税机关一联；第（c）列"与增值税纳税申报表差额"为退税部门审核确认的第（b）列"累计"申报数减增值税纳税申报表对应项目的累计数的差额，企业应做相应账务调整并在下期增值税纳税申报时对增值税纳税申报表进行调整。

（2）生产企业出口货物免、抵、退税申报明细表（见表5－8）

表 5 - 8　　　　　　　　生产企业出口货物免、抵、退税申报明细表

企业代码：

企业名称：

纳税人识别号：　　　　　　　所属期：　　年　　月　　　　　单位：元（列至角分）

序号	出口发票号码	出口报关单号码	出口日期	代理证明号	核销单号	出口商品代码	出口商品名称	计量单位	出口数量	出口销售额		征税税率	退税税率	出口销售额乘征、退税率之差	出口销售额乘退税率	海关进料加工手册号	单证不齐标志	备注
										美元	人民币							
1	2	3	4	5	6	7	8	9	10	11	12	13	14	15 = 12 × (13 - 14)	16 = 12 × 14	17	18	19
	合计																	

出口企业	退税部门
兹声明以上申报无讹并愿意承担一切法律责任。 经办人： 财务负责人：　（公章） 企业负责人：　　　　　　年　月　日	经办人： 复核人：　　　（公章） 负责人： 　　　　　　　　　　　　年　月　日

生产企业出口货物免、抵、退税申报明细表填表说明

1. 生产企业应按当期出口并在财务上做销售后的所有出口明细填报本表，对单证不齐无法填报的项目暂不填写，在"单证不齐标志"栏内做相应标志，单证齐全后销号；对前期单证不齐，当期收集齐全的，可在当期免抵退税申报时填报本表一

并申报，在"单证不齐标志"栏内填写原申报时的所属期和申报序号。

2. 中标销售的机电产品，应在备注栏内填注 ZB 标志。退税部门人工审单时应审核规定的特殊退税凭证；计算机审核时将做特殊处理。

3. 对前期申报错误的，当期可进行调整。前期少报出口额或低报征、退税率的，可在当期补报；前期多报出口额或高报征、退税率的，当期可以红字（或负数）数据冲减；也可用红字（或负数）将前期错误数据全额冲减，再重新申报蓝字数据。对于按会计制度规定允许扣除的运费、保险费和佣金，与原预估入账值有差额的，也按此规则进行调整。本年度出口货物发生退运的，可在下期用红字（或负数）冲减出口销售收入进行调整（或年终清算时调整）。

4. 第 1 栏"序号"由 4 位流水号构成（如 0001、0002……），序号要与申报退税的资料装订顺序保持一致。

5. 第 3 栏"出口报关单号码"为 12 位编码，按报关单右上角 9 位编码 + 0 + 两位项（01、02……）填报；委托代理出口货物此栏可不填。

6. 第 4 栏"出口日期"为出口货物报关单上的出口日期。

7. 第 5 栏"代理证明号"按代理出口货物证明的编号 + 两位项号（01、02……）填报。

8. 第 6 栏"核销单号"为收汇核销单（出口退税专用）上的号码，与出口货物报关单上已列明的收汇核销单号码相同。

9. 第 7 栏"出口商品代码"为出口货物报关单上列明的出口商品代码。

10. 第 8 栏"出口商品名称"为出口货物报关单上列明的出口商品名称。

11. 第 9 栏"计量单位"为出口货物报关单中的计量单位。

12. 第 10 栏"出口数量"为出口货物报关单上的出口商品数量。

13. 第 11 栏"出口销售额（美元）"为出口发票上列明的美元离岸价，若以其他价格条件成交的，应按规定扣除运保佣费；若为其他外币成交的折算成美元离岸价填列；若出口发票的离岸价与报关单等凭证的离岸价不一致时，应附有关情况说明。

14. 第 12 栏"出口销售额（人民币）"为美元离岸价与在税务机关备案的汇率折算的人民币离岸价。

15. 第 13 栏"征税税率"为出口商品法定征税税率。

16. 第 14 栏"退税税率"为出口商品代码库中对应的退税率。

17. 第 15 栏"出口销售额乘征、退税率之差"按第 12 栏 ×（第 13 栏 − 第 14 栏）计算填报。

18. 第 16 栏"出口销售额乘退税率"按第 12 栏 × 第 14 栏计算填报。

19. 第 17 栏"海关进料加工手册号"，若出口货物为进料加工贸易性质，则将对应的进料加工手册号码填入此栏，据此开具生产企业进料加工贸易免税证明。

20. 第 18 栏"单证不齐标志"，缺少报关单的填列 B，缺少核销单的填列 H，缺少代理证明的填列 D，缺少两单以上的，同时填列两个以上对应字母。

4. 外贸企业出口货物退税申报（见表5-9）

表5-9　　　　　　外贸企业出口货物退税汇总申报表

（适用于增值税一般纳税人）

申报年月：　　年　月　　　　申报批次：　　　　海关代码：

纳税人识别号：

纳税人名称（公章）：　　申报日期：　　年　月　日

金额单位：元（列至角分）、美元

出口企业申报			主管退税机关审核	
出口退税出口明细申报表　份，记录　　条			审单情况	机审情况
出口发票	张，出口额	美元		本次机审通过退增值税额　　　元
出口报关单	张，			其中：上期结转疑点退增值税　　元
代理出口货物证明	张，			本期申报数据退增值税　　元
收汇核销单	张，收汇额	美元		
远期收汇证明	张，其他凭证	张		本次机审通过退消费税额　　　元
出口退税进货明细申报表　份，记录　　条				其中：上期结转疑点退消费税　　元
增值税专用发票	张，其中非税控专用发票	张		本期申报数据退消费税　　元
普通发票	张，专用税票	张		本次机审通过退消费税额　　　元
其他凭证	张，总进货金额	元		结余疑点数据退增值税　　　元
总进货税额　　　元，				结余疑点数据退消费税　　　元
其中：增值税　　　元，消费税　　　元				
本月申报退税额　　　元，				
其中：增值税　　　元，消费税　　　元				
进料应抵扣税额　　　元，			授权人申明	
申请开具单证			（如果你已委托代理申报人，请填写以下资料）	
代理出口货物证明	份，记录	条	为代理出口货物退税申报事宜，现授权	
代理进口货物证明	份，记录	条		
进料加工免税证明	份，记录	条	为本纳税人的代理申报人，任何与本申报表有关的往来文件都可寄与此人。	
来料加工免税证明	份，记录	条		
出口货物转内销证明	份，记录	条		
补办报关单证明	份，记录	条		
补办收汇核销单证明	份，记录	条	授权人签字　　　　（盖章）	
补办代理出口证明	份，记录	条		
内销抵扣专用发票　张，其他非退税专用发票　张			审单人：	审核人： 年　月　日
申报人声明				
此表各栏目填报内容是真实、合法的，与实际出口货物情况相符。此次申报的出口业务不属于"四自三不见"等违背正常出口经营程序的出口业务。否则，本企业愿承担由此产生的相关责任。 企业填表人： 财务负责人：　　　　（公章） 企业负责人：　　　　年　月　日			签批人： 　　　　（公章） 　　　　年　月　日	

受理人：　　　　受理日期：　　年　月　日　　　受理税务机关（签章）

81

外贸企业出口退税汇总申报表（适用于增值税一般纳税人）填表说明

一、根据《中华人民共和国税收征收管理法实施细则》第三十八条及国家税务总局有关规定制定本表。

二、本表适用于增值税一般纳税人填报。具备增值税一般纳税人资格的外贸企业自营或委托出口货物，其申报出口货物退税时，均使用本表。

三、表内各项填写说明：

1. 本表"申报年月"指外贸企业出口退税申报所属时间；"申报批次"指外贸企业出口退税申报所属时间内第几次申报。

2. 本表"纳税人识别号"即税务登记证号码。

3. 本表"海关代码"指外贸企业在海关的注册编号。

4. 本表"纳税人名称"应填写纳税人单位名称全称，不得填写简称。

5. 本表"申报日期"指外贸企业向主管退税机关申报退税的日期。

6. 表内各栏次内容根据现行退税审批政策相关规则填写。

5.1.4　增值税防伪税控系统对增值税专用发票的认购及具体要求

增值税防伪税控系统是运用数字密码和电子存储技术，强化增值税专用发票防伪功能，实现对增值税一般纳税人税源监控的计算机管理系统，也是国家"金税工程"的重要组成部分。这一系统的推广和运用，对传统的专用发票认购及增值税纳税申报提出了全新的要求。

1. 纳入防伪税控系统的认定和登记

主管税务机关根据防伪税控系统推行计划确定纳入防伪税控系统管理的企业（以下简称防伪税控企业），下达增值税防伪税控系统使用通知书。防伪税控企业应在规定的时间内，向主管税务机关填报防伪税控企业认定登记表。主管税务机关应认真审核防伪税控企业提供的有关资料和填写的登记事项，确认无误后签署审批意见。

防伪税控企业认定登记表一式三联：第一联防伪税控企业留存；第二联税务机关认定登记部门留存；第三联为防伪税控企业办理系统发行的凭证。防伪税控企业认定登记事项发生变化，应到主管税务机关办理变更认定登记手续。

防伪税控企业发生下列情形，应到主管税务机关办理注销认定登记，同时由主管税务机关收缴金税卡和IC卡：

（1）依法注销税务登记，终止纳税义务；

（2）被取消一般纳税人资格；

（3）减少分开票机。

2. 防伪税控系统的发行与管理

防伪税控系统发行实行分级管理：国家税务总局负责发行省级税务发行子系统以及省局直属征收分局认证报税子系统、企业发行子系统和发票发售子系统；省级税务机关负责发行地级税务发行子系统以及地级直属征收分局认证报税子系统、企业发行子系统和发票发售子系统；地级税务机关负责发行县级认证报税子系统、企业发行子系统和发票发售子系统。地级税务机关经省级税务机关批准，可发行县级所属征收单位认证报税子系统、企业发行子系统和发票发售子系统。防伪税控企业办理认定登记后，由主管税务机关负责向其发行开票子系统。防伪税控企业认定登记事项发生变化的，到主管税务机关办理变更认定登记，同时办理变更发行。

3. 防伪税控系统专用发票的领购、开具和清理缴销管理

防伪税控企业凭税控 IC 卡向主管税务机关领购电脑版专用发票。主管税务机关核对企业出示的相关资料与税控 IC 卡记录内容，确认无误后，按照专用发票发售管理规定，通过企业发票发售子系统发售专用发票，并将专用发票的起始号码及发售时间登录在税控 IC 卡内。新纳入防伪税控系统的企业，在系统启用后 10 日内将启用前尚未使用完的专用发票（包括误填作废的专用发票）报主管税务机关缴销。防伪税控企业必须使用防伪税控系统开具的专用发票，不得以其他方式开具手工版或电脑版专用发票。防伪税控企业应按照《增值税专用发票使用规定》开具专用发票，打印压线或错格的，应作废重开。

4. 防伪税控系统的申报纳税和认证抵扣管理

防伪税控企业应在纳税申报期限内将抄有申报所属月份纳税信息的 IC 卡和备份数据软盘向主管税务机关报税。防伪税控企业和未纳入防伪税控系统管理的企业取得的防伪税控系统开具的专用发票抵扣联，应根据增值税有关扣税规定核算当期进项税额，如期申报纳税，属于扣税范围的，应于纳税申报时或纳税申报前报主管税务机关认证。主管税务机关应在企业申报月份内完成企业申报所属月份的防伪税控专用发票抵扣联的认证。对因褶皱、揉搓等无法认证的加盖"无法认证"戳记，认证不符的加盖"认证不符"戳记，属于利用丢失、被盗金税卡开具的加盖"丢失被盗"戳记。认证完毕后，应将认证相符和无法认证的专用发票抵扣联退还企业，并同时向企业下达认证结果通知书。对认证不符和确认为利用丢失、被盗金税卡开具的专用发票应及时组织查处。认证戳记式样由各省级税务机关统一制定。防伪税控企业应将税务机关认证相符的专用发票抵扣联连同认证结果通知书和认证清单一起按月装订成册备查。

经税务机关认证确认为"无法认证"、"认证不符"以及"丢失被盗"的专用发票，防伪税控企业如申报扣税的，应调减当月进项税额。报税子系统采集的专用发票存根联数据和认证子系统采集的专用发票抵扣联数据应按规定传递到增值税计算机稽核系统。防伪税控企业金税卡需要维修或更换时，其存储的数据，必须通过磁盘保存并列出清单。税务机关应检查金税卡内尚未申报的数据和软盘中专用发票开具的明细信息，生成专用发票存根联数据传递到增值税计算机稽核系统；企业计算机主机损坏不能抄录开票明细信息的，税务机关应对企业开具的专用发票存根联通过防伪税控认证子系统进行报税，产生专用发票存根联数据传递到增值税计算机稽核系统。

5.1.5　代理生产企业"免、抵、退"税申报操作规范

1. 申报程序

生产企业在货物出口并按会计制度的规定在财务上作销售后，先向主管征税机

关的征税部门或岗位（以下简称征税部门）办理增值税纳税和免、抵税申报，并向主管征税机关的退税部门或岗位（以下简称退税部门）办理退税申报。退税申报期为每月1日至15日（逢节假日顺延）。

2. 申报资料

生产企业向征税机关的征税部门办理增值税纳税及免、抵、退税申报时，应提供下列资料：

（1）增值税纳税申报表及规定的附表；

（2）退税部门确认的上期生产企业出口货物免、抵、退税申报汇总表；

（3）税务机关要求的其他资料。

生产企业向征税机关的退税部门办理"免、抵、退"税申报时，应提供下列凭证资料：

（1）生产企业出口货物免、抵、退税申报汇总表。

（2）生产企业出口货物免、抵、退税申报明细表。

（3）经征税部门审核签章的当期增值税纳税申报表。

（4）装订成册的报表及原始凭证，包括生产企业出口货物免、抵、退税申报明细表，与进料加工业务有关的报表，加盖海关验讫章的出口货物报关单（出口退税专用），经外汇管理部门签章的出口收汇核销单（出口退税专用）或有关部门出具的中远期收汇证明，代理出口货物证明，企业签章的出口发票，主管退税部门要求提供的其他资料。

有进料加工业务的还应填报生产企业进料加工登记申报表、生产企业进料加工进口料件申报明细表、生产企业进料加工海关登记手册核销申请表、生产企业进料加工贸易免税证明。

国内生产企业中标销售的机电产品，申报"免、抵、退"税时，除提供上述申报表外，应提供下列凭证资料：

（1）招标单位所在地主管税务机关签发的中标证明通知书；

（2）由中国招标公司或其他国内招标组织签发的中标证明（正本）；

（3）中标人与中国招标公司或其他招标组织签订的供货合同（协议）；

（4）中标人按照标书规定及供货合同向用户发货的发货单；

（5）销售中标机电产品的普通发票或外销发票；

（6）中标机电产品用户收货清单。

国外企业中标再分包给国内生产企业供应的机电产品，还应提供分包合同（协议）。

3. 申报要求

（1）增值税纳税申报表有关项目的申报要求

"出口货物免税销售额"填写享受免税政策出口货物销售额，其中实行免抵退税办法的出口货物销售额为当期出口并在财务上作销售的全部（包括单证不齐部分）免抵退出口货物人民币销售额。

"免抵退货物不得抵扣税额"按当期全部（包括单证不齐全部分）免抵退出口货物人民币销售额与征退税率之差的乘积计算填报，有进料加工业务的应扣除免抵退税不得免征和抵扣税额抵减额，当免抵退税不得免征和抵扣税额抵减额大于出口货物销售额乘征退税率之差时，免抵退货物不得抵扣税额按零填报，其差额结转下期。

按"实耗法"计算的免抵退税不得免征和抵扣税额抵减额，为当期全部（包括单证不齐全部分）进料加工贸易方式出口货物所耗用的进口料件组成计税价格与征退税率之差的乘积；按"购进法"计算的免抵退税不得免征和抵扣税额抵减额，为当期全部购进的进口料件组成计税价格与征退税率之差的乘积。

"免抵退税货物已退税额"按照退税部门审核确认的上期生产企业出口货物免、抵、退税汇总表中的"当期应退税额"填报。

若退税部门审核生产企业出口货物免、抵、退税申报汇总表的"累计申报数"与增值税纳税申报表对应项目的累计数不一致，企业应在下期增值税纳税申报时根据生产企业出口货物免、抵、退税申报汇总表中"与增值税纳税申报表差额"栏内的数据对增值税纳税申报表有关数据进行调整。

（2）生产企业出口货物免、抵、退税申报明细表的申报要求

企业按当期在财务上作销售的全部出口明细填报生产企业出口货物免、抵、退税申报明细表，对单证不齐无法填报的项目暂不填写，并在"单证不齐标志"栏内按填写说明做相应标志。

对前期出口货物单证不齐，当期收集齐全的，应在当期免抵退税申报时一并申请参与免抵退税的计算，可单独填报生产企业出口货物免、抵、退税申报明细表，在"单证不齐标志栏"内填写原申报时的所属期和申报序号。

（3）生产企业出口货物免、抵、退税申报汇总表的申报要求

"出口销售额乘征退税率之差"按企业当期全部（包括单证不齐全部分）免抵退出口货物人民币销售额与征退税率之差的乘积计算填报。

"免抵退税不得免征和抵扣税额抵减额"按退税部门当期开具的生产企业进料加工贸易免税证明中"免抵退税不得免征和抵扣税额抵减额"填报。

"出口销售额乘退税率"按企业当期出口单证齐全部分及前期出口当期收齐单证部分且经过退税部门审核确认的免抵退出口货物人民币销售额与退税率的乘积计算填报。

"免抵退税额抵减额"按退税部门当期开具的生产企业进料加工贸易免税证明中的"免抵退税额抵减额"填报。

"与增值税纳税申报表差额"为退税部门审核确认的累计申报数减增值税纳税申报表对应项目的累计数的差额，企业应作相应账务调整并在下期增值税纳税申报时对增值税纳税申报表进行调整；当本表11c不为0时，"当期应退税额"的计算公式需进行调整，即按照"当期免抵退税额"栏与增值税纳税报表差额11c后的余额进行计算填报。

新发生出口业务的生产企业，12个月内"应退税额"按零填报，"当期免抵税额"与"当期免抵退税额"相等。

4. 申报数据的调整

前期申报错误的，当期可进行调整。前期少报出口额或低报征、退税率的，可在当期补报；前期多报出口额或高报征、退税率的，当期可以红字（或负数）差额数据冲减，也可用红字（或负数）将前期错误数据全额冲减，再重新全额申报蓝字

数据。对于按会计制度规定允许扣除的运费、保险费和佣金，与原预估入账值有差额的，也按此规则进行调整。本年度出口货物发生退运的，可在下期用红字（或负数）冲减出口销售收入进行调整。

5.2 消费税纳税申报代理实务

消费税是在对所有货物普遍征收增值税的基础上，选择特定消费品为征税对象而征税，其特点是列举征税，税目税率设置具体。代理消费税的纳税申报，代理人应熟悉应税消费品生产工艺流程，准确掌握有关应税消费品计税依据、适用税目税率、纳税环节和计税方法。

5.2.1 消费税应纳税额计算方法

消费税计征方法有三种：从价定率征收、从量定额征收和复合计税方法征收。

实行从价定率计征办法的，其计算公式如下：

$$消费税应纳税额 = 应税消费品销售额 \times 适用税率$$

实行从量定额计征办法的，其计算公式如下：

$$消费税应纳税额 = 应税消费品的课税数量 \times 单位税额$$

卷烟、粮食白酒和薯类白酒的计税办法为实行从量定额和从价定率相结合计算应纳税额的复合计税方法。应纳税额计算公式为：

$$应纳税额 = 销售数量 \times 定额税率 + 销售额 \times 比例税率$$

1. 应税消费品的销售额

销售额为纳税人销售应税消费品向购买方收取的全部价款和价外费用。价外费用，是指价外收取的基金、集资费，返还利润，补贴、违约金（延期付款利息）和手续费、包装费、储备费，运输装卸费，代收款项、代垫款项以及其他各种性质的价外收费，但下列款项不包括在内：

（1）承运部门的运费发票开具给购货方的；

（2）纳税人将该项发票转交给购货方的。

2. 应税消费品的课税数量

（1）纳税人通过自设非独立核算门市部销售自产消费品的，应按照门市部对外销售数量征收消费税；

（2）纳税人自产自用的应税消费品，其计税依据为应税消费品的移送使用量；

（3）委托加工的应税消费品，其计税依据为纳税人收回的应税消费品数量；

（4）进口的应税消费品，其计税依据为海关核定的应税消费品进口征税数量。

3. 用外购已税消费品连续生产应税消费品

下列用外购已税消费品连续生产的应税消费品，在计税时按当期生产领用数量计算准予扣除外购的应税消费品已纳的消费税税款：

（1）以外购或委托加工收回的已税烟丝为原料生产的卷烟。

（2）以外购或委托加工收回的已税化妆品为原料生产的化妆品。

（3）以外购或委托加工收回的已税珠宝玉石为原料生产的贵重首饰及珠宝

玉石。

（4）以外购或委托加工收回的已税鞭炮焰火为原料生产的鞭炮焰火。

（5）以外购或委托加工收回的已税汽车轮胎（内胎或外胎）为原料连续生产的汽车轮胎。

（6）以外购或委托加工收回的已税摩托车生产的摩托车。

（7）以外购或委托加工收回的已税杆头、杆身和握把为原料生产的高尔夫球杆。

（8）以外购或委托加工收回的已税木制一次性筷子为原料生产的木制一次性筷子。

（9）以外购或委托加工收回的已税实木地板为原料生产的实木地板。

（10）以外购或委托加工收回的已税石脑油为原料生产的应税消费品。

（11）以外购或委托加工收回的已税润滑油为原料生产的润滑油。

上述当期准予扣除外购应税消费品已纳消费税税款的计算公式是：

当期准予扣除的外购应税消费品已纳税额＝当期准予扣除的外购应税消费品买价×外购应税消费品适用税率

当期准予扣除的外购应税消费品买价＝期初库存的外购应税消费品的买价＋当期购进的应税消费品的买价－期末库存的外购应税消费品的买价

4. 自产自用应税消费品

（1）用于连续生产应税消费品的不纳税。

（2）用于其他方面的，应于移送使用时纳税。

纳税人自产自用的应税消费品，应按照纳税人生产的同类消费品的销售价格计算纳税；没有同类消费品销售价格的，按照组成计税价格计算纳税。

组成计税价格＝（成本＋利润）÷（1－消费税税率）

5. 委托加工应税消费品

委托加工的应税消费品，按照受托方的同类消费品的销售价格计算纳税，没有同类消费品销售价格的，按照组成计税价格计算纳税。

组成计税价格＝（材料成本＋加工费）÷（1－消费税税率）

委托方收回委托加工的已税消费品后，直接对外出售的不再征收消费税。委托方以收回的委托加工的已税消费品作为原料连续生产应税消费品的，准予从应纳税款中扣除原材料中已由受托方代收代缴的消费税税额。

当期准予扣除委托加工收回的应税消费品已纳消费税税款的计算公式是：

当期准予扣除的委托加工应税消费品已纳税额＝期初库存的委托加工应税消费品已纳税额＋当期收回的委托加工应税消费品已纳税款－期末库存的委托加工应税消费品已纳税款

6. 兼营不同税率应税消费品

纳税人兼营不同税率的应税消费品，应当分别核算不同税率应税消费品的销售额、销售数量。未分别核算销售额、销售数量，或者将不同税率的应税消费品组成成套消费品销售的，从高适用税率。

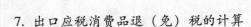

7. 出口应税消费品退（免）税的计算

外贸企业从生产企业购进应税消费品直接出口或受其他外贸企业委托代理出口应税消费品的应退消费税税款，分两种情况处理：

（1）属于从价定率征收的应税消费品，应依照外贸企业从工厂购进货物时征收消费税的价格计算，其公式为：

$$应退消费税税额 = 出口货物工厂销售额 \times 税率$$

（2）属于从量定额征收的应税消费品，应依照货物购进和报关出口的数量计算，其公式为：

$$应退消费税税额 = 出口数量 \times 单位税额$$

【例 5 - 2】某酒厂生产粮食白酒和黄酒，2012 年 6 月销售自产的粮食白酒 200吨，其中 50 吨售价为 20 000 元/吨，另外 150 吨售价为 20 100 元/吨；销售自产黄酒 100 吨，售价为 2 000 元/吨；销售白酒炮制的药酒 5 吨，售价为 10 000 元/吨（上述均为不含增值税价）。粮食白酒适用复合税率，比例税率为 20%，定额税率为0.5 元/斤；黄酒定额税率为 240 元/吨；药酒比例税率为 10%。

根据上述条件，计算该厂当月应纳消费税税额如下：

A. 销售白酒应纳税额 =（20 000 × 50 + 20 100 × 150）× 20% + 200 × 2 000 ×0.5 = 1 003 000（元）

B. 销售黄酒应纳税额 = 100 × 240 = 24 000（元）

C. 销售药酒应纳税额 = 10 000 × 5 × 10% = 5 000（元）

D. 该厂当月应纳消费税总额 = 1 003 000 + 5 000 + 24 000 = 1 032 000（元）

5.2.2 代理消费税纳税申报操作规范

消费税纳税申报包括销售自产应税消费品的纳税申报、委托加工应税消费品代收代缴申报、出口应税消费品的免税或退税申报。

1. 自产或委托加工应税消费品

自产应税消费品于销售环节纳税，自产自用的于移送使用时纳税。代理自产应税消费品纳税申报应首先确定应税消费品适用的税目税率，核实计税依据，在规定的期限内向主管税务机关报送消费税纳税申报表。

委托加工应税消费品，由受托方办理代收代缴消费税申报。注册税务师首先应确定双方是否为委托加工业务，核查组成计税价格的计算，如为受托方代理申报应向主管税务机关报送代收代缴申报表；如为委托方代理申报，应向主管税务机关提供已由受托方代收代缴税款的完税证明。

2. 出口应税消费品

（1）生产企业

代理有进出口经营权的生产企业自营或委托出口应税消费品的申报，注册税务师应向主管征税机关提供"两单一票"办理免税手续。如发生退关或国外退货，出口时已予以免税的，经所在地主管税务机关批准，可暂不办理补税，待其转为国内销售时，再在当期办理补缴消费税的申报手续，于报送消费税纳税申报表的同时，提供出口货物转内销证明。

（2）外贸企业

外贸企业出口应税消费品退（免）税实行专用税票管理制度，其代理申报程序如下：

①生产企业将应税消费品销售给外贸企业出口，应到主管征税机关办理消费税专用税票开具手续，然后办理消费税纳税申报手续。

②应税消费品出口后外贸企业凭"两单两票"及消费税专用税票向主管退税机关办理退税手续，报送出口退税货物进货凭证申报明细表和出口货物退税申报明细表。

③出口的应税消费品办理退税后，发生退关或国外退货，外贸企业应在当期向主管退税机关申报补缴已退的消费税税款，办理出口商品退运已补税证明。

5.2.3　代理填制消费税纳税申报表的方法

为了在全国范围内统一、规范消费税纳税申报资料，加强消费税管理的基础工作，国家税务总局制定了烟类应税消费品消费税纳税申报表、酒及酒精消费税纳税申报表、成品油消费税纳税申报表、小汽车消费税纳税申报表、其他应税消费品消费税纳税申报表。

1. 烟类应税消费品消费税纳税申报表填写

（1）模拟案例

企业概况：

①纳税人名称：哈尔滨市林海卷烟厂

②纳税人类型：增值税一般纳税人

③法定代表人：许立

④地址及电话：哈尔滨市香坊区公滨路 29 号 0451 – 84135655

⑤开户行及账号：工商银行哈尔滨市香坊区支行 3500043109006648280

⑥税务登记号：230110690719695

⑦主管国税机关：哈尔滨市香坊区国家税务局

业务资料：

哈尔滨市林海卷烟厂主要生产品牌卷烟，卷烟对外调拨价格（不含增值税）为 90 元/标准条。2012 年 7 月有关经济业务资料如下：

【业务 1】7 月初库存外购烟丝买价为 250 万元。

【业务 2】7 月 5 日购入烟丝，不含增值税价款为 350 万元，取得了增值税专用发票，该批烟丝已经验收入库。

【业务 3】7 月 10 日委托天一公司（增值税一般纳税人）加工烟丝，天一公司提供烟叶账面价值为 55 000 万元，收取加工费 20 000 元（不含增值税）。天一公司无同类烟丝销售价格。7 月 22 日，烟丝加工完成验收入库，加工费等已经支付。该批烟丝收回后全部用于继续生产卷烟。

【业务 4】7 月 19 日对外销售卷烟 900 标准箱，取得不含增值税销售额 2 025 万元。

【业务 5】月末库存外购烟丝为 100 万元。

要求：计算消费税额及相关消费税申报表。

计算分析：

①天一公司受托加工烟丝应代收代缴消费税 = （55 000 + 20 000） ÷ （1 - 30%） × 30% = 32 142.86（元）

②林海卷烟厂销售卷烟应纳消费税 = 20 250 000 × 56% + 900 × 150 = 11 475 000（元）

③本期生产领用外购烟丝买价 = 2 500 000 + 3 500 000 - 1 000 000 = 5 000 000（元）

④本期准予扣除外购烟丝已纳消费税 = 5 000 000 × 30% = 1 500 000（元）

⑤本期准予扣除委托加工已纳消费税 = （55 000 + 20 000） ÷ （1 - 30%） × 30% = 32 142.86（元）

⑥本月应纳消费税 = 11 475 000 - 1 500 000 - 32 142.86 = 9 942 857.14（元）

⑦本期准予扣除税额 = 1 500 000 + 32 142.86 = 1 532 142.86（元）

（2）纳税申报表填写（见表5 - 10）

表5 - 10　　　　　　烟类应税消费品消费税纳税申报表

税款所属期：2012 年 7 月 1 日 至 2012 年 7 月 31 日

纳税人名称（公章）：哈尔滨市林海卷烟厂　　　纳税人识别号：230110690719695

填表日期：2012 年 8 月 10 日

单位：卷烟万支、雪茄烟支、烟丝千克　　　　　　　　金额单位：元（列至角分）

项目 应税 消费品名称	适用税率		销售数量	销售额	应纳税额
	定额税率	比例税率			
卷烟（甲类）	30 元/万支	56%	4 500 万支	20 250 000	11 475 000
卷烟（乙类）	30 元/万支	36%			
雪茄烟		36%			
烟丝		30%			
合计					

本期准予扣除税额：1 532 142.86	**声明** 　此纳税申报表是根据国家税收法律的规定填报的，我确定它是真实的、可靠的、完整的。
本期减（免）税额：	经办人（签章）： 财务负责人（签章）： 联系电话：
期初未缴税额：	
本期缴纳前期应纳税额：	（如果你已委托代理人申报，请填写）
本期预缴税额：	授权声明 为代理一切税务事宜，现授权_____（地址）
本期应补（退）税额：9 942 857.14	
期末未缴税额：9 942 857.14	_____为本纳税人的代理申报人，任何与本申报表有关的往来文件，都可寄予此人。 　　　　　　　　　授权人签章：

以下由税务机关填写

受理人（签章）：　　　　　　受理日期：　　年　月　日　　　　受理税务机关（章）：

填表说明

一、本表仅限烟类消费税纳税人使用。

二、本表"销售数量"为《中华人民共和国消费税暂行条例》、《中华人民共和国消费税暂行条例实施细则》及其他法规、规章规定的当期应申报缴纳消费税的烟类应税消费品销售（不含出口免税）数量。

三、本表"销售额"为《中华人民共和国消费税暂行条例》、《中华人民共和国消费税暂行条例实施细则》及其他法规、规章规定的当期应申报缴纳消费税的烟类应税消费品销售（不含出口免税）收入。

四、根据《中华人民共和国消费税暂行条例》和《财政部国家税务总局关于调整烟类产品消费税政策的通知》（财税〔2001〕91 号）的规定，本表"应纳税额"计算公式如下：

1. 卷烟

应纳税额 = 销售数量 × 定额税率 + 销售额 × 比例税率

2. 雪茄烟、烟丝

应纳税额 = 销售额 × 比例税率

五、本表"本期准予扣除税额"按本表附表 1 的本期准予扣除税款合计金额填写。

六、本表"本期减（免）税额"不含出口退（免）税额。

七、本表"期初未缴税额"填写本期期初累计应缴未缴的消费税额，多缴为负数。其数值等于上期"期末未缴税额"。

八、本表"本期缴纳前期应纳税额"填写本期实际缴纳入库的前期消费税额。

九、本表"本期预缴税额"填写纳税申报前已预先缴纳入库的本期消费税额。

十、本表"本期应补（退）税额"计算公式如下，多缴为负数：

本期应补（退）税额 = 应纳税额（合计栏金额）－ 本期准予扣除税额 － 本期减（免）税额 － 本期预缴税额

十一、本表"期末未缴税额"计算公式如下，多缴为负数：

期末未缴税额 = 期初未缴税额 + 本期应补（退）税额 － 本期缴纳前期应纳税额

十二、本表为 A4 竖式，所有数字小数点后保留两位。一式二份，一份纳税人留存，一份税务机关留存。

附表 1　　　　　　　　　　**本期准予扣除税额计算表**

税款所属期：2012 年 7 月 1 日至 2012 年 7 月 31 日

纳税人名称（公章）：哈尔滨市林海卷烟厂

纳税人识别号：230110690719695

填表日期：2012 年 8 月 10 日　　　　　　　　　　金额单位：元（列至角分）

一、当期准予扣除的委托加工烟丝已纳税款计算
1. 期初库存委托加工烟丝已纳税款：0.00
2. 当期收回委托加工烟丝已纳税款：32 142.86
3. 期末库存委托加工烟丝已纳税款：0.00

续表

4. 当期准予扣除的委托加工烟丝已纳税款: 32 142.86
二、当期准予扣除的外购烟丝已纳税款计算
1. 期初库存外购烟丝买价: 2 500 000
2. 当期购进烟丝买价: 3 500 000
3. 期末库存外购烟丝买价: 1 000 000
4. 当期准予扣除的外购烟丝已纳税款: 1 500 000
三、本期准予扣除税款合计: 1 532 142.86

填表说明

一、本表作为《烟类应税消费品消费税纳税申报表》的附报资料，由外购或委托加工收回烟丝后连续生产卷烟的纳税人填报。

二、根据《国家税务总局关于用外购和委托加工收回的应税消费品连续生产应税消费品征收消费税问题的通知》（国税发〔1995〕94 号）的规定，本表"当期准予扣除的委托加工烟丝已纳税款"计算公式如下：

当期准予扣除的委托加工烟丝已纳税款 = 期初库存委托加工烟丝已纳税款 + 当期收回委托加工烟丝已纳税款 – 期末库存委托加工烟丝已纳税款

三、根据《国家税务总局关于用外购和委托加工收回的应税消费品连续生产应税消费品征收消费税问题的通知》（国税发〔1995〕94 号）的规定，本表"当期准予扣除的外购烟丝已纳税款"计算公式如下：

当期准予扣除的外购烟丝已纳税款 = （期初库存外购烟丝买价 + 当期购进烟丝买价 – 期末库存外购烟丝买价）×外购烟丝适用税率（30%）

四、本表"本期准予扣除税款合计"为本期外购及委托加工收回烟丝后连续生产卷烟准予扣除烟丝已纳税款的合计数，应与《烟类应税消费品消费税纳税申报表》中对应项目一致。

五、本表为 A4 竖式，所有数字小数点后保留两位。一式二份，一份纳税人留存，一份税务机关留存。

附表 2 　　　　　　　　　　**本期代收代缴税额计算表**

税款所属期：2012 年 7 月 1 日至 2012 年 7 月 31 日

纳税人名称（公章）：天一公司

纳税人识别号：230110690719889

填表日期：2012 年 8 月 10 日　　　　　　　　　　　　　金额单位：元（列至角分）

项目	应税消费品名称	卷烟	卷烟	雪茄烟	烟丝	合计
适用税率	定额税率	30 元/万支	30 元/万支	—	—	—
	比例税率	56%	36%	36%	30%	—
受托加工数量						
同类产品销售价格						

续表

项目 ＼ 应税消费品名称	卷烟	卷烟	雪茄烟	烟丝	合计
材料成本				55 000	
加工费				20 000	
组成计税价格				107 142.87	
本期代收代缴税款				32 142.86	

填表说明

一、本表作为《烟类应税消费品消费税纳税申报表》的附报资料，由烟类应税消费品受托加工方填报。

二、本表"受托加工数量"的计量单位为卷烟为万支，雪茄烟为支，烟丝为千克。

三、本表"同类产品销售价格"为受托方同类产品销售价格。

四、根据《中华人民共和国消费税暂行条例》的规定，本表"组成计税价格"的计算公式如下：

组成计税价格 = （材料成本 + 加工费） ÷ （1 - 消费税税率）

五、根据《中华人民共和国消费税暂行条例》的规定，本表"本期代收代缴税款"的计算公式如下：

1. 当受托方有同类产品销售价格时，

本期代收代缴税款 = 同类产品销售价格 × 受托加工数量 × 适用税率 + 受托加工数量 × 适用税率

2. 当受托方没有同类产品销售价格时，

本期代收代缴税款 = 组成计税价格 × 适用税率 + 受托加工数量 × 适用税率

六、本表为 A4 竖式，所有数字小数点后保留两位。一式二份，一份纳税人留存，一份税务机关留存。

附表3　　　　　　　　　　　卷烟销售明细表

所属期：2012 年 1 月 1 日至 2012 年 12 月 31 日

纳税人名称（公章）：哈尔滨市林海卷烟厂　　　　　　　　纳税人识别号：

填表日期：2013 年 1 月 10 日

单位：万支、元、元/条（200 支）　　金额单位：元（列至角分）

卷烟牌号	烟支包装规格	产量	销量	消费税计税价格	销售额	备注
			4 500 万支	0.45	20 250 000	7 月
合计						

填表说明

一、本表为年报，作为烟类应税消费品消费税纳税申报表的附报资料，由卷烟消费税纳税人于年度终了后填写，次年1月份办理消费税纳税申报时报送。同时报送本表的 EXCEL 格式电子文件。

二、本表"消费税计税价格"为计算缴纳消费税的卷烟价格。已核定消费税计税价格的卷烟，实际销售价格高于核定消费税计税价格的，填写实际销售价格；实际销售价格低于核定消费税计税价格的，填写核定消费税计税价格；同时，在备注栏中填写核定消费税计税价格的文号。未核定消费税计税价格的，以及出口、委托加工收回后直接销售的卷烟，填写实际销售价格。在同一所属期内该栏数值发生变化的，应分行填写，并在备注栏中标注变动日期。

三、已核定消费税计税价格但已停产卷烟、新牌号新规格卷烟、交易价格变动牌号卷烟、出口卷烟、委托加工收回后直接销售卷烟分别在备注栏中注明"停产"、"新牌号"、"价格变动"、"出口"、"委托加工收回后直接销售"字样。新牌号新规格卷烟需同时在备注栏中注明投放市场的月份。委托加工收回后直接销售卷烟需同时注明受托加工方企业名称。

四、本表"销售额"按照以下公式计算填写：

销售额 = 销量 × 消费税计税价格

五、本表为 A4 横式，所有数字小数点后保留两位。一式二份，一份纳税人留存，一份税务机关留存。

2. 酒及酒精消费税纳税申报表及附表（具体见表 5 - 11）

表 5 - 11   **酒及酒精消费税纳税申报表**

税款所属期：　　年　　月　　日至　　年　　月　　日

纳税人名称（公章）：　　　　　　　　　　　　纳税人识别号：

填表日期：　　年　　月　　日　　　　　　　　金额单位：元（列至角分）

项目 应税 消费品名称	适用税率		销售数量	销售额	应纳税额
	定额税率	比例税率			
粮食白酒（定额税率）	0.5 元/斤	—			
粮食白酒（比例税率）	—	20%			
薯类白酒（定额税率）	0.5 元/斤	—			
薯类白酒（比例税率）	—	20%			
啤酒	250 元/吨	—			
啤酒	220 元/吨	—			
黄酒	240 元/吨	—			
其他酒	—	10%			
酒精	—	5%			

续表

项目 应税 消费品名称	适用税率		销售数量	销售额	应纳税额
	定额税率	比例税率			
合计					

本期准予抵减税额：	声明
本期减（免）税额：	此纳税申报表是根据国家税收法律的规定填报的，我确定它是真实的、可靠的、完整的。
期初未缴税额：	经办人（签章）： 财务负责人（签章）： 联系电话：
本期缴纳前期应纳税额：	（如果你已委托代理人申报，请填写）
本期预缴税额：	授权声明
本期应补（退）税额：	为代理一切税务事宜，现授权_____（地址）
期末未缴税额：	_____为本纳税人的代理申报人，任何与本申报表有关的往来文件，都可寄予此人。 授权人签章：

以下由税务机关填写

受理人（签章）：　　　　　　受理日期：　　年　　月　　日　　　　受理税务机关（章）：

填表说明

一、本表仅限酒及酒精消费税纳税人使用。

二、本表"销售数量"为《中华人民共和国消费税暂行条例》、《中华人民共和国消费税暂行条例实施细则》及其他法规、规章规定的当期应申报缴纳消费税的酒及酒精销售（不含出口免税）数量。计量单位：粮食白酒和薯类白酒为斤（如果实际销售商品按照体积标注计量单位，应按500毫升为1斤换算），啤酒、黄酒、其他酒和酒精为吨。

三、本表"销售额"为《中华人民共和国消费税暂行条例》、《中华人民共和国消费税暂行条例实施细则》及其他法规、规章规定的当期应申报缴纳消费税的酒及酒精销售（不含出口免税）收入。

四、根据《中华人民共和国消费税暂行条例》和《财政部 国家税务总局关于调整酒类产品消费税政策的通知》（财税〔2001〕84号）的规定，本表"应纳税额"计算公式如下：

1. 粮食白酒、薯类白酒

应纳税额＝销售数量×定额税率＋销售额×比例税率

2. 啤酒、黄酒

应纳税额＝销售数量×定额税率

3. 其他酒、酒精

应纳税额＝销售额×比例税率

五、本表"本期准予抵减税额"按本表附表1的本期准予抵减税款合计金额填写。

六、本表"本期减（免）税额"不含出口退（免）税额。

七、本表"期初未缴税额"填写本期期初累计应缴未缴的消费税额，多缴为负数。其数值等于上期"期末未缴税额"。

八、本表"本期缴纳前期应纳税额"填写本期实际缴纳入库的前期消费税额。

九、本表"本期预缴税额"填写纳税申报前已预先缴纳入库的本期消费税额。

十、本表"本期应补（退）税额"计算公式如下，多缴为负数：

本期应补（退）税额＝应纳税额（合计栏金额）－本期准予抵减税额－本期减（免）税额－本期预缴税额

十一、本表"期末未缴税额"计算公式如下，多缴为负数：

期末未缴税额＝期初未缴税额＋本期应补（退）税额－本期缴纳前期应纳税额

十二、本表为 A4 竖式，所有数字小数点后保留两位。一式二份，一份纳税人留存，一份税务机关留存。

附表1 　　　　　　　　　　　　　　　本期准予抵减税额计算表

税款所属期：　　年　　月　　日至　　年　　月　　日

纳税人名称（公章）：　　　　　　　　　　　　　　　纳税人识别号：

填表日期：　　年　　月　　日　　　　　　　单位：吨、元　　（列至角分）

一、当期准予抵减的外购啤酒液已纳税款计算					
1. 期初库存外购啤酒液数量：					
2. 当期购进啤酒液数量：					
3. 期末库存外购啤酒液数量：					
4. 当期准予抵减的外购啤酒液已纳税款：					
二、当期准予抵减的进口葡萄酒已纳税款：					
三、本期准予抵减税款合计：					
附：准予抵减税款合计					
	号码	开票日期	数量	单价	定额税率（元/吨）
啤酒（增值税专用发票）					
葡萄酒（海关进口消费税专用缴款书）					

填表说明

一、本表作为酒及酒精消费税纳税申报表的附报资料，由以外购啤酒液为原料连续生产啤酒的纳税人或以进口葡萄酒为原料连续生产葡萄酒的纳税人填报。

二、根据《国家税务总局关于用外购和委托加工收回的应税消费品连续生产应税消费品征收消费税问题的通知》（国税发〔1995〕94 号）和《国家税务总局关于啤酒集团内部企业间销售（调拨）啤酒液征收消费税问题的批复》（国税函〔2003〕382 号）的规定，本表"当期准予抵减的外购啤酒液已纳税款"计算公式如下：

当期准予抵减的外购啤酒液已纳税款＝（期初库存外购啤酒液数量＋当期购进啤酒液数量－期末库存外购啤酒液数量）×外购啤酒液适用定额税率

其中，外购啤酒液适用定额税率由购入方取得的销售方销售啤酒液所开具的增值税专用发票上记载的单价确定。适用定额税率不同的，应分别核算外购啤酒液数量和当期准予抵减的外购啤酒液已纳税款，并在表中填写合计数。

三、根据《国家税务总局关于印发〈葡萄酒消费税管理办法（试行）〉的通知》（国税发〔2006〕66号）的规定，本表"当期准予抵减的进口葡萄酒已纳税款"为纳税人进口葡萄酒取得的海关进口消费税专用缴款书注明的消费税款。

四、本表"本期准予抵减税款合计"应与酒及酒精消费税纳税申报表中对应项目一致。

五、以外购啤酒液为原料连续生产啤酒的纳税人应在"附：准予抵减消费税凭证明细"栏据实填写购入啤酒液取得的增值税专用发票上载明的"号码"、"开票日期"、"数量"、"单价"等项目内容。

六、以进口葡萄酒为原料连续生产葡萄酒的纳税人应在"附：准予抵减消费税凭证明细"栏据实填写进口消费税专用缴款书上载明的"号码"、"开票日期"、"数量"、"完税价格"、"税款金额"等项目内容。

七、本表为A4竖式，所有数字小数点后保留两位。一式二份，一份纳税人留存，一份税务机关留存。

附表2 本期代收代缴税额计算表

税款所属期： 年 月 日至 年 月 日

纳税人名称（公章）： 纳税人识别号：

填表日期： 年 月 日 金额单位：元 （列至角分）

受托方单位名称	项目 / 应税消费品名称	适用税率	受托加工数量	同类产品销售价格	材料成本	加工费	组成计税价格	本期代收代缴税款
	合计							
	合计							

填表说明

一、本表作为烟类、酒及酒精、成品油、小汽车及其他应税消费品消费税纳税申报表的附报资料，由应税消费品受托方填报。

二、本表"受托方单位名称"填全称。

三、本表"应税消费品名称"经系统核定，纳税人可根据实际销售情况进行选择填报。

四、本表"受托加工数量"的计量单位为卷烟为万支、雪茄烟为支、烟丝为千克；粮食白酒和薯类白酒为斤（如果实际销售商品按照体积标注计量单位，应按500毫升为1斤换算），啤酒、黄酒、其他酒和酒精为吨；成品油为升；小汽车为辆；汽车轮胎为套；摩托车为辆；高档手表为只；游艇为艘；实木地板为平方米；木制一次性筷子为万双。化妆品、贵重首饰及珠宝玉石（含金银首饰、铂金首饰、钻石及钻石饰品）、鞭炮焰火、高尔夫球及球具按照受托方实际使用的计量单位填写。

五、本表"同类产品销售价格"为受托方同类产品销售价格。

六、根据《中华人民共和国消费税暂行条例》的规定，本表"组成计税价格"的计算公式如下：

$$组成计税价格 =（材料成本 + 加工费）/（1 - 消费税税率）$$

七、根据《中华人民共和国消费税暂行条例》的规定，本表"本期代收代缴税款"的计算公式如下：

1. 当受托方有同类产品销售价格时，

烟、酒及酒精类产品本期代收代缴税款 = 同类产品销售价格 × 受托加工数量 × 适用税率 + 受托加工数量 × 适用税率

小汽车及其他应税消费品本期代收代缴税款 = 同类产品销售价格 × 受托加工数量 × 适用税率

2. 当受托方没有同类产品销售价格时，

烟、酒及酒精类产品本期代收代缴税款 = 组成计税价格 × 适用税率 + 受托加工数量 × 适用税率

小汽车及其他应税消费品本期代收代缴税款 = 组成计税价格 × 适用税率

3. 汽油、柴油、石脑油、溶剂油、润滑油和燃料油本期代收代缴税款 = 受托加工数量 × 适用税率

八、本表为A4横式，所有数字小数点后保留两位。一式二份，一份纳税人留存，一份税务机关留存。

附表3　　　　　　　　　生产经营情况表

税款所属期：　　年　　月　　日至　　年　　月　　日

纳税人名称（公章）：　　　　　　　　　　　　　纳税人识别号：

填表日期：　　年　　月　　日　　　　　　　金额单位：元（列至角分）

应税消费品名称／项目	粮食白酒	薯类白酒	啤酒（适用税率250元/吨）	啤酒（适用税率220元/吨）	黄酒	其他酒	酒精
生产数量							
销售数量							
委托加工收回酒及酒精直接销售数量							
委托加工收回酒及酒精直接销售额							
出口免税销售数量							
出口免税销售额							

填表说明

一、本表为年报，作为酒及酒精消费税纳税申报表的附报资料，由酒及酒精消费税纳税人于年度终了后填写，次年 1 月份办理消费税纳税申报时报送。

二、本表"生产数量"，填写本期生产的产成品数量。

三、本表"销售数量"填写要求同《酒及酒精消费税纳税申报表》。

四、本表"出口免税销售数量"和"出口免税销售额"为享受出口免税政策的应税消费品销售数量和销售额。

五、本表计量单位：粮食白酒和薯类白酒为斤（如果实际销售商品按照体积标注计量单位，应按 500 毫升为 1 斤换算），啤酒、黄酒、其他酒和酒精为吨。

六、本表为 A4 竖式，所有数字小数点后保留两位。一式二份，一份纳税人留存，一份税务机关留存。

3. 成品油消费税纳税申报表及附表（见表 5 – 12）

表 5 – 12　　　　　　　　　　成品油消费税纳税申报表

税款所属期：　　年　　月　　日至　　年　　月　　日

纳税人名称（公章）：　　　　　　　　　　纳税人识别号：

填表日期：　　年　　月　　日　　　计量单位：升　　金额单位：元（列至角分）

项目　　应税消费品名称	适用税率（元/升）	销售数量	应纳税额
汽油	0.20		
柴油	0.10		
石脑油	0.20		
溶剂油	0.20		
润滑油	0.20		
燃料油	0.10		
航空煤油	0.10		
合计			

	声明
本期准予扣除税额：	此纳税申报表是根据国家税收法律的规定填报的，我确定它是真实的、可靠的、完整的。
本期减（免）税额：	经办人（签章）：　　　　财务负责人（签章）：
期初未缴税额：	联系电话：

续表

应税 消费品名称　＼　项目	适用税率 （元/升）	销售数量	应纳税额
本期缴纳前期应纳税额：			（如果你已委托代理人申报，请填写） 授权声明 为代理一切税务事宜，现授权_____（地址）_____为本纳税人的代理申报人，任何与本申报表有关的往来文件，都可寄予此人。 授权人签章：
本期预缴税额：			
本期应补（退）税额：			
期末未缴税额：			

以下由税务机关填写

受理人（签章）：　　　　　　受理日期：　　年　月　日　　　　　受理税务机关（章）：

填表说明

一、本表仅限成品油消费品纳税人使用。

二、本表"销售数量"为《中华人民共和国消费税暂行条例》、《中华人民共和国消费税暂行条例实施细则》及其他法规、规章规定的当期应当申报缴纳消费税的成品油类应税消费品销售数量。

三、根据《中华人民共和国消费税暂行条例》的规定，本表"应纳税额"计算公式如下：

$$应纳税额 = 销售数量 \times 适用税率$$

四、本表"本期准予扣除税额"按本表附表1的本期准予扣除税款合计金额填写。

五、本表"本期减（免）税额"是指按照税法规定对应税消费品减免的税额。

六、本表"期初未缴税额"填写本期期初应缴未缴的消费税额，多缴为负数。其数值等于上期"期末未缴税额"。

七、本表"本期缴纳前期应纳税额"填写本期实际入库的前期消费税税额。

八、本表"本期预缴税额"填写纳税申报前已预先缴纳入库的本期消费税额。

九、本表"本期应补（退）税额"计算公式如下，多缴为负数：

本期应补（退）税额 = 应纳税额（合计栏金额）－本期准予扣除税额－本期减（免）税额－本期预缴税额

十、本表"期末未缴税额"计算公式如下，多缴为负数：

期末未缴税额 = 期初未缴税额 + 本期应补（退）税额－本期缴纳前期应纳税额

十一、本表为A4竖式，所有数字小数点后保留两位。一式二份，一份纳税人留存，一份税务机关留存。

附表1   本期准予扣除税额计算表

税款所属期：   年   月   日至   年   月   日

纳税人名称（公章）：   纳税人识别号：

填表日期：   年   月   日   计量单位：升   金额单位：元（列至角分）

项目 \ 应税消费品名称	石脑油	润滑油	燃料油
一、当期准予扣除的委托加工收回应税消费品已纳税款计算			
1. 期初库存委托加工应税消费品已纳税款			
2. 当期收回委托加工应税消费品已纳税款			
3. 期末库存委托加工应税消费品已纳税款			
4. 当期准予扣除的委托加工应税消费品已纳税款			
二、当期准予扣除的外购应税消费品已纳税款计算			
1. 期初库存外购应税消费品数量			
2. 当期购进应税消费品数量			
3. 期末库存外购应税消费品数量			
4. 当期准予扣除的外购应税消费品数量			
5. 当期准予扣除的外购应税消费品税款			
三、以外购和委托加工收回石脑油为原料在同一生产过程中既生产非应税消费品，同时又生产应税消费品的，外购和委托加工收回石脑油扣除已纳税款计算			
1. 当期应税消费品的产出量：			
2. 生产当期应税消费品所有原料投入数量：			
3. 税率：			
4. 当期准予扣除的外购和委托加工石脑油已纳税款：			
四、本期准予扣除税款合计：			

填表说明

一、本表作为成品油消费税纳税申报表的附报资料，由外购或委托加工收回石脑油、润滑油后连续生产应税成品油的纳税人填写。

二、根据《国家税务总局关于印发〈调整和完善消费税政策征收管理规定〉的通知》（国税发〔2006〕49 号）和《财政部 国家税务总局关于消费税若干具体政策的通知》（财税〔2006〕125 号）以及《财政部 国家税务总局关于调整部分成品油消费税政策的通知》（财税〔2008〕19 号）的规定，本表"当期准予扣除的委托加工收回应税消费品已纳税款"计算公式如下：

当期准予扣除的委托加工石脑油、润滑油、燃料油已纳税款＝期初库存委托加工石脑油、润滑油、燃料油已纳税款＋当期收回委托加工石脑油、润滑油、燃料油已纳税款－期末库存委托加工石脑油、润滑油、燃料油已纳税款

三、根据《国家税务总局关于印发〈调整和完善消费税政策征收管理规定〉的

通知》（国税发〔2006〕49 号）和《财政部 国家税务总局关于消费税若干具体政策的通知》（财税〔2006〕125 号）及《财政部 国家税务总局关于调整部分成品油消费税政策的通知》（财税〔2008〕19 号）的规定，本表"当期准予扣除的外购应税消费品已纳税款"计算公式如下：

当期准予扣除的外购石脑油、润滑油、燃料油已纳税款＝当期准予扣除外购石脑油、润滑油、燃料油数量×外购石脑油、润滑油、燃料油适用税率

当期准予扣除外购石脑油、润滑油、燃料油数量＝期初库存外购石脑油、润滑油、燃料油数量＋当期购进石脑油、润滑油、燃料油数量－期末库存外购石脑油、润滑油、燃料油数量

四、本表"以外购和委托加工收回石脑油为原料在同一生产过程中既生产非应税消费品，同时又生产应税消费品的，外购和委托加工收回石脑油扣除已纳税款"的计算公式如下：

1. 当期准予扣除的委托加工石脑油已纳税款＝当期准予扣除的委托加工石脑油已纳税款×收率

收率＝当期应税消费品的产出量÷生产当期应税消费品所有原料投入数量×100％

2. 当期准予扣除的外购石脑油已纳税款＝当期准予扣除外购石脑油数量×收率×适用税率

收率＝当期应税消费品的产出量÷生产当期应税消费品所有原料投入数量×100％

五、本表"本期准予扣除税款合计"为本期外购及委托加工收回石脑油、润滑油、燃料油数量后连续生产应税消费品准予扣除石脑油、润滑油、燃料油已纳税款的合计数，即本表项目一＋项目二＋项目三，应与成品油消费税纳税申报表中对应项目一致。

六、本表为 A4 竖式，所有数字小数点后保留两位。一式二份，一份纳税人留存，一份税务机关留存。

附表 2 　　　　　　　　　　本期代收代缴税额计算表

税款所属期：　　年　　月　　日至　　年　　月　　日

纳税人名称（公章）：　　　　　　　　　　　　　　　纳税人识别号：

填表日期：　　年　　月　　日　　计量单位：升　　　金额单位：元（列至角分）

项目 ＼ 应税消费品名称	汽油	柴油	石脑油	溶剂油	润滑油	燃料油	航空煤油	合计
适用税率（元/升）	0.20	0.10	0.20	0.20	0.20	0.10	0.10	—
受托加工数量								
本期代收代缴税款								

填表说明

一、本表作为成品油消费税纳税申报表的附报资料，由成品油类应税消费品受

托加工方填写。

　　二、本表"受托加工数量"的计量单位为升。

　　三、本表"本期代收代缴税款"计算公式为：

　　　　　汽油、柴油，本期代收代缴税款＝受托加工数量×适用税率

石脑油、溶剂油、润滑油和燃料油本期代收代缴税款＝受托加工数量×适用税率

　　四、本表为 A4 竖式，所有数字小数点后保留两位。一式二份，一份纳税人留存，一份税务机关留存。

附表 3 　　　　　　　　　　　成品油销售明细表

所属期：　　年　月　日至　　年　月　日

纳税人名称（公章）：　　　　　　　　　　　　　　纳税人识别号：

填表日期：　　年　月　日　　数量单位：升　　　金额单位：元（列至角分）

成品油名称	发票代码	发票号码	销量	销售额	购货方纳税人名称	购货方纳税人识别号	备注
合计							

填表说明

　　一、本表为月报，作为成品油消费税纳税申报表的附报资料，由成品油类消费税纳税人在办理申报时提供，填写所属期内在国内销售的所有油品的发票明细。

　　二、本表"成品油名称"为销售货物发票上方注明的油品名称，同一油品集中填写，并有小计。

　　三、本表为 A4 横式，所有数字小数点后保留两位。一式二份，一份纳税人留存，一份税务机关留存，一份征收部门留存。

附表4 准予扣除消费税凭证明细表

税款所属期： 年 月 日至 年 月 日

纳税人名称（公章）： 纳税人识别号：

填表日期： 年 月 日 计量单位：升 金额单位：元（列至角分）

应税消费品名称	凭证类别	凭证号码	开票日期	数量/升	金额	适用税率	消费税税额
合计							

填表说明

一、本表作为成品油消费税纳税申报表的附报资料，由外购或委托加工收回应税消费品后连续生产应税消费品的纳税人填报。

二、本表"应税消费品名称"填写石脑油、润滑油、燃料油。

三、本表"凭证类别"填写允许扣除凭证名称，如增值税专用发票、海关进口消费税专用缴款书、代扣代收税款凭证。

四、本表"凭证号码"填写允许扣除凭证的号码。

五、本表"开票日期"填写允许扣除凭证的开票日期。

六、本表"数量"填写允许扣除凭证载明的应税消费品数量。

七、本表"金额"填写允许扣除凭证载明的应税消费品金额。

八、本表"适用税率"填写应税消费品的适用税率。

九、本表"消费税税额"填写凭该允许扣除凭证申报抵扣的消费税税额。

十、本表为A4竖式。所有数字小数点后保留两位。一式二份，一份纳税人留存，一份税务机关留存。

4. 小汽车消费税纳税申报表及附表（见表 5 – 13）

表 5 – 13　　　　　　　　　　　　**小汽车消费税纳税申报表**

税款所属期：　　年　　月　　日至　　年　　月　　日

纳税人名称（公章）：　　　　　　　　　　　　　　　　　　　　纳税人识别号：

填表日期：　　年　　月　　日　　　　　　　　　　　　单位：辆、元（列至角分）

应税消费品名称	项目	适用税率	销售数量	销售额	应纳税额
乘用车	汽缸容量≤1.0 升	1%			
	1.0 升＜汽缸容量≤1.5 升	3%			
	1.5 升＜汽缸容量≤2.0 升	5%			
	2.0 升＜汽缸容量≤2.5 升	9%			
	2.5 升＜汽缸容量≤3.0 升	12%			
	3.0 升＜汽缸容量≤4.0 升	25%			
	汽缸容量＞4.0 升	40%			
中轻型商用客车		5%			
合计					

	声明
	此纳税申报表是根据国家税收法律的规定填报的，我确定它是真实的、可靠的、完整的。
本期准予扣除税额：	
本期减（免）税额：	经办人（签章）：
	财务负责人（签章）：
期初未缴税额：	联系电话：
本期缴纳前期应纳税额：	（如果你已委托代理人申报，请填写）
本期预缴税额：	
本期应补（退）税额：	授权声明
	为代理一切税务事宜，现授权_____为本纳税人的代理申报人，任何与本申报表有关的往来文件，都可寄予此人。
期末未缴税额：	
	授权人签章：

以下由税务机关填写

受理人（签章）：　　　　　　受理日期：　　　年　　月　　日　　　　受理税务机关（章）：

填表说明

一、本表仅限小汽车消费税纳税人使用。

二、纳税人生产的改装、改制车辆，应按照《财政部　国家税务总局关于调整和完善消费税政策的通知》（财税〔2006〕33 号）中规定的适用税目、税率填写本表。

三、本表"销售数量"为《中华人民共和国消费税暂行条例》、《中华人民共和国消费税暂行条例实施细则》及其他法规、规章规定的当期应申报缴纳消费税的小汽车类应税消费品销售（不含出口免税）数量。

四、本表"销售额"为《中华人民共和国消费税暂行条例》、《中华人民共和国消费税暂行条例实施细则》及其他法规、规章规定的当期应申报缴纳消费税的小汽车类应税消费品销售（不含出口免税）收入。

五、根据《中华人民共和国消费税暂行条例》的规定，本表"应纳税额"计算公式如下：

$$应纳税额 = 销售额 \times 比例税率$$

六、本表"本期减（免）税额"不含出口退（免）税额。

七、本表"期初未缴税额"填写本期期初累计应缴未缴的消费税额，多缴为负数。其数值等于上期"期末未缴税额"。

八、本表"本期缴纳前期应纳税额"填写本期实际缴纳入库的前期消费税额。

九、本表"本期预缴税额"填写纳税申报前已预先缴纳入库的本期消费税额。

十、本表"本期应补（退）税额"计算公式如下，多缴为负数：

本期应补（退）税额 = 应纳税额（合计栏金额）− 本期减（免）税额 − 本期预缴税额

十一、本表"期末未缴税额"计算公式如下，多缴为负数：

期末未缴税额 = 期初未缴税额 + 本期应补（退）税额 − 本期缴纳前期应纳税额

十二、本表为 A4 竖式，所有数字小数点后保留两位。一式二份，一份纳税人留存，一份税务机关留存。

附表1　　　　　　　　　　　　本期代收代缴税额计算表

税款所属期：　　年　　月　　日至　　年　　月　　日

纳税人名称（公章）：　　　　　　　　　　　　　　　纳税人识别号：

填表日期：　　年　　月　　日　　　　　　　　　金额单位：元（列至角分）

应税消费品＼项目	乘用车：汽缸容量≤1.0升	乘用车：1.0升<汽缸容量≤1.5升	乘用车：1.5升<汽缸容量≤2.0升	乘用车：2.0升<汽缸容量≤2.5升	乘用车：2.5升<汽缸容量≤3.0升	乘用车：3.0升<汽缸容量≤4.0升	乘用车：汽缸容量>4.0升	中轻型商用客车	合计
适用税率	1%	3%	5%	9%	12%	25%	40%	5%	
受托加工数量									
同类产品销售价格									
材料成本									
加工费									
组成计税价格									
本期代收代缴税款									

填表说明

一、本表作为小汽车消费税纳税申报表的附报资料，由小汽车受托加工方填写。

二、生产和受托加工的改装、改制车辆，应按照《财政部 国家税务总局关于调整和完善消费税政策的通知》（财税〔2006〕33 号）中规定的适用税目、税率填写本表。

三、本表"受托加工数量"的计量单位为辆。

四、本表"同类产品销售价格"为受托方同类产品销售价格。

五、根据《中华人民共和国消费税暂行条例》的规定，本表"组成计税价格"的计算公式如下：

组成计税价格 =（材料成本 + 加工费）÷（1 - 消费税税率）

六、根据《中华人民共和国消费税暂行条例》的规定，本表"本期代收代缴税款"的计算公式如下：

1. 当受托方有同类产品销售价格时，

本期代收代缴税款 = 同类产品销售价格 × 受托加工数量 × 适用税率

2. 当受托方没有同类产品销售价格时，

本期代收代缴税款 = 组成计税价格 × 适用税率

七、本表为 A4 竖式，所有数字小数点后保留两位。一式二份，一份纳税人留存，一份税务机关留存。

附表 2　　　　　　　　　　生产经营情况表

税款所属期：　　年　　月　　日至　　年　　月　　日

纳税人名称（公章）：　　　　　　　　　　　　　纳税人识别号：

填表日期：　　年　　月　　日　　　　　　　金额单位：元（列至角分）

项目＼应税消费品	乘用车：汽缸容量 ≤1.0 升	乘用车：1.0 升 <汽缸容量 ≤1.5 升	乘用车：1.5 升 <汽缸容量 ≤2.0 升	乘用车：2.0 升 <汽缸容量 ≤2.5 升	乘用车：2.5 升 <汽缸容量 ≤3.0 升	乘用车：3.0 升 <汽缸容量 ≤4.0 升	乘用车：汽缸容量 >4.0 升	中轻型商用客车
生产数量								
销售数量								
委托加工收回应税消费品直接销售数量								
委托加工收回应税消费品直接销售额								
出口免税销售数量								
出口免税销售额								

填表说明

一、本表为年报，作为小汽车消费税纳税申报表的附报资料，由纳税人于每年年度终了后填写，次年 1 月份办理消费税纳税申报时报送。

二、纳税人生产的改装、改制车辆，应按照《财政部 国家税务总局关于调整和完善消费税政策的通知》中规定的适用税目、税率填写本表。

三、本表"应税消费品"、"销售数量"，填写要求同小汽车消费税纳税申报表。

四、本表"生产数量"，填写本期生产的产成品数量。

五、本表"出口免税销售数量"和"出口免税销售额"为享受出口免税政策的应税消费品销售数量和销售额。

六、本表为 A4 竖式，所有数字小数点后保留两位。一式二份，一份纳税人留存，一份税务机关留存。

5. 其他应税消费品消费税纳税申报表及其附表（见表 5 – 14）

表 5 – 14 　　　　　　　　其他应税消费品消费税纳税申报表

税款所属期：　　　年　　月　　日至　　年　　月　　日

纳税人名称（公章）：　　　　　　　　　　　　　纳税人识别号：

填表日期：　　　年　　月　　日　　　　　　　金额单位：元（列至角分）

项目　　　　　　应税消费品名称	适用税率	销售数量	销售额	应纳税额
合计				

本期准予抵减税额：	**声明** 　此纳税申报表是根据国家税收法律的规定填报的，我确定它是真实的、可靠的、完整的。
本期减（免）税额：	经办人（签章）：
期初未缴税额：	财务负责人（签章）： 　联系电话：
本期缴纳前期应纳税额：	（如果你已委托代理人申报，请填写） 授权声明
本期预缴税额：	为代理一切税务事宜，现授权
本期应补（退）税额：	_____（地址）_____为本纳税人的代理申报人，任何与本申报表有关的往来文件，都可寄予此人。
期末未缴税额：	授权人签章：

以下由税务机关填写

受理人（签章）：　　　　　　受理日期：　　年　　月　　日　　　　　受理税务机关（章）：

填表说明

一、本表限化妆品、贵重首饰及珠宝玉石、鞭炮焰火、汽车轮胎、摩托车、高尔夫球及球具、高档手表、游艇、木制一次性筷子、实木地板等消费税纳税人使用。

二、本表"应税消费品名称"和"适用税率"按照以下内容填写：

化妆品：30%；贵重首饰及珠宝玉石：10%；金银首饰（铂金首饰、钻石及钻石饰品）：5%；鞭炮焰火：15%；汽车轮胎（除子午线轮胎外）：3%；汽车轮胎（限子午线轮胎）：3%（免税）；摩托车（排量＞250毫升）：10%；摩托车（排量≤250毫升）：3%；高尔夫球及球具：10%；高档手表：20%；游艇：10%；木制一次性筷子：5%；实木地板：5%。

三、本表"销售数量"为《中华人民共和国消费税暂行条例》、《中华人民共和国消费税暂行条例实施细则》及其他法规、规章规定的当期应申报缴纳消费税的应税消费品销售（不含出口免税）数量。计量单位是：汽车轮胎为套；摩托车为辆；高档手表为只；游艇为艘；实木地板为平方米；木制一次性筷子为万双；化妆品、贵重首饰及珠宝玉石（含金银首饰、铂金首饰、钻石及钻石饰品）、鞭炮焰火、高尔夫球及球具按照纳税人实际使用的计量单位填写并在本栏中注明。

四、本表"销售额"为《中华人民共和国消费税暂行条例》、《中华人民共和国消费税暂行条例实施细则》及其他法规、规章规定的当期应申报缴纳消费税的应税消费品销售（不含出口免税）收入。

五、根据《中华人民共和国消费税暂行条例》的规定，本表"应纳税额"计算公式如下：

$$应纳税额 = 销售额 \times 适用税率$$

六、本表"本期准予扣除税额"按本表附表1的本期准予扣除税款合计金额填写。

七、本表"本期减（免）税额"不含出口退（免）税额。

八、本表"期初未缴税额"填写本期期初累计应缴未缴的消费税额，多缴为负数。其数值等于上期"期末未缴税额"。

九、本表"本期缴纳前期应纳税额"填写本期实际缴纳入库的前期消费税额。

十、本表"本期预缴税额"填写纳税申报前已预先缴纳入库的本期消费税额。

十一、本表"本期应补（退）税额"计算公式如下，多缴为负数：

本期应补（退）税额 = 应纳税额（合计栏金额）－ 本期准予扣除税额 － 本期减（免）税额 － 本期预缴税额

十二、本表"期末未缴税额"计算公式如下，多缴为负数：

期末未缴税额 = 期初未缴税额 + 本期应补（退）税额 － 本期缴纳前期应纳税额

十三、本表为A4竖式，所有数字小数点后保留两位。一式二份，一份纳税人留存，一份税务机关留存。

附表1　　　　　　　　　　**本期准予扣除税额计算表**

税款所属期：　　年　　月　　日至　　年　　月　　日

纳税人名称（公章）：　　　　　　　　　　　　　　　　纳税人识别号：

填表日期：　　年　　月　　日　　　　　　　　　　　　金额单位：元（列至角分）

项目	应税消费品名称				合计
当期准予扣除的委托加工应税消费品已纳税款计算	期初库存委托加工应税消费品已纳税款				
	当期收回委托加工应税消费品已纳税款				
	期末库存委托加工应税消费品已纳税款				
	当期准予扣除委托加工应税消费品已纳税款				
当期准予扣除的外购应税消费品已纳税款计算	期初库存外购应税消费品买价				
	当期购进应税消费品买价				
	期末库存外购应税消费品买价				
	外购应税消费品适用税率				
	当期准予扣除外购应税消费品已纳税款				
本期准予扣除税款合计					

填表说明

一、本表作为其他应税消费品消费税纳税申报表的附报资料，由外购或委托加工收回应税消费品后连续生产应税消费品的纳税人填报。

二、本表"应税消费品名称"填写化妆品、珠宝玉石、鞭炮焰火、汽车轮胎、摩托车（排量＞250毫升）、摩托车（排量≤250毫升）、高尔夫球及球具、木制一次性筷子、实木地板。

三、根据《国家税务总局关于用外购和委托加工收回的应税消费品连续生产应税消费品征收消费税问题的通知》（国税发〔1995〕94号）的规定，本表"当期准予扣除的委托加工应税消费品已纳税款"计算公式如下：

当期准予扣除的委托加工应税消费品已纳税款＝期初库存委托加工应税消费品已纳税款＋当期收回委托加工应税消费品已纳税款－期末库存委托加工应税消费品已纳税款

四、根据《国家税务总局关于用外购和委托加工收回的应税消费品连续生产应税消费品征收消费税问题的通知》（国税发〔1995〕94号）的规定，本表"当期准予扣除的外购应税消费品已纳税款"计算公式如下：

当期准予扣除的外购应税消费品已纳税款＝（期初库存外购应税消费品买价＋当期购进应税消费品买价－期末库存外购应税消费品买价）×外购应税消费品适用税率

五、本表"本期准予扣除税款合计"为本期外购及委托加工收回应税消费品后连续生产应税消费品准予扣除应税消费品已纳税款的合计数，应与其他应税消费品消费税纳税申报表中对应项目一致。

六、本表为 A4 竖式，所有数字小数点后保留两位。一式二份，一份纳税人留存，一份税务机关留存。

附表 2　　　　　　　　　　**准予扣除消费税凭证明细表**

税款所属期：　　年　　月　　日至　　年　　月　　日

纳税人名称（公章）：　　　　　　　　　　　　　　纳税人识别号：

填表日期：　　　年　　月　　日　　　　　　　　　金额单位：元（列至角分）

应税消费品名称	凭证类别	凭证号码	开票日期	数量	金额	适用税率	消费税税额
合计							

填表说明

一、本表作为其他应税消费品消费税纳税申报表的附报资料，由外购或委托加工收回应税消费品后连续生产应税消费品的纳税人填报。

二、本表"应税消费品名称"填写高尔夫球及球具、木制一次性筷子、实木地板。

三、本表"凭证类别"填写准予扣除凭证名称，如增值税专用发票、海关进口消费税专用缴款书、代扣代收税款凭证。

四、本表"凭证号码"填写准予扣除凭证的号码。

五、本表"开票日期"填写准予扣除凭证的开票日期。

六、本表"数量"填写准予扣除凭证载明的应税消费品数量，并在本栏中注明计量单位。

七、本表"金额"填写准予扣除凭证载明的应税消费品金额。

八、本表"适用税率"填写应税消费品的适用税率。

九、本表"消费税税额"填写凭该准予扣除凭证申报抵扣的消费税税额。

十、本表为 A4 竖式，所有数字小数点后保留两位。一式二份，一份纳税人留存，一份税务机关留存。

附表3　　　　　　　　　　　　**本期代收代缴税额计算表**

税款所属期：　　年　　月　　日至　　年　　月　　日

纳税人名称（公章）：　　　　　　　　　　　纳税人识别号：

填表日期：　　年　　月　　日　　　　　　　金额单位：元（列至角分）

项目 ＼ 应税消费品名称				合计
适用税率				
受托加工数量				
同类产品销售价格				
材料成本				
加工费				
组成计税价格				
本期代收代缴税款				

填表说明

一、本表作为其他应税消费品消费税纳税申报表的附报资料，由应税消费品受托加工方填报。

二、本表"应税消费品名称"和"税率"按照以下内容填写：

化妆品：30%；贵重首饰及珠宝玉石：10%；金银首饰（铂金首饰、钻石及钻石饰品）：5%；鞭炮焰火：15%；汽车轮胎：3%；摩托车（排量＞250毫升）：10%；摩托车（排量≤250毫升）：3%；高尔夫球及球具：10%；高档手表：20%；游艇：10%；木制一次性筷子：5%；实木地板：5%。

三、本表"受托加工数量"的计量单位是：汽车轮胎为套；摩托车为辆；高档手表为只；游艇为艘；实木地板为平方米；木制一次性筷子为万双；化妆品、贵重首饰及珠宝玉石（含金银首饰、铂金首饰、钻石及钻石饰品）、鞭炮焰火、高尔夫球及球具按照受托方实际使用的计量单位填写并在本栏中注明。

四、本表"同类产品销售价格"为受托方同类产品销售价格。

五、根据《中华人民共和国消费税暂行条例》的规定，本表"组成计税价格"

的计算公式如下：

组成计税价格＝（材料成本＋加工费）÷（1－消费税税率）

六、根据《中华人民共和国消费税暂行条例》的规定，本表"本期代收代缴税款"的计算公式如下：

1. 当受托方有同类产品销售价格时

本期代收代缴税款＝同类产品销售价格×受托加工数量×适用税率

2. 当受托方没有同类产品销售价格时

本期代收代缴税款＝组成计税价格×适用税率

七、本表为 A4 竖式，所有数字小数点后保留两位。一式二份，一份纳税人留存，一份税务机关留存。

附表 4　　　　　　　　　生产经营情况表

税款所属期：　　年　　月　　日至　　年　　月　　日

纳税人名称（公章）：　　　　　　　　　　　　　　　纳税人识别号：

填表日期：　　年　　月　　日　　　　　　　　金额单位：元（列至角分）

项目 ＼ 应税消费品名称				
生产数量				
销售数量				
委托加工收回应税消费品直接销售数量				
委托加工收回应税消费品直接销售额				
出口免税销售数量				
出口免税销售额				

填表说明

一、本表为年报，作为其他应税消费品消费税纳税申报表的附报资料，由纳税人于年度终了后填写，次年 1 月份办理消费税纳税申报时报送。

二、本表"应税消费品名称"、"销售数量"填写要求同其他应税消费品消费税纳税申报表。

三、本表"生产数量"，填写本期生产的产成品数量，计量单位应与销售数量一致。

四、本表"出口免税销售数量"和"出口免税销售额"为享受出口免税政策的应税消费品销售数量和销售额。

五、本表计量单位：汽车轮胎为套；摩托车为辆；高档手表为只；游艇为艘；实木地板为平方米；木制一次性筷子为万双；化妆品、贵重首饰及珠宝玉石（含金银首饰、铂金首饰、钻石及钻石饰品）、鞭炮焰火、高尔夫球及球具按照纳税人实际使用的计量单位填写并在本栏中注明。

六、本表为 A4 竖式。所有数字小数点后保留两位。一式二份，一份纳税人留存，一份税务机关留存。

5.3　营业税纳税申报代理实务

营业税征收范围广，行业特色突出，计税依据、纳税环节及纳税地点都有一些特殊规定。代理营业税纳税申报应掌握每一行业具体征税范围和会计核算的特点。

5.3.1　营业税应纳税额的计算方法

纳税人提供应税劳务、转让无形资产或者销售不动产，按照营业额和适用税率计算应纳税额。应纳税额计算公式：

$$应纳税额 = 营业额 \times 税率$$

纳税人的营业额，为纳税人提供应税劳务、转让无形资产或者销售不动产向对方收取的全部价款和价外费用。价外费用，包括向对方收取的手续费、补贴、基金、集资费、返还利润、奖励费、违约金、滞纳金、延期付款利息、赔偿金、代收款项、代垫款项及其他各种性质的价外收费。凡价外费用，无论会计制度规定如何核算，均应并入营业额计算应纳税额。营业税的有关具体规定如下：

1. 交通运输业

运输企业在中华人民共和国境内运输旅客或者货物出境，在境外其载运的旅客或货物改由其他运输企业承运的，以全程运费减去付给该承运企业的运费后的余额为营业额。运输企业从事联运业务的营业额为其实际取得的营业额，即以收到的收入扣除支付给以后的承运者的运费、装卸费、换装费等费用后的余额为营业额。

2. 建筑安装业

纳税人从事建筑、修缮、装饰工程作业，无论与对方如何结算，其营业额均应包括工程所用原材料及其他物资和动力的价款在内。

建筑业的总承包人将工程分包或者转包给他人的，以工程的全部承包额减去付给分包人或者转包人的价款后的余额为营业额。

纳税人从事安装工程作业，凡以所安装的设备的价值作为安装工程产值的，其营业额应包括设备的价款在内。

3. 金融保险业

（1）一般贷款业务

一般贷款业务的营业额为贷款利息收入（包括各种加息、罚款）。

（2）融资租赁

以其向承租者收取的全部价款和价外费用（包括残值）减去出租方承担的出租货物的实际成本后的余额，以直线法折算出本期的营业额。计算方法为：

本期营业额 = （应收的全部价款和价外费用 − 实际成本）×（本期天数 ÷ 总天数）

实际成本 = 货物购入原价 + 关税 + 增值税 + 消费税 +

运杂费 + 安装费 + 保险费 + 支付给境外的外汇借款利息支出

（3）金融商品转让

金融商品转让业务，按股票、债券、外汇、其他四大类来划分。同一大类不同品种金融商品买卖出现的正负差，在同一个纳税年度内可以相抵，但年末时仍出现负差的，不得转入下一个会计年度。金融商品的买入价，可以选定按加权平均法或移动平均法核算，选定后一年内不得变更。

①股票转让。营业额为买卖股票的价差收入，即营业额 = 卖出价 - 买入价。股票买入价是指购进原价，不得包括购进股票过程中支付的各种费用和税金。卖出价是指卖出原价，不得扣除卖出过程中支付的任何费用和税金。

②债券转让。营业额为买卖债券的价差收入，即营业额 = 卖出价 - 买入价。买入价是指购进原价，不得包括购进过程中支付的各种费用和税金。卖出价是指卖出原价，不得扣除卖出过程中支付的任何费用和税金。

③外汇转让。营业额为买卖外汇的价差收入，即营业额 = 卖出价 - 买入价。外汇买入价是指购进原价，不得包括购进外汇过程中支付的各种费用和税金。卖出价是指卖出原价，不得扣除卖出过程中支付的各种费用和税金。

④其他金融商品转让。营业额为转让其他金融商品的价差收入，即营业额 = 卖出价 - 买入价。买入价是指购进原价，不得包括购进其他金融商品过程中支付的各种费用和税金。卖出价是指卖出原价，不得扣除卖出过程中支付的任何费用和税金。

（4）金融经纪业务和其他金融业务（中间业务）

营业额为手续费（佣金）类的全部收入包括价外收取的代垫、代收、代付费用（如邮电费、工本费）、加价等，从中不得作任何扣除。

（5）保险

①办理初保业务向保户收取的保费。营业额为纳税人经营保险业务向对方收取的全部价款，即向被保险人收取的全部保险费。

②储金业务。保险公司如采用收取储金方式取得经济利益的（以被保险人所交保险资金的利息收入作为保费收入，保险期满后将保险资金本金返还被保险人），其储金业务的营业额，为纳税人在纳税期内的储金平均余额乘以人民银行公布的一年期存款的月利率。

储金平均余额为纳税期期初储金余额与期末余额之和乘以 50%。

（6）外币折合成人民币

纳税人以人民币以外的货币结算营业额的，其营业额的人民币折合率可以选择营业额发生的当天或者当月 1 日人民币汇率中间价。纳税人应当在事先确定采用何种折合率，确定后 1 年内不得变更。

【例 5-3】某集装箱运输企业，2012 年 3 月提供的营业税计税资料如下：

A. 本月集装箱装箱收入 150 000 元，装箱辅助作业费用如场地作业费、机械费、叉车费、吊车费 30 000 元。

B. 本月代收港杂费、验箱费、提箱费 35 000 元。集装箱运输收入 220 000 元，集装箱堆存收入 98 000 元，集装箱租赁收入 30 500 元。

C. 本月取得货运代理收入 82 100 元。

注册税务师根据营业税纳税申报操作规范的要求，通过编制工作底稿，计算运输业应纳税额。

表 5 – 15　　　　　　　　　营业税费纳税申报工作底稿

税目	应税劳务额（元）	适用税率	应纳税额（元）	备注
运输业	150 000 + 30 000 + 220 000 = 400 000	3%	12 000	（1）装箱收入及辅助费用 （2）集装箱运输收入
仓储业	98 000	5%	4 900	集装箱堆存收入
租赁业	30 500	5%	1 525	集装箱租赁收入
代理业	82 100 + 35 000 = 117 100	5%	5 855	货运代理，代收港杂费、验箱费等
合计	645 600		24 280	

5.3.2　代理营业税纳税申报操作规范

代理人代理服务业、交通运输业、建筑安装业、金融保险业等营业税纳税申报操作要点如下：

（1）核查营业收入相关账户及主要的原始凭证，计算应税营业收入。

（2）根据企业应税项目的具体情况，确认税前应扣除的营业额。

（3）核查兼营非应税劳务、混合销售以及减免税项目的营业额，确认应税营业额和适用的税目税率。

（4）核查已发生的代扣代缴营业税义务的情况，确认应扣缴税额。

（5）计算填表后按规定期限向主管税务机关报送营业税纳税申报表及其他计税资料。代扣代缴的营业税要履行报缴税款手续。

5.3.3　代理填制营业税纳税申报表的方法

自 2006 年 3 月 1 日起，交通运输业、娱乐业、服务业、建筑业营业税纳税人，除经税务机关核准实行简易申报方式外，均按本办法进行纳税申报。邮电通信业、文化体育业、转让无形资产和销售不动产的营业税纳税人仍按照各地的申报办法进行纳税申报；金融保险业营业税纳税人仍按照《国家税务总局关于印发〈金融保险业营业税申报管理办法〉的通知》（国税发〔2002〕9 号）进行纳税申报。

1. 营业税纳税申报报送资料

凡按全国统一的营业税纳税人纳税申报办法进行纳税申报的营业税纳税人均应报送以下资料：

（1）营业税纳税申报表；

（2）按照纳税人发生营业税应税行为所属的税目，分别填报相应税目的营业税纳税申报表附表；同时发生两种或两种以上税目应税行为的，应同时填报相应的纳税申报表附表；

（3）凡使用税控收款机的纳税人应同时报送税控收款机 IC 卡；

（4）主管税务机关规定的其他申报资料。

纳税申报资料的报送方式、报送的具体份数由省一级地方税务局确定。

2. 模拟案例

（1）企业概况

①纳税人名称：哈尔滨市北方集团股份有限公司

②纳税人类型：股份有限责任公司

③法定代表人：王晶

④地址及电话：哈尔滨市香坊区安埠路 15 号 0451 – 83155447

⑤开户行及账号：工商银行哈尔滨市香坊区支行 3500043109006658267

⑥税务登记号：230110690695685

⑦主管国税机关：哈尔滨市香坊区国家税务局

　主管地税机关：哈尔滨市香坊区地方税务局

（2）业务资料

该企业是一家综合性企业，下属企业业务所涉及行业包括加工业制造业、服务业、运输业、房地产开发业等。假定该企业实行统一核算，统一纳税。为了强化对营业税费的账务处理，本例中采取按每笔经济业务计算应交营业税、应交城建税、应交教育费附加、地方教育费附加（费率1%）。2012 年7月该企业发生以下业务：

【业务 1】2012 年 7 月 7 日，对 6 月份应纳营业税、城建税、教育费附加、地方教育费附加进行纳税申报并进行电子转账缴税，缴纳营业税 50 000 元、城建税 3 500 元、教育费附加 1 500 元、地方教育费附加 500 元，取得了银行电子缴税付款凭证。

【业务 2】2012 年 7 月 2 日，公司下属蓝天宾馆承接元亨工贸有限公司年度培训会议业务，会期 15 天，2011 年 7 月 16 日会议结束，开出服务业统一发票，相关款项已转账收讫，包括饮食费用 1 080 000 元，住宿费用 400 000 元，会议室租金 240 000 元，歌厅费用 40 000 元，台球、保龄球费用 10 000 元，其他服务费 100 000元。

【业务 3】2012 年 7 月 18 日，北方集团股份有限公司下属房地产开发业务部承建的哈尔滨华夏学院图书馆二期工程完工，并与基建单位华夏学院进行竣工结算，一次性收到结算工程价款 1 200 万元，款已收存银行账户。

【业务 4】2012 年 7 月 20 日，北方公司房地产开发部位于哈尔滨香坊区翠海花园商住小区一期工程开始动工，同时开始预售，哈尔滨市珠江灯饰有限公司订购 5 套商用房，共计 600 平方米，每平方米价款 10 000 元，共计 600 万元，预订定金 30%，款已转存银行账户，开出预收款收据。

【业务 5】2012 年 7 月 22 日，北方公司运输部为远征集团股份有限公司提供运输劳务取得如下收入并相关原始凭证：

本月集装箱装箱收入 186 000 元，装箱辅助作业费用如场地作业费、机械费、叉车费、调车费 40 700 元；

本月代收港杂费、验箱费、提箱费，获得手续费收入 5 600 元，集装箱运输收入 440 000 元，集装箱堆存收入 188 000 元，集装箱租赁收入 59 000 元；

本月取得货运代理收入 15 100 元。

【业务 6】2012 年 7 月 24 日，北方集团股份有限公司综合部接受哈尔滨市三丰电器有限公司的全权委托代理此公司绿化工程，双方约定三丰公司将绿化工程款以转账支票的形式支付给北方公司 1 000 000 元，工程完工后余款作为北方公司的代理费用，款项已通过银行转账收讫。

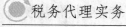

【业务7】2012年7月25日，北方集团股份公司以转账形式将900 000元支付给何霖绿化公司，将三丰公司绿化工程交付何霖公司完成。

【业务8】月末进行营业税金及附加账户结转，该账户月末结转后无余额。

（3）计算分析

①编制应纳营业税税额汇总计算表及城建税、教育费附加计算表（见表5-16、表5-17）

表5-16 应纳营业税税额汇总计算表

税目		应税劳务额（元）	适用税率	应纳税额（元）
运输业	公路运输	440 000.00	3%	13 200.00
	装卸搬运	226 700.00	3%	6 801.00
小计		666 700.00	—	20 001.00
建筑业		12 000 000.00	3%	360 000.00
小计		12 000 000.00		360 000.00
服务业	1. 餐饮业	1 080 000.00	5%	54 000.00
	2. 旅店业	400 000.00	5%	20 000.00
	3. 租赁业	299 000.00	5%	14 950.00
	4. 仓储业	188 000.00	5%	9 400.00
	5. 代理业	120 700.00	5%	6 035.00
	其他服务业	100 000.00	5%	5 000.00
小计		2 187 700.00	—	109 385.00
娱乐业	歌厅	40 000.00	20%	8 000.00
	保龄球、台球	10 000.00	5%	500.00
小计		50 000.00	—	8 500.00
销售不动产		1 800 000.00	5%	90 000.00
小计		1 800 000.00		90 000.00
合计		16 704 400.00	—	587 886.00

表5-17 城建税、教育费附加计算表

项目	计税依据	计税金额	税率/费率	应纳税额/附加
城建税	营业税	587 886.00	7%	41 152.02
教育费附加	营业税	587 886.00	3%	17 636.58
地方教育费附加	营业税	587 886.00	1%	5 878.86
合计	—	—	—	64 667.46

②填制营业税费纳税申报表。以哈尔滨市北方集团股份有限公司2012年7月份1~7笔涉税业务和表5-16、表5-17为依据进行营业税、城建税、教育费附加、地方教育费附加申报表填制。各申报表填制结果见表5-18至表5-23。

表5-18

营业税纳税申报表

（适用于查账征收的营业税纳税人）

纳税人识别号：230110690695685

纳税人名称：（公章）

税款所属期：自2012年7月1日至2012年7月31日　　填表日期：2012年8月8日　　　　金额单位：元（列至角分）

税目	应税收入	应税减除项目金额	应税营业额	免税收入	税率	小计	本期应纳税额	免（减）税额	期初欠缴税额	前期多缴税额	小计	已缴本期应纳税额	本期已被扣缴税额	本期已缴欠缴税额	小计	本期期末应缴税额	本期期末应缴欠缴税额
1	2	3	4=2-3	5	6	7=8+9	8=(4-5)×6	9=5×6	10	11	12=13+14+15	13	14	15	16=17+18	17=8-13-14	18=10-11-15
交通运输业	666 700.00	0.00	666 700.00	0.00	3%	20 001.00	20 001.00	0.00	0.00	0.00	0.00	0.00	0.00	0.00	20 001.00	20 001.00	0.00
建筑业	12 000 000.00	0.00	12 000 000.00	0.00	3%	360 000.00	360 000.00	0.00	0.00	0.00	0.00	0.00	0.00	0.00	360 000.00	360 000.00	0.00
邮电通讯业	0.00	0.00	0.00	0.00	3%	0.00	0.00	0.00	0.00	0.00	0.00	0.00	0.00	0.00	0.00	0.00	0.00
服务业	2 187 700.00	0.00	2 187 700.00	0.00	5%	109 385.00	109 385.00	0.00	0.00	0.00	0.00	0.00	0.00	0.00	109 385.00	109 385.00	0.00
娱乐业	40 000.00	0.00	40 000.00	0.00	20%	8 000.00	8 000.00	0.00	0.00	0.00	0.00	0.00	0.00	0.00	8 000.00	8 000.00	0.00
金融保险业	10 000.00	0.00	10 000.00	0.00	5%	500.00	500.00	0.00	0.00	0.00	0.00	0.00	0.00	0.00	500.00	500.00	0.00
文化体育业	0.00	0.00	0.00	0.00	5%	0.00	0.00	0.00	0.00	0.00	0.00	0.00	0.00	0.00	0.00	0.00	0.00
销售不动产	1 800 000.00	0.00	1 800 000.00	0.00	5%	90 000.00	90 000.00	0.00	0.00	0.00	0.00	0.00	0.00	0.00	90 000.00	90 000.00	0.00
转让无形资产	0.00	0.00	0.00	0.00	5%	0.00	0.00	0.00	0.00	0.00	0.00	0.00	0.00	0.00	0.00	0.00	0.00
合计	16 704 400.00	0.00	16 704 400.00	0.00	—	587 886.00	587 886.00	0.00	0.00	0.00	0.00	0.00	0.00	0.00	587 886.00	587 886.00	0.00
代扣代缴项目																	
总计																	

纳税人或代理人声明：

此纳税申报表是根据国家税收法律的规定填报的，我确定它是真实的、可靠的、完整的。

纳税人（公章）	办税人员（签章）	财务负责人（签章）
代理人名称	代理人（签章）	经办人（签章）

如纳税人填写以下各栏：　法定代表人（签章）　联系电话

如委托代理人填写以下各栏：　代理人（公章）　联系电话

以下由税务机关填写：

受理日期：　年　月　日　　受理税务机关（签章）

受理人：

本表A3横式，一式三份，一份纳税人留存，一份主管税务机关留存，一份征收部门留存。

营业税纳税申报表填表说明

一、根据《中华人民共和国税收征收管理法》及其实施细则、《中华人民共和国营业税暂行条例》的有关规定，制定本表。

二、本表适用于除经主管税务机关核准实行简易申报方式以外的所有营业税纳税人（以下简称纳税人）。

三、本表"纳税人识别号"栏，填写税务机关为纳税人确定的识别号，即税务登记证号码。

四、本表"纳税人名称"栏，填写纳税人单位名称全称，并加盖公章，不得填写简称。

五、本表"税款所属期"填写纳税人申报的营业税应纳税额的所属时间，应填写具体的起止年、月、日。

六、本表"填表日期"填写纳税人填写本表的具体日期。

七、本表"娱乐业"行应区分不同的娱乐业税率填报申报事项。

八、本表"代扣代缴项目"行应填报纳税人本期按照现行规定发生代扣代缴行为所应申报的事项，分不同税率填报。

九、本表所有栏次数据均不包括本期纳税人经税务机关、财政、审计部门检查以及纳税人自查发生的相关数据。

十、本表第2栏"应税收入"填写纳税人本期因提供营业税应税劳务、转让无形资产或者销售不动产所取得的全部价款和价外费用（包括免税收入），分营业税税目填报。该栏数据为各相应税目营业税纳税申报表中"应税收入"栏的"合计"数。纳税人提供营业税应税劳务、转让无形资产或者销售不动产发生退款或因财务会计核算办法改变冲减营业额时，不在本栏次调减，在第11栏"前期多缴税额"栏次内直接调减税额。

十一、本表第3栏"应税减除项目金额"应填写纳税人本期提供营业税应税劳务、转让无形资产或者销售不动产所取得的应税收入中按规定可扣除的项目金额，分营业税税目填报。该栏数据为相应税目营业税纳税申报表中"应税减除项目金额"栏（或"应税减除项目金额"栏中"小计"项）的"合计"数。

十二、本表第5栏"免税收入"应填写纳税人本期提供营业税应税劳务、转让无形资产或者销售不动产所取得的应税收入中不需税务机关审批可直接免缴税款的应税收入或已经税务机关批准的免税项目应税收入，分营业税税目填报。该栏数据为相应税目营业税纳税申报表中"免税收入"栏的"合计"数。

十三、本表第10栏"期初欠缴税额"填写截至本期（不含本期），纳税人经过纳税申报或报告、批准延期缴纳、税务机关核定等确定应纳税额后，超过法律、行政法规规定或者税务机关依照法律、行政法规规定确定的税款缴纳期限未缴纳的税款，分营业税税目填报。该栏数据为相应税目营业税纳税申报表中"期初欠缴税额"栏的"合计"数。

十四、本表第11栏"前期多缴税额"填写纳税人截至本期（不含本期）多缴纳的营业税税额，分营业税税目填报。该栏数据为相应税目营业税纳税申报表中

"前期多缴税额"栏的"合计"数。

十五、本表第 13 栏"已缴本期应纳税额"填写纳税人已缴的本期应纳营业税税额。该栏数据为相应税目营业税纳税申报表中"已缴本期应纳税额"栏的"合计"数。

十六、本表第 14 栏"本期已被扣缴税额"填写纳税人本期发生纳税义务，按现行税法规定被扣缴义务人扣缴的营业税税额。该栏数据为相应税目营业税纳税申报表中"本期已被扣缴税额"栏的"合计"数

十七、本表第 15 栏"本期已缴欠缴税额"填写纳税人本期缴纳的前期欠税，包括本期缴纳的前期经过纳税申报或报告、批准延期缴纳、税务机关核定等确定应纳税额后，超过法律、行政法规规定或者税务机关依照法律、行政法规规定确定的税款缴纳期限未缴纳的税款。该栏数据为相应税目营业税纳税申报表中"本期已缴欠缴税额"栏的"合计"数。

表 5 – 19

交通运输业营业税纳税申报表

（适用于交通运输业营业税纳税人）

纳税人识别号：23011069095685

纳税人名称：（公章）

税款所属期：自 2012 年 7 月 1 日至 2012 年 7 月 31 日　　填表日期：2012 年 8 月 8 日

金额单位：元（列至角分）

税目	营业额									本期税款计算				本期应缴税额计算				税款已缴纳		本期应缴税计算	
	应税收入	应税运输项目金额			应税营业额	免税收入	税率	本期税款计算 小计	本期应纳税额	免（减）税额	期初欠缴税额	前期多缴税额	小计	已缴 本期应纳税额税款	本期已缴欠缴税额	小计	本期应缴税额	本期期末应缴欠缴税额		
		小计	支付给合作运输方运费金额	其他减除项目金额																
1	2	3＝4＋5	4	5	6	7	8	9＝10＋11	10＝(6－7)×8	11＝7×8	12	13	14＝15＋16	15	16	17＝18＋19	18＝10－15	19＝12－13－16		
铁路运输	0.00	0.00	0.00	0.00	0.00	0.00	3%	0.00	0.00	0.00	0.00	0.00	0.00	0.00	0.00	0.00	0.00	0.00		
其中：货运	0.00	0.00	0.00	0.00	0.00	0.00	3%	0.00	0.00	0.00	0.00	0.00	0.00	0.00	0.00	0.00	0.00	0.00		
客运	0.00	0.00	0.00	0.00	0.00	0.00	3%	0.00	0.00	0.00	0.00	0.00	0.00	0.00	0.00	0.00	0.00	0.00		
公路运输	440 000.00	0.00	0.00	0.00	440 000.00	0.00	3%	13 200.00	13 200.00	0.00	0.00	0.00	0.00	0.00	0.00	13 200.00	13 200.00	0.00		
其中：货运	440 000.00	0.00	0.00	0.00	440 000.00	0.00	3%	13 200.00	13 200.00	0.00	0.00	0.00	0.00	0.00	0.00	13 200.00	13 200.00	0.00		
客运	0.00	0.00	0.00	0.00	0.00	0.00	3%	0.00	0.00	0.00	0.00	0.00	0.00	0.00	0.00	0.00	0.00	0.00		
水路运输	0.00	0.00	0.00	0.00	0.00	0.00	3%	0.00	0.00	0.00	0.00	0.00	0.00	0.00	0.00	0.00	0.00	0.00		
其中：货运	0.00	0.00	0.00	0.00	0.00	0.00	3%	0.00	0.00	0.00	0.00	0.00	0.00	0.00	0.00	0.00	0.00	0.00		
客运	0.00	0.00	0.00	0.00	0.00	0.00	3%	0.00	0.00	0.00	0.00	0.00	0.00	0.00	0.00	0.00	0.00	0.00		
航空运输	0.00	0.00	0.00	0.00	0.00	0.00	3%	0.00	0.00	0.00	0.00	0.00	0.00	0.00	0.00	0.00	0.00	0.00		
其中：货运	0.00	0.00	0.00	0.00	0.00	0.00	3%	0.00	0.00	0.00	0.00	0.00	0.00	0.00	0.00	0.00	0.00	0.00		
客运	0.00	0.00	0.00	0.00	0.00	0.00	3%	0.00	0.00	0.00	0.00	0.00	0.00	0.00	0.00	0.00	0.00	0.00		
管道运输	0.00	0.00	0.00	0.00	0.00	0.00	3%	0.00	0.00	0.00	0.00	0.00	0.00	0.00	0.00	0.00	0.00	0.00		
装卸搬运	226 700.00	0.00	0.00	0.00	226 700.00	0.00	3%	6 801.00	6 801.00	0.00	0.00	0.00	0.00	0.00	0.00	6 801.00	6 801.00	0.00		
合计	666 700.00	0.00	0.00	0.00	666 700.00	0.00	—	20 001.00	20 001.00	0.00	0.00	0.00	0.00	0.00	0.00	20 001.00	20 001.00	0.00		

受理人：　　　　　　　　　　　　　　　受理日期：　　年　　月　　日　　　受理税务机关（签章）：

以下由税务机关填写

本表 A3 横式，一式三份，一份纳税人留存，一份主管税务机关留存，一份征收部门留存。

填表说明

一、本表适用于除经主管税务机关核准实行简易申报方式以外的所有的交通运输业营业税纳税人（以下简称纳税人）。

二、本表"纳税人识别号"栏，填写税务机关为纳税人确定的识别号，即税务登记证号码。

三、本表"纳税人名称"栏，填写纳税人单位名称全称，并加盖公章，不得填写简称。

四、本表"税款所属期"填写纳税人申报的营业税应纳税额的所属时间，应填写具体的起止年、月、日。

五、本表"填表日期"填写纳税人填写本表的具体日期。

六、本表所有栏次数据均不包括本期纳税人经税务机关、财政、审计部门检查以及纳税人自查发生的相关数据。

七、本表第2栏"应税收入"填写纳税人本期因提供交通运输业营业税应税劳务所取得的全部价款和价外费用（包括免税收入）。纳税人发生退款或因财务会计核算办法改变冲减营业额时，不在本栏次调减，在第13栏"前期多缴税额"栏次内直接调减税额。

八、本表第4栏"支付给合作运输方运费金额"应填写纳税人本期支付给合作运输方（包括境内、境外合作运输方）并依法取得交通运输业发票或其他有效扣除凭证的运费金额。

九、本表第5栏"其他减除项目金额"应填写纳税人本期提供营业税应税劳务所取得的交通运输业应税收入中按税法规定其他可扣除的项目金额。

十、本表第7栏"免税收入"填写纳税人本期取得的交通运输业应税收入中所含的不需税务机关审批可直接免缴税款的应税收入或已经税务机关批准的免税项目应税收入。

十一、本表第12栏"期初欠缴税额"填写截至本期（不含本期），纳税人经过纳税申报或报告、批准延期缴纳、税务机关核定等确定应纳税额后，超过法律、行政法规规定或者税务机关依照法律、行政法规规定确定的税款缴纳期限未缴纳的税款。

十二、本表第13栏"前期多缴税额"填写纳税人截至本期（不含本期）多缴纳的营业税税额。

十三、本表第15栏"已缴本期应纳税额"填写纳税人已缴的本期应纳营业税税额。

十四、本表第16栏"本期已缴欠缴税额"填写纳税人本期缴纳的前期欠税，包括本期缴纳的前期经过纳税申报或报告、批准延期缴纳、税务机关核定等确定应纳税额后，超过法律、行政法规规定或者税务机关依照法律、行政法规规定确定的税款缴纳期限未缴纳的税款。

表 5-20

娱乐业营业税纳税申报表

（适用于娱乐业营业税纳税人）

纳税人识别号：230110690695685

纳税人名称：（公章）

税款所属期：自 2012 年 7 月 1 日至 2010 年 7 月 31 日　填表日期：2012 年 8 月 8 日

金额单位：元（列至角分）

税目	营业额					本期税款计算			期初欠缴税额	前期多缴税额	本期已缴税额			本期应缴税额计算		
	应税收入	应税减除项目金额	应税营业额	免税收入	税率	小计	本期应纳税额	免（减）税额			小计	本期已缴应纳税额	本期已缴欠缴税额	小计	本期期末应缴税额	本期期末应缴欠缴税额
1	2	3	4 =2-3	5	6	7 =8+9	8 =(4-5)×6	9=5×6	10	11	12=13+14	13	14	15=16+17	16=18-13	17=10-11-14
歌厅	40 000.00	0.00	40 000.00	0.00	20%	8 000.00	8 000.00	0.00	0.00	0.00	0.00	0.00	0.00	8 000.00	8 000.00	0.00
舞厅	0.00	0.00	0.00	0.00	20%	0.00	0.00	0.00	0.00	0.00	0.00	0.00	0.00	0.00	0.00	0.00
夜总会	0.00	0.00	0.00	0.00	20%	0.00	0.00	0.00	0.00	0.00	0.00	0.00	0.00	0.00	0.00	0.00
练歌房	0.00	0.00	0.00	0.00	20%	0.00	0.00	0.00	0.00	0.00	0.00	0.00	0.00	0.00	0.00	0.00
卡拉 OK																
歌舞厅																

续表

税目	营业额					本期税款计算			期初欠缴税额	前期多缴税额	本期已缴税额			税款缴纳 本期应缴税额计算		
	应税收入	应税减除项目金额	应税营业额	免税收入	税率	小计	本期应纳税额	免(减)税额	期初欠缴税额	前期多缴税额	小计	已缴 本期应纳税额	本期已缴欠缴税额	小计	本期期末应缴税额	本期期末应缴欠缴税额
1	2	3	$4=2-3$	5	6	$7=8+9$	$8=(4-5)\times6$	$9=5\times6$	10	11	$12=13+14$	13	14	$15=16+17$	$16=18-13$	$17=10-11-14$
酒吧	0.00	0.00	0.00	0.00	20%	0.00	0.00	0.00	0.00	0.00	0.00	0.00	0.00	0.00	0.00	0.00
音乐茶座																
高尔夫球	0.00	0.00	0.00	0.00	20%	0.00	0.00	0.00	0.00	0.00	0.00	0.00	0.00	0.00	0.00	0.00
台球、保龄球	10 000.00	0.00	10 000.00	0.00	5%	500.00	500.00	0.00	0.00	0.00	0.00	0.00	0.00	500.00	500.00	0.00
游艺场	0.00	0.00	0.00	0.00	20%	0.00	0.00	0.00	0.00	0.00	0.00	0.00	0.00	0.00	0.00	0.00
网吧	0.00	0.00	0.00	0.00	20%	0.00	0.00	0.00	0.00	0.00	0.00	0.00	0.00	0.00	0.00	0.00
其他	0.00	0.00	0.00	0.00	20%	0.00	0.00	0.00	0.00	0.00	0.00	0.00	0.00	0.00	0.00	0.00
合计	50 000.00	0.00	50 000.00	0.00	—	8 500.00	8 500.00	0.00	0.00	0.00	0.00	0.00	0.00	8 500.00	8 500.00	0.00

以下由税务机关填写：

受理人：　　　　　　受理日期：　　年　　月　　日　　　　　受理税务机关（签章）

本表 A3 横式，一式三份，一份纳税人留存，一份主管税务机关留存，一份征收部门留存。

填表说明

一、本表适用于所有除经主管税务机关核准实行简易申报方式以外的娱乐业营业税纳税人（以下简称纳税人）。

二、本表"纳税人识别号"栏，填写税务机关为纳税人确定的识别号，即税务登记证号码。

三、本表"纳税人名称"栏，填写纳税人单位名称全称，并加盖公章，不得填写简称。

四、本表"税款所属期"填写纳税人申报的营业税应纳税额的所属时间，应填写具体的起止年、月、日。

五、本表"填表日期"填写纳税人填写本表的具体日期。

六、本表所有栏次数据均不包括本期纳税人经税务机关、财政、审计部门检查以及纳税人自查发生的相关数据。

七、本表第2栏"应税收入"填写纳税人本期因提供娱乐业营业税应税劳务所取得的全部价款和价外费用（包括免税收入）。纳税人发生退款或因财务会计核算办法改变冲减营业额时，不在本栏次调减，在第11栏"前期多缴税额"栏次内直接调减税额。

八、本表第3栏"应税减除项目金额"应填写纳税人本期提供营业税应税劳务所取得的娱乐业应税收入中按规定可扣除的项目金额。

九、本表第5栏"免税收入"填写纳税人本期取得的娱乐业应税收入中所含的不需税务机关审批可直接免缴税款的应税收入或已经税务机关批准的免税项目应税收入。

十、本表第10栏"期初欠缴税额"填写截至本期（不含本期），纳税人经过纳税申报或报告、批准延期缴纳、税务机关核定等确定应纳税额后，超过法律、行政法规规定或者税务机关依照法律、行政法规规定确定的税款缴纳期限未缴纳的税款截至本期（不含本期）尚未缴纳的全部营业税应缴税额。

十一、本表第11栏"前期多缴税额"填写纳税人截至本期（不含本期）多缴纳的营业税税额。

十二、本表第13栏"已缴本期应纳税额"填写纳税人已缴的本期应纳营业税税额。

十三、本表第14栏"本期已缴欠缴税额"填写纳税人本期缴纳的前期欠税，包括本期缴纳的前期经过纳税申报或报告、批准延期缴纳、税务机关核定等确定应纳税额后，超过法律、行政法规规定或者税务机关依照法律、行政法规规定确定的税款缴纳期限未缴纳的税款。

表 5 - 21

服务业营业税纳税申报表
（适用于服务业营业税纳税人）

纳税人识别号：230110690695685

纳税人名称：（公章）

税款所属期：自 2012 年 7 月 1 日至 2012 年 7 月 31 日　　填表日期：2012 年 8 月 8 日

金额单位：元（列至角分）

税目	营业额				税率	本期税款计算			期初欠缴税额	前期多缴税额	本期已缴税额			税款缴纳 本期应缴税额计算		
	应税收入	应税减除项目金额	应税营业额	免税收入		小计	本期应纳税额	免（减）税额			小计	已缴本期应纳税额	本期已缴欠缴税额	小计	本期期末应缴税额	本期期末应缴欠缴税额
1	2	3 4=2-3	4 =2-3	5	6	7 =8+9	8 =(4-5)×6	9=5×6	10	11	12=13+14	13	14	15=16+17	16=18-13	17=10-11-14
旅店业	400 000.00	0.00	400 000.00	0.00	5%	20 000.00	20 000.00	0.00	0.00	0.00	0.00	0.00	0.00	20 000.00	20 000.00	0.00
饮食业	1 080 000.00	0.00	1 080 000.00	0.00	5%	54 000.00	54 000.00	0.00	0.00	0.00	0.00	0.00	0.00	54 000.00	54 000.00	0.00
旅游业	0.00	0.00	0.00	0.00	5%	0.00	0.00	0.00	0.00	0.00	0.00	0.00	0.00	0.00	0.00	0.00
仓储业	188 000.00	0.00	188 000.00	0.00	5%	9 400.00	9 400.00	0.00	0.00	0.00	0.00	0.00	0.00	9 400.00	9 400.00	0.00
租赁业	299 000.00	0.00	299 000.00	0.00	5%	14 950.00	14 950.00	0.00	0.00	0.00	0.00	0.00	0.00	14 950.00	14 950.00	0.00
广告业	0.00	0.00	0.00	0.00	5%	0.00	0.00	0.00	0.00	0.00	0.00	0.00	0.00	0.00	0.00	0.00

续表

税目	营业额					本期税款计算			税款缴纳							
	应税收入	应税减除项目金额	应税营业额	免税收入	税率	小计	本期应纳税额	免（减）税额	本期应缴税额计算		本期已缴税额			本期应缴税额计算		
									期初欠缴税额	前期多缴税额	小计	已缴本期应纳税额	本期已缴欠缴税额	小计	本期期末应缴税额	本期期末应缴欠缴税额
1	2	3	4 =2−3	5	6	7 =8+9	8 = (4−5) ×6	9 =5×6	10	11	12 =13+14	13	14	15 =16+17	16 =18−13	17=10−11−14
代理业	120 700.00	0.00	120 700.00	0.00	5%	6 035.00	6 035.00	0.00	0.00	0.00	0.00	0.00	0.00	6 035.00	6 035.00	0.00
其他服务业	100 000.00	0.00	100 000.00	0.00	5%	5 000.00	5 000.00	0.00	0.00	0.00	0.00	0.00	0.00	5 000.00	5 000.00	0.00
合计	2 187 700.00	0.00	2 187 700.00	0.00	—	109 385.00	109 385.00	0.00	0.00	0.00	0.00	0.00	0.00	109 385.00	109 385.00	0.00

受理人：

以下由税务机关填写：

受理日期： 年 月 日

受理税务机关（签章）

本表为 A3 横式，一式三份，一份纳税人留存，一份主管税务机关留存，一份征收部门留存。

填表说明

一、本表适用于所有除经主管税务机关核准实行简易申报方式以外的服务业营业税纳税人（以下简称纳税人）。

二、本表"纳税人识别号"栏，填写税务机关为纳税人确定的识别号，即税务登记证号码。

三、本表"纳税人名称"栏，填写纳税人单位名称全称，并加盖公章，不得填写简称。

四、本表"税款所属期"填写纳税人申报的营业税应纳税额的所属时间，应填写具体的起止年、月、日。

五、本表"填表日期"填写纳税人填写本表的具体日期。

六、本表所有栏次数据均不包括本期纳税人经税务机关、财政、审计部门检查以及纳税人自查发生的相关数据。

七、本表第 2 栏"应税收入"填写纳税人本期因提供服务业应税劳务所取得的全部价款和价外费用（包括免税收入）。纳税人发生退款或因财务会计核算办法改变冲减营业额时，不在本栏次调减，在第 11 栏"前期多缴税额"栏次内直接调减税额。

八、本表第 3 栏"应税减除项目金额"应填写纳税人本期提供营业税应税劳务所取得的服务业应税收入中按规定可扣除的项目金额，分不同应税项目填写，该栏数据为附表 5 服务业减除项目金额明细申报表中相应"应税项目"的"金额小计"数。

九、本表第 5 栏"免税收入"填写纳税人本期取得的服务业应税收入中所含的不需税务机关审批可直接免缴税款的应税收入或已经税务机关批准的免税项目应税收入。

十、本表第 10 栏"期初欠缴税额"填写截至本期（不含本期），纳税人经过纳税申报或报告、批准延期缴纳、税务机关核定等确定应纳税额后，超过法律、行政法规规定或者税务机关依照法律、行政法规规定确定的税款缴纳期限未缴纳的税款。

十一、本表第 11 栏"前期多缴税额"填写纳税人截至本期（不含本期）多缴纳的营业税税额。

十二、本表第 13 栏"已缴本期应纳税额"填写纳税人已缴的本期应纳营业税税额。

十三、本表第 14 栏"本期已缴欠缴税额"填写纳税人本期缴纳的前期欠税，包括本期缴纳的前期经过纳税申报或报告、批准延期缴纳、税务机关核定等确定应纳税额后，超过法律、行政法规规定或者税务机关依照法律、行政法规规定确定的税款缴纳期限未缴纳的税款。

表 5-22

建筑业营业税纳税申报表
（适用于建筑业营业税纳税人）

纳税人识别号：230110690695685
纳税人名称：（公章）
税款所属期：自 2012 年 7 月 1 日至 2012 年 7 月 31 日　　填表日期：2012 年 8 月 8 日

金额单位：元（列至角分）

申报项目 应税项目		营业额								本期税款计算									税款缴纳 本期应缴税额计算		
		应税收入	应税减除项目金额				应税营业额	免税收入	税率	小计	本期应纳税额	免（减）税额	期初欠缴税额	前期多缴税额	小计	已缴本期应纳税额	本期已被扣缴税额	本期已缴欠缴税额	小计	本期期末应缴税额	本期期末应缴欠缴税额
			小计	支付给分(转)包人工程价款	减除设备价款	其他减除项目金额															
1	2	3	4=5+6+7	5	6	7	8=3-4	9	10	11=12+13	12=(8-9)×10	13=9×10	14	15	16=17+18+19	17	18	19	20=21+22	21=12-17-18	22=14-15-19
建筑		12 000 000.00	0.00	0.00	0.00	0.00	12 000 000.00	0.00	3%	360 000.00	360 000.00	0.00	0.00	0.00	0.00	0.00	0.00	0.00	360 000.00	360 000.00	0.00
安装		0.00	0.00	0.00	0.00	0.00	0.00	0.00	3%	0.00	0.00	0.00	0.00	0.00	0.00	0.00	0.00	0.00	0.00	0.00	0.00
修缮		0.00	0.00		0.00	0.00	0.00	0.00	3%	0.00	0.00	0.00	0.00	0.00	0.00	0.00	0.00	0.00	0.00	0.00	0.00
装饰		0.00	0.00	0.00		0.00	0.00	0.00	3%	0.00	0.00	0.00	0.00	0.00	0.00	0.00	0.00	0.00	0.00	0.00	0.00
其他工程作业		0.00	0.00	0.00	0.00		0.00	0.00	3%	0.00	0.00	0.00	0.00	0.00	0.00	0.00	0.00	0.00	0.00	0.00	0.00
自建行为		0.00	0.00				0.00	0.00	3%	0.00	0.00	0.00	0.00	0.00	0.00	0.00	0.00	0.00	0.00	0.00	0.00
本地提供建筑业应税劳务 合计		12 000 000.00	0.00	0.00	0.00	0.00	12 000 000.00	0.00	3%	360 000.00	360 000.00	0.00	0.00	0.00	0.00	0.00	0.00	0.00	360 000.00	360 000.00	0.00
代扣代缴项目		0.00	0.00	0.00	0.00	0.00	0.00	0.00	3%	0.00	0.00	0.00	0.00	0.00	0.00	0.00	0.00	0.00	0.00	0.00	0.00
申报事项 总计		12 000 000.00	0.00	0.00	0.00	0.00	12 000 000.00	0.00	3%	360 000.00	360 000.00	0.00	0.00	0.00	0.00	0.00	0.00	0.00	360 000.00	360 000.00	0.00

续表

申报项目	应税项目	营业额								本期税款计算			期初欠缴税额	前期多缴税额	本期应缴税额计算				税款缴纳	本期应缴税计算	
		应税收入	应税减除项目金额				应税营业额	免税收入	税率	小计	本期应纳税额	免（减）税额			小计	已缴应纳税额	本期已被扣缴税额	本期已缴欠缴税额	小计	本期期末应缴税额	本期期末应缴欠缴税额
			小计	支付给分（转）包人工程价款	减除设备价款	其他减除项目金额															
1	2	3	4=5+6+7	5	6	7	8=3-4	9	10	11=12+13	12=(8-9)×10	13=9×10	14	15	16=17+18+19	17	18	19	20=21+22	21=12-17-18	22=14-15-19
建筑		0.00	0.00	0.00	0.00	0.00	0.00	0.00	3%	0.00	0.00	0.00	0.00	0.00	0.00	0.00	0.00	0.00	0.00	0.00	0.00
安装		0.00	0.00	0.00	0.00	0.00	0.00	0.00	3%	0.00	0.00	0.00	0.00	0.00	0.00	0.00	0.00	0.00	0.00	0.00	0.00
修缮		0.00	0.00	0.00	0.00	0.00	0.00	0.00	3%	0.00	0.00	0.00	0.00	0.00	0.00	0.00	0.00	0.00	0.00	0.00	0.00
装饰		0.00	0.00	0.00	0.00	0.00	0.00	0.00	3%	0.00	0.00	0.00	0.00	0.00	0.00	0.00	0.00	0.00	0.00	0.00	0.00
其他工程作业		0.00	0.00	0.00	0.00	0.00	0.00	0.00	3%	0.00	0.00	0.00	0.00	0.00	0.00	0.00	0.00	0.00	0.00	0.00	0.00
自建行为		0.00	0.00	0.00	0.00	0.00	0.00	0.00	3%	0.00	0.00	0.00	0.00	0.00	0.00	0.00	0.00	0.00	0.00	0.00	0.00
异地提供建筑业应税劳务申报事项																					
合计		0.00	0.00	0.00	0.00	0.00	0.00	0.00	—	0.00	0.00	0.00	0.00	0.00	0.00	0.00	0.00	0.00	0.00	0.00	0.00
代扣代缴项目		0.00	0.00	0.00	0.00	0.00	0.00	0.00	3%	0.00	0.00	0.00	0.00	0.00	0.00	0.00	0.00	0.00	0.00	0.00	0.00
总计		0.00	0.00	0.00	0.00	0.00	0.00	0.00	3%	0.00	0.00	0.00	0.00	0.00	0.00	0.00	0.00	0.00	0.00	0.00	0.00

本表为 A3 横式，一式三份，一份纳税人留存，一份主管税务机关留存，一份征收部门留存。

以下由税务机关填写：

受理人：　　受理日期：　　年　月　日　　受理税务机关（盖章）：

填表说明

一、本表适用于所有除经主管税务机关核准实行简易申报方式以外的建筑业营业税纳税人（以下简称纳税人）。

二、本表"纳税人识别号"栏，填写税务机关为纳税人确定的识别号，即税务登记证号码。

三、本表"纳税人名称"栏，填写纳税人单位名称全称，并加盖公章，不得填写简称。

四、本表"税款所属期"填写纳税人申报的营业税应纳税额的所属时间，应填写具体的起止年、月、日。

五、本表"填表日期"填写纳税人填写本表的具体日期。

六、本表所有栏次数据均不包括本期纳税人经税务机关、财政、审计部门检查以及纳税人自查发生的相关数据。

七、本表第 1 栏"本地提供建筑业应税劳务申报事项"填写独立核算纳税人在其机构所在地主管税务机关税收管辖权限范围内因提供建筑业应税劳务所发生的相关应申报事项，包括纳税人本身及其所属非独立核算单位所发生的全部应申报事项。

本表第 1 栏"异地提供建筑业应税劳务申报事项"填写独立核算纳税人在其机构所在地主管税务机关税收管辖权限范围以外因提供建筑业应税劳务所发生的相关应申报事项，包括纳税人本身及其所属非独立核算单位所发生的全部应申报事项。

八、本表第 2 栏中"自建行为"行是在纳税人自建建筑物后销售或对外赠与时应就自建建筑物提供建筑业劳务的相应申报事项。

九、本表第 2 栏中"代扣代缴项目"行应填报纳税人本身及其所属非独立核算单位按照现行规定发生代扣代缴行为所应申报的事项。

十、本表第 3 栏"应税收入"填写纳税人本身及其所属非独立核算单位本期因提供建筑业应税劳务所取得的全部价款和价外费用（包括总包收入、分包收入、转包收入和免税收入），分本地、异地按照不同应税项目填报；其中，"代扣代缴项目"行应填报支付给分（转）包人的全部价款和价外费用（包括免税收入），按照本地、异地分别填报。纳税人发生退款或因财务会计核算办法改变冲减营业额时，不在本栏次调减，在第 15 栏"前期多缴税额"栏次内直接调减税额。

全部价款和价外费用（含免税收入）填写该项工程所包含的料、工、费、利润和税金等全部工程造价，其中"料"包括全部材料价款、动力价款和其他物资价款。

十一、本表第 5 栏"支付给分（转）包人工程价款"填写纳税人本身及其所属非独立核算单位本期支付给分（转）包人的全部价款和价外费用，按照本地、异地分别填报。

十二、本表第 6 栏"减除设备价款"填写纳税人本身及其所属非独立核算单位本期提供建筑业劳务所取得的应税收入中按照现行规定可以减除的设备价款，不包含因发生扣缴义务支付给分（转）包人的工程价款中所包含的设备价款，分本地、异地按照不同应税项目填报；其中，"代扣代缴项目"行应填报支付给分（转）包人的工程价款中按照现行规定可以减除的设备价款，按照本地、异地分别填报。纳税人应按照建筑业劳务发生地的税务机关所确定的设备减除范围填报本栏。

十三、本表第 7 栏"其他减除项目金额"填写纳税人本身及其所属非独立核算单位本期提供建筑业应税劳务所取得的应税收入中按照现行规定其他可减除的款项金额，不包含因发生扣缴义务支付给分（转）包人的工程价款中所包含的其他可减除的款项金额，分本地、异地按照不同应税项目填报；其中，"代扣代缴项目"行应填报支付给分（转）包人的工程价款中按照现行规定其他可减除的款项金额，按照本地、异地分别填报。

十四、本表第 9 栏"免税收入"填写纳税人本身及其所属非独立核算单位本期提供建筑业应税劳务取得应税收入中所含的不需税务机关审批可直接免缴税款的应税收入或已经税务机关批准的免税项目应税收入，分本地、异地按照不同应税项目填报；其中，"代扣代缴项目"行应填报支付给分（转）包人的工程价款中所含的不需税务机关审批可直接免缴税款的应税收入或已经税务机关批准的免税项目应税收入，按照本地、异地分别填报。

十五、本表第 14 栏"期初欠缴税额"填写截至本期（不含本期），纳税人本身及其所属非独立核算单位经过纳税申报或报告、批准延期缴纳、税务机关核定等确定应纳税额后，超过法律、行政法规规定或者税务机关依照法律、行政法规规定确定的税款缴纳期限未缴纳的税款，按本地、异地分别填入"合计"行本栏次；其中，"代扣代缴项目"行应填报截至本期（不含本期）经过纳税申报或报告、批准延期缴纳、税务机关核定等确定应纳税额后，超过法律、行政法规规定或者税务机关依照法律、行政法规规定确定的税款解缴期限未解缴的税款，按本地、异地分别填报。

十六、本表第 15 栏"前期多缴税额"填写纳税人本身及其所属非独立核算单位截至本期（不含本期）多缴纳的营业税税额，按本地、异地分别填入"合计"行本栏次；其中，"代扣代缴项目"行应填报截至本期（不含本期）多扣缴的建筑业营业税税额，按本地、异地分别填报。

十七、本表第 17 栏"已缴本期应纳税额"填写纳税人已缴的本期应纳建筑业营业税税额。

十八、本表第 18 栏"本期已被扣缴税额"填写纳税人本身及其所属非独立核算单位在本期因提供建筑业应税劳务而被扣缴的建筑业营业税税额，分本地、异地按照不同应税项目填报。

十九、本表第 19 栏"本期已缴欠缴税额"填写纳税人本身及其所属非独立核算单位本期缴纳的前期欠税，包括本期缴纳的前期经过纳税申报或报告、批准延期缴纳、税务机关核定等确定应纳税额后，超过法律、行政法规规定或者税务机关依照法律、行政法规规定确定的税款缴纳期限未缴纳的税款，按本地、异地分别填入"合计"行本栏次；其中，"代扣代缴项目"行应填报纳税人本身及其所属非独立核算单位在本期已解缴的前期欠税，包括本期解缴的前期经过纳税申报或报告、批准延期缴纳、税务机关核定等确定应纳税额后，超过法律、行政法规规定或者税务机关依照法律、行政法规规定确定的税款解缴期限未解缴的税款，按本地、异地分别填报。

表 5 – 23

城市维护建设税纳税申报表

（适用于增值税、消费税、营业税纳税人）

填表日期：2012 年 8 月 8 日

纳税人识别号：230110690695685

纳税人名称：哈尔滨市北方集团股份有限公司

申报所属期起：2012 年 7 月 1 日

申报所属期止：2012 年 7 月 31 日　　　　　　　　　　　单位：元（列至角分）

税（费种）	计税（费）依据			税（费）率	应纳税（费）额	减免税（费）额	应缴纳税（费）额
	增值税额	消费税额	营业税额				
1	2	3	4	5	6 =（2＋3＋4）×5	7	8 = 6－7
城市维护建设税			587 886.00	7%	41 152.02	0.00	41 152.02
如纳税人填报，由纳税人填写以下各栏					如委托税务代理机构填报，由税务代理机构填写以下各栏		
会计主管（签章）		经办人（签章）			税务代理机构名称		税务代理机构（公章）
					税务代理机构地址		
					代理人（签章）		
申报声明	此纳税申报表是根据国家税收法律的规定填报的，我确信它是真实的、可靠的、完整的。申明人：法定代表人（负责人）签字或盖章（公章）				以下由税务机关填写		
					受理日期		受理人
					审核日期		审核人
					审核记录		

填表说明

一、填表日期

填写纳税人申报的日期。

二、纳税人识别号填写纳税人在办理税务登记时由主管税务机关确定的税务登记号。

三、纳税人名称填写纳税人全称，不得填写简称。

四、税款所属时期是指应纳税款所属的时期。

五、计税依据是指同时与城市维护建设税征收的增值税、消费税、营业税的税名。

六、计税金额是指实缴的增值税、消费税、营业税的税额。

七、税率填写纳税人计算应纳税额时应适用的税率。纳税人所在地在市区的，税率为 7%；纳税人所在地在县城或镇的，税率为 5%；纳税人所在地不在市区、县城或镇的，税率为 1%。

八、已纳税额反映本月实际应缴的城市维护建设税税额。

九、应补（退）税额是指纳税人本期实际应缴（或退）的税额。

3. 金融保险业营业税纳税申报表

（1）金融保险业营业税纳税申报表报送资料

①金融保险业营业税纳税申报表；

②贷款（含贴现、押汇、透支等）利息收入明细表；

③外汇转贷利息收入明细表；

④委托贷款利息收入明细表；

⑤融资租赁收入明细表；

⑥自营买卖股票价差收入明细表；

⑦自营买卖债券价差收入明细表；

⑧自营买卖外汇价差收入明细表；

⑨自营买卖其他金融商品价差收入明细表；

⑩金融经纪业务及其他金融业务收入月汇总明细表；

⑪保费收入明细表；

⑫储金业务收入明细表；

⑬主管税务机关规定的其他资料。

（2）金融保险业营业税申报资料的填写要求

各种报表按填表说明的要求填写，分别向国、地税机关报送一式三份，税务机关签收后，一份退还纳税人，两份留存。

贷款（含贴现、押汇、透支等）利息收入明细表、外汇转贷利息收入明细表、委托贷款利息收入明细表、融资租赁收入明细表、自营买卖股票价差收入明细表、自营买卖债券价差收入明细表、自营买卖外汇价差收入明细表、自营买卖其他金融商品价差收入明细表、金融经纪业务及其他金融业务收入月汇总明细表、保费收入明细表、储金业务收入明细表等表，纳税人可根据自身情况填写各项内容，没有开展的业务是否需要报相应的空表，由各省税务机关根据实际情况决定。

银行、财务公司、信托投资公司、信用社、外国企业常驻代表机构的纳税期限为一个季度。

金融保险业营业税纳税申报表如表 5 - 24 所示。

表 5 - 24　　　　　　　　金融保险业营业税纳税申报表

纳税人识别号：

纳税人名称（公章）：

税款所属期：　　年　　月　　日至　　年　　月　　日

填表日期：　　年　　月　　日　　　　　　　　　　　金额单位：元（列至角分）

经营项目	营业额						税率	本期			
	应税全部收入	应税减除项目额	应税营业额	免税全部收入	免税减除项目额	免税营业额		应纳税额	免（减）税额	已纳税额	应（补）退税额
1	2	3	4 = 2 - 3	5	6	7 = 5 - 6	8	9 = 4 × 8	10 = 7 × 8	11	12 = 9 - 11
一般贷款											

续表

经营项目	营业额						税率	本期			
	应税全部收入	应税减除项目额	应税营业额	免税全部收入	免税减除项目额	免税营业额		应纳税额	免（减）税额	已纳税额	应（补）退税额
1	2	3	4＝2－3	5	6	7＝5－6	8	9＝4×8	10＝7×8	11	12＝9－11
外汇转贷											
融资租赁											
买卖股票											
买卖债券											
买卖外汇											
买卖其他金融商品											
金融经纪业和其他金融业务											
保险业务											
储金业务											
其他											
以上合计											
代扣代缴税款											
金融机构往来收入											
投资收益											

如纳税人填报，由纳税人填写以下各栏		如委托代理人填报，由代理人填写以下各栏				备注
会计主管： （签章）	法人代表或单位负责人： （签章）	代理人姓名		代理人（签章）		
		代理人地址				
		经办人		电话		
以下由税务机关填写						
受理日期		受理人		受理税务机关（签章）		

填表说明

一本申报表依据《税收征管法》第二十五条、《税收征管法实施细则》第三十三条设置。

二、适用范围：金融保险业企业申报营业税时使用。

三、填表说明：

1. 税款所属时期：纳税人申报的金融保险业营业税应纳税额的所属期间，应填写具体的起止年月日。

2. 填表日期：纳税人填写本表的具体日期。

3. 纳税人名称：纳税人单位名称全称，不得填写简称。

4. 应税全部收入：税法规定的营业税征收范围内的全部应税营业收入。根据不同的应税项目填写该应税项目的全部收入，包括该应税项目中的减除项目。融资租赁业务应填写包括出租货物价款（相当于贷款本金）在内的全部租金收入。

5. 应税减除项目额：税法规定的可以从应税收入中减除的部分，例如纳税人从事外汇转贷业务所支付的借款利息支出额，又如纳税人从事融资租赁业务所支出的购置货物的价款等等。对于外汇转贷业务，只有贷出部分的本金的利息支出才允许减除，贷入但未贷出部分的本金所支出的利息不允许减除。

6. 应税营业额：税法规定的营业税征收范围内的应税营业额，即应税全部收入减去应税减除项目额的收入额，如果减去的结果为负值，按零填写。

7. 免税全部收入：税法规定的营业税征收范围内的允许免税的项目的全部收入，包括该免税项目中的减除项目。

8. 免税减除项目额：税法规定的可以从免税全部收入中减除的部分。

9. 免税营业额：税法规定的营业税征收范围内的允许免税的项目的营业额，即免税全部收入减去免税减除项目额的收入额。

10. 税率：根据申报税务机关的不同（国税和地税）填写相应的税率。如地税应填 5%；国税原则上应填 2%。但如有税法规定减税的，如政策性银行，税率减按 5% 执行，则国税填写 0；又如农村信用社目前税率为 6%，则国税填写 1%。

11. 保险业务：均不含储金类保险业务的保费收入。

四、本表为 A3 横式，一式二份，税务机关一份，纳税人一份。

【思考与练习】

1. 代理增值税纳税申报的操作要点是什么？

2. 实务题

某制药厂是专门从事药品生产的企业，被主管税务机关认定为增值税一般纳税人。2012 年 5 月份发生如下经济业务：

（1）8 日，上缴 9 月份应缴未缴的增值税 38 000 元。

（2）9 日，销售应税药品一批，开具增值税专用发票 3 张，合计价款 120 000 元。

（3）10 日，从农民手中收购玉米 10 吨，每公斤收购价为 1.60 元，企业开具了经主管税务机关核准使用的"某某市免税农产品专用收购凭证"。该批玉米已验收入库。

（4）12 日，赊销一批应税药品，合同确定含税价款 7 000 元，分四期等额付款，发货时收到应税货款和税款的 25%，并开具相应的增值税专用发票 1 张，其余价款及税款在以后 3 个月分别收回。

（5）13 日，厂办公室外购办公用品一批，取得的增值税专用发票上注明价款

400 元，税金 68 元。

（6）15 日，厂医务室填制出库单领用本厂生产的应税药品一批，生产成本为 1 000元，按同类产品不含税售价确定价款为 2 000 元。

（7）16 日，从外地某农场购进玉米 80 吨，每吨收购价 1 050 元，开具了"某某市免税农产品专用收购凭证"1 份，另支付给运输部门运费，取得运费结算单据上注明运费 10 000 元，其他杂费合计 2 000 元。上述款项均已付，玉米已验收入库。

（8）17 日，外购低值易耗品一批，取得增值税专用发票 2 张，合计价款 6 000 元，税金 1 020 元。

（9）25 日，将一批应税药品销售给某大医院，开具普通发票 1 张，注明货款 234 000 元，产品已发出，款项已收到。

（10）27 日，外购粉碎机 2 台，取得增值税专用发票 1 张，注明价款 5 000 元，税金 850 元。

（11）30 日，通过本企业门市部本月零售应税药品共取得收入 12 100 元，未开具任何发票。

（12）该药厂生产药品经核实均为应税药品。

要求：根据上述资料，先列式计算出当月销项税额、进项税额及应纳税额，并据此填报增值税纳税申报表。

第 6 章

所得税纳税申报代理实务

【学习目标】

通过本章学习，使学生在了解企业会计核算的前提下，掌握将会计所得按税法的规定调整为应纳税所得额，掌握企业所得税的计算方法，能够准确计算企业所得税税额，掌握企业所得税的申报表及其附表的填制。

【导入案例】

某农业企业外购一批经济林用于产出水果销售，现咨询注册税务师应如何税务处理。相关问题如下：

请判断为何种生物资产？

如何确定其计税基础？

折旧方法和最低折旧年限有何规定？

资料来源：中华会计网校. 税务代理实务应试指南［M］. 北京：人民出版社，2011.

6.1 个人所得税纳税申报代理实务

我国个人所得税的特点是以个人为纳税主体，按分类所得设置税率，实行自行申报和代扣代缴两种征税方法。随着社会各阶层个人收入的提高，个人所得税的税源增长显著，个人所得税在地方税收中已占据相当大的比重。

6.1.1 个人所得税的计算方法

1. 工资、薪金所得应纳所得税额的计算

工资、薪金所得应缴纳的个人所得税可以由纳税人直接缴纳，也可以由扣缴义务人扣缴。从2011年9月1日起，它以纳税人每月取得的工资、薪金收入扣除3 500元（或4 800元）后的余额为应税所得，根据7级超额累进税率，计算其应纳所得税额。

【例6-1】某外商投资企业的中方财务经理2011年12月取得月薪收入6 000元，2011年度一次性奖金30 000元。该经理12月份应缴纳的个人所得税计算如下：

12月工资收入应纳个人所得税：

$$(6\ 000 - 3\ 500) \times 10\% - 105 = 145（元）$$

12月取得的2011年年终奖应纳个人所得税：

纳税人取得全年一次性奖金，单独作为一个月工资、薪金所得计算纳税，先将中方财务经理当月内取得的全年一次性奖金30 000元，除以12个月进行分摊，得到2 500元，以2 500元为应纳税所得额确定适用税率和速算扣除数，适用税率为

10%，速算扣除数为105。

12 月年终奖收入应纳个人所得税：
$$30\ 000 \times 10\% - 105 = 2\ 895（元）$$

12 月应缴个人所得税合计：
$$145 + 2\ 895 = 3\ 040（元）$$

2. 劳务报酬所得应纳所得税的计算

劳务报酬所得个人所得税应纳税额的计算公式

（1）每次收入不足 4 000 元的：

应纳税额 = 应纳税所得额 × 适用税率 =（每次收入额 - 800）× 20%

（2）每次收入在 4 000 元以上的：

应纳税额 = 应纳税所得额 × 适用税率 = 每次收入额 ×（1 - 20%）× 20%

（3）每次收入应纳税所得额超过 20 000 元的：

应纳税额 = 应纳税所得额 × 适用税率 - 速算扣除数

= 每次收入额 ×（1 - 20%）× 适用税率 - 速算扣除数

值得注意的是，对劳务报酬所得一次收入畸高，即个人一次取得的应纳税所得额超过 20 000 元至 50 000 元部分，依税法规定计算应纳税额后再按照应纳税额加征五成，超过 50 000 元的部分，加征十成。

【例 6 - 2】 2012 年 5 月歌星李某应邀参加某公司庆典活动的演出，按照协议演出 5 场，每场出场费为 15 000 元，李某演出收入应纳个人所得税为：
$$应税所得额 = 15\ 000 \times 5 \times（1 - 20\%）= 60\ 000（元）$$
$$应纳税额 = 60\ 000 \times 40\% - 7000 = 17\ 000（元）$$

3. 在中国境内无住所的个人未满一月工资薪金所得应纳税额的计算
$$应纳税额 =（当月工资薪金应纳税所得额 \times 适用税率 -$$
$$速算扣除数）\times 当月实际在中国天数 \div 当月天数$$

如果外籍个人取得的是日工资薪金，应以日工资薪金乘以当月天数换算成月工资薪金后，按上述公式计算应纳税额。

4. 境外所得的已纳税款的扣除

根据《个人所得税法》的规定，纳税义务人从中国境外取得的所得，准予其在应纳税额中扣除已在境外缴纳的个人所得税税款，但扣除额不得超过该纳税义务人境外所得依照我国税法规定计算的应纳税额。

【例 6 - 3】 王某 2011 年 1 月至 12 月从中国境内取得工资、薪金收入 30 000 元，从 A 国取得稿酬收入 8 000 元，已按 A 国税法规定缴纳了个人所得税 1 400 元，则王某 2011 年应申报缴纳个人所得税额为：

（1）月工薪收入 = 30 000 ÷ 12 = 2 500（元）

前 8 个月应纳税额 =［（2 500 - 2 000）× 5%］× 8 = 200（元）；后 4 个月工资 2 500 元低于费用扣除标准 3 500 元，免交个人所得税。

（2）A 国收入按我国税法规定计算的应纳税额（抵免限额）

= 8 000 ×（1 - 20%）× 20% ×（1 - 30%）= 896（元）

该纳税人在 A 国实际缴纳的税款超出了抵免限额，只能在抵免限额内抵扣 896

元。剩余部分可在以后 5 个纳税年度的 A 国扣除限额的余额中补扣。

（3）应纳所得税额合计 200（元）。

5. 个人独资企业和合伙企业投资者个人所得税的计算

从 2000 年 1 月 1 日起，个人独资企业和合伙企业（以下简称企业）每一纳税年度的收入总额减除成本、费用以及损失后的余额，作为投资者个人的生产经营所得，比照《个人所得税法》的"个体工商户的生产经营所得"应税项目，适用 5% 至 35% 的五级超额累进税率计算征收个人所得税。

个人独资企业的投资者以全部生产经营所得为纳税所得额；合伙企业的投资者按照合伙企业的全部生产经营所得和合伙协议约定的分配比例确定应纳税所得额，合伙协议没有约定分配比例的，以全部生产经营所得和合伙人数量平均计算每个投资者的应纳税所得额。

凡实行查账征税办法的，生产经营所得比照《个体工商户个人所得税计税办法（试行）》（国税发〔1997〕43 号）的规定确定，但下列项目的扣除例外：

（1）投资者的工资不得在税前扣除。自 2011 年 9 月 1 日起投资者的费用扣除标准为 3 500 元/月。

（2）企业从业人员合理的工资、薪金支出，允许在税前据实扣除。

（3）投资者及其家庭发生的生活费用不允许在税前扣除。投资者及其家庭发生的生活费用与企业生产经营费用混合在一起，并且难以划分的，全部视为投资者个人及其家庭发生的生活费用，不允许在税前扣除。

（4）企业生产经营和投资者及其家庭生活共用的固定资产，难以划分的，由主管税务机关根据企业的生产经营类型、规模等具体情况，核定准予在税前扣除的折旧费用的数额或比例。

（5）企业拨缴的工会经费、职工教育经费、发生的职工福利费分别在工资、薪金总额的 2%、2.5%、14% 的标准内据实扣除。

（6）企业每一纳税年度发生的广告和业务宣传费用不超过当年销售（营业）收入 15% 的部分，可据实扣除；超过部分，准予在以后纳税年度结转扣除。

（7）企业每一纳税年度发生的与其生产经营业务直接相关的业务招待费，按照发生额的 60% 扣除，但最高不得超过当年销售（营业）收入的 5‰。

（8）企业计提的各种准备金不得扣除。有下列情形之一的，则采取核定征收方式征收个人所得税：

①企业依照国家有关规定应当设置但未设置账簿的；

②企业虽设置账簿，但账目混乱或者成本资料、收入凭证、费用凭证残缺不全，难以查账的；

③纳税人发生纳税义务，未按照规定期限办理纳税申报，经税务机关责令限期申报，逾期仍不申报的。

实行核定应税所得率征收方式的，应纳所得税额的计算公式如下：

$$应纳所得税额 = 应纳税所得额 \times 适用税率$$

$$应纳税所得额 = 收入总额 \times 应税所得率$$

$$或 = 成本费用支出额 \div （1 - 应税所得率）\times 应税所得率$$

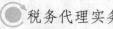

企业经营多业的，无论其经营项目是否单独核算，均应根据其主营项目确定其适用的应税所得率（见表6-1）。

表6-1 应税所得率

行业	应税所得率（%）
工业、交通运输业、商业	5~20
建筑业、房地产开发业	7~20
饮食服务业	7~25
娱乐业	20~40
其他行业	10~30

6.1.2 个人所得税代理纳税申报操作规范

代理个人所得税纳税申报的关键问题，是能否全面、真实地反映纳税义务人的应税所得。由于个人收入结算与支付具有一定的隐蔽性，会给代理申报带来一定的困难和风险，为确保办税质量，在界定纳税义务人性质的前提下，代理人应严格按规范程序操作。

1. 居民纳税义务人

居民纳税义务人是指在中国境内有住所，或者无住所而在境内居住满1年的个人，应负有无限纳税义务。本节主要介绍我国境内的企业、外国企业常驻代表机构中的中方和外籍人员工薪所得，劳务报酬所得，利息、股息、红利所得代理申报的操作规范。

（1）核查有关工薪所得、劳务报酬所得和利息、股息、红利所得结算账户，审核支付单位工薪支付明细表，奖金和补贴性收入发放明细表，劳务报酬支付明细表，福利性现金或实物支出，集资债券利息、股息、红利支出，确定应税项目和计税收入。

（2）根据税法有关税前扣除项目的具体规定，确定免予征税的所得，计算应税所得。

（3）核查外籍个人来源于中国境内由境外公司支付的收入，来源于中国境外由境内、境外公司支付的所得，根据有无住所或实际居住时间，以及在中国境内企业任职的实际情况，确认纳税义务。

（4）核查税款负担方式和适用的税率，计算应纳税额，并于每月15日前向主管税务机关办理代扣代缴所得税申报手续。

2. 非居民纳税义务人

非居民纳税义务人是指在中国境内无住所又不居住，或无住所而在境内居住不满1年但有从中国境内取得所得的个人。非居民纳税义务人只负有限纳税义务。对非居民纳税义务人来源于中国境内的工薪所得，根据在境内实际居住的时间、支付方式和税收协定的有关规定来确定是否征税。劳务报酬所得主要根据税收协定有关独立劳务和非独立劳务的判定来确定具体的计税方法。由于利息、股息、红利所得情况各异，征免界定均有具体规定，因此，代理非居民纳税义务人个人所得税的纳税申报，其计税资料的取得与核实是比较复杂的。

（1）核查外籍个人因任职、受雇、履约等出入境的实际日期，确定与其派遣公司或雇主的关系，通过出入境签证、职业证件、劳务合同等来判定其所得适用的税目和发生纳税义务的时间。

（2）核查纳税义务人来源于中国境内分别由境内、境外支付的工薪所得明细表，根据税款负担方式和雇主为其负担税款情况，将不含税收入换算成含税收入。

（3）核查纳税义务人从中国境内企业取得的各种补贴、津贴及福利费支出明细，除税法规定免予征税的项目外，将其并入工薪所得计算纳税。

（4）核查纳税义务人劳务报酬所得支付明细表，通过审核外籍个人来华提供劳务服务与派遣公司的关系，判定其属于非独立劳务或独立劳务，前者应按工薪所得计税，后者则适用劳务报酬的计税方法。

（5）核查纳税义务人来源于中国境内的利息、股息、红利所得的计税资料，根据其投资的具体内容来判定征免。

（6）核查担任境内企业或外企商社高级职务的外籍个人来源于中国境内的工薪所得和实际履行职务的期间，据以计算应税所得。

（7）在对非居民纳税义务人工薪所得、劳务报酬所得、利息、股息、红利所得等全部计税资料进行核查后，分类计算应税所得，按一定的税款负担方式计算出支付单位应代扣代缴的个人所得税税额。

6.1.3　代理填制个人所得税纳税申报表的方法

个人所得税申报表主要设置了 7 类 9 种，其中较常用的为 7 种：个人所得税纳税申报表；个人所得税纳税申报表（适用于年所得 12 万元以上的纳税人申报）；扣缴个人所得税报告表；个人独资企业和合伙企业投资者个人所得税申报表；特定行业个人所得税月份申报表；特定行业个人所得税年度申报表；个体工商户所得税年度申报表。本节只阐述填制前四种申报表的方法。

1. 个人所得税月份申报表

（1）模拟案例

2012 年 3 月，张君从两家金融公司取得工资。这两家金融公司每月支付给张先生的税前工资分别为 8 000 元和 5 000 元，这两家金融公司已经分别扣缴了工资、薪金个人所得税。当月，出版一本学术著作，取得收入 30 000 元，出版社未扣缴税款。计算应纳个人所得税填制纳税申报表。

（2）计算分析

工资薪金所得：

$$应纳税所得额 = 8\,000 + 5\,000 - 3\,500 = 9\,500（元）$$
$$应纳个人所得税 = 9\,500 \times 25\% - 1\,005 = 1\,370（元）$$
$$甲公司已扣缴个人所得税 = （8\,000 - 3\,500）\times 10\% - 105 = 345（元）$$
$$乙公司已扣缴个人所得税 = （5\,000 - 3\,500）\times 3\% = 45（元）$$
$$甲乙公司合计已扣缴个人所得税 = 345 + 45 = 390（元）$$
$$张君应补缴个人所得税 = 1\,370 - 390 = 980（元）$$

稿酬所得：

$$应纳税所得额 = 30\,000 \times （1 - 20\%）= 24\,000（元）$$
$$应纳个人所得税 = 30\,000 \times （1 - 20\%）\times （1 - 30\%）\times 20\% = 3\,360（元）$$

（3）个人所得税月份申报表填写（见表 6 - 2）

表 6 - 2

INDIVIDUAL INCOME TAX MONTHLY RETURN　　个人所得税月份申报表

纳税月份：自 2012 年 3 月 1 日至 2012 年 3 月 31 日

填表日期：2012 年 4 月 5 日

Taxable month: From ＿＿＿ date ＿＿＿ month ＿＿＿ year

Date of filling

To ＿＿＿ date ＿＿＿ month ＿＿＿ year

纳税人编码
Tax payer's file number

金额单位：人民币元
Monetary unit: RMB Yuan

根据《中华人民共和国个人所得税法》第九条的规定制定本表，纳税人应在次月 15 日内将税款缴入国库，并向当地税务机关报送本表。

This return is designed in accordance with the provisions of Article 9 of INDIVIDUAL INCOME TAX LAW OF THE PEOPLE'S REPUBLIC OF CHINA. The tax payers should turn tax over to the State Treasury, and file the return with the local tax authorities within seven days after the end of the taxable month.

纳税人姓名 Tax payer's name	张君	国籍 Nationality	中国	身份证照 类型 ID type	居民身份证	身份证照号码 ID number
抵华日期 Date arrived in China	在中国境内住址 Address in China	省、市、县、街道及号数（包括公寓号码）Street name and number (including number of apartment) 公寓 Apartment 县/市 County/City 街道 Street 省 Province				
在中国境内通讯地址（如非上述住址）(Mailing address in China (if not the same as above))		邮编 Post code		电话 Tel. number		
职业 Profession		服务单位 Employer		服务地点 Working location		

续表

所得项目 Categories of income	所得期间 Income period	收入额 Receipts						减除费用额 Deductions	应纳税所得额 Taxable income	税率 Tax rate	速算扣除数 Quick calculation deduction	应纳税额 Income tax	已扣缴税款 Tax withheld	应补（退）Amount of income tax due or over paid
		人民币 RMB	外币 Foreign currency				人民币合计 Total							
			货币名称 Name of currency	金额 Amount	外汇牌价 Exchange rate	折合人民币 RMB Converted into								
工资薪金所得	3.1～3.31	13 000					13 000	3 500	9 500	25%	1 005	1 370	390	980
稿酬所得	3 月	30 000					30 000	6 000	24 000	14%	0.00	3 360	0.00	3 360
合计		43 000					43 000	9 500	33 500		1 005	4 730	390	4 340

续表

授权代理人 Authorized agent	（如果你已委托代理人，请填写下列资料） 为代理一切税务事宜，现授权 _____ （地址） 为本人代理申报人，任何与本申报表有关的来往文件都可寄与此人。 授权人签字：_____ （Fill out the following if you have appointed an agent）For _____ purposes of handling the tax affairs, I hereby authorize _____ （address）_____ to act on behalf of myself. All documents concerned with this return may be posted to the agent. Signature _____
声明： Declaration	我声明：此纳税申报表是根据《中华人民共和国个人所得税法》的规定填报的，我确信它是真实的，可靠的，完整的。 声明人签字：_____ I declare that this return has been completed according to INDIVIDUAL INCOME TAX LAW OF THE PEOPLE'S REPUBLIC OF CHINA. I believe that all statements contained in this return are true, correct, and complete. Signature _____
代理申报人签字： Agent（Signature）	纳税人（签字或盖章）： Tax payer（Signature or seal）

审核记录	收到日期	接收人	审核日期	主管税务机关盖章： 主管税务官员签字：

国家税务总局监制：Made under supervision of State Administration of Taxation

2. 个人所得税纳税申报表（适用于年所得 12 万元以上的纳税人申报）

适用于年所得 12 万元以上的纳税人填报的申报表见表 6 – 3。

年所得 12 万元以上，是指纳税人在一个纳税年度取得以下 11 项所得的合计数额达到 12 万元：工资、薪金所得；个体工商户的生产、经营所得；对企事业单位的承包经营、承租经营所得；劳务报酬所得；稿酬所得；特许权使用费所得；利息、股息、红利所得；财产租赁所得；财产转让所得；偶然所得；经国务院主管部门确定征税的其他所得。但是不包含税法规定的免税所得、税法规定的可以免税的来源于中国境外的所得以及按照国家规定，单位为个人缴付的基本养老保险费、基本医疗保险费、失业保险费和住房公积金。

（1）模拟案例

谢金明（身份证号 230102198405060223）是哈尔滨市香坊区哈尔滨市华荣管理咨询有限公司（非上市公司，税务登记号 230106975120612）的财务总监并拥有公司的股份，联系地址哈尔滨市香坊区进乡街 15 号，联系电话 0451 – 82935066。2011年谢金明的全部收入及税款缴纳情况如下：

①每月工资收入 23 200 元，每月个人缴纳养老、医疗、失业等社会保险及住房公积金共 2 120 元，每个月公司代扣代缴个人所得税 3 441 元；年底取得全年一次性奖金收入 120 000 元，公司已代扣代缴了 12 000 元个人所得税。

②取得公司股权分红 2 000 元，扣缴个人所得税 4 000 元。

③购买国债，取得利息收入 2 000 元。

④在上交所转让 A 股股票盈利 60 000 元。

⑤发明一项专利，让渡给某公司使用，取得收入 40 000 元，扣缴个人所得税 6 400元。

⑥一次购买体育彩票，中奖 9 000 元。

（2）计算分析

谢金明全年的收入来源渠道较多，适用的应税项目也多。第①项所得适用"工资、薪金所得"税目，第②、③项所得适用"利息、股息、红利所得"税目，第④项所得适用"财产转让所得"税目，第⑤项所得适用"特许权使用费所得"税目，第⑥项所得适用"偶然所得"税目。谢金明在取得这些收入时，应由支付所得的单位作为扣缴义务人扣缴税款并向税务机关进行申报。另外，2011 年度终了，由于谢金明的年所得达到了 12 万元，他应该按规定向主管地税机关办理年所得 12 万元以上的自行纳税申报。分项处理如下：

①工资、薪金所得。

$$谢金明全年工资薪金所得总额 = （23\ 200 - 2\ 120）\times 12 + 120\ 000 = 372\ 960（元）$$

$$应纳税所得额 = （23\ 200 - 2\ 120 - 2\ 000）\times 8 +$$
$$（23\ 200 - 2\ 120 - 3\ 500）\times 4 + 120\ 000$$
$$= 342\ 960（元）$$

$$前 8 个月每月工资薪金应纳税额 = （23\ 200 - 2\ 120 - 2\ 000）\times 20\% - 375$$
$$= 3\ 441（元）$$

$$后 4 个月每月工资薪金应纳税额 = （23\ 200 - 2\ 120 - 3\ 500）\times 25\% - 1\ 005$$

$$= 3\ 390\ （元）$$

全年一次性奖金收入 120 000 元，由于 120 000÷12＝10 000 元，所以全年一次性奖金适用 25% 的税率和 1 005 元的速算扣除数。

全年一次性奖金应纳个人所得税额 ＝120 000×25% － 1 005 ＝ 28 995（元）

工资薪金所得应纳税总额 ＝3 441×8 ＋ 3 390×4 ＋ 28 995 ＝ 70 083（元）

2011 年单位代扣代缴的个人所得税 ＝3 441×8 ＋ 3 390×4 ＋ 12 000

$$= 53\ 088\ （元）$$

全年工资薪金所得应补税额 ＝70 083 － 53 088 ＝ 16 995（元）

以上信息填入个人所得税纳税申报表（适用于年所得 12 万元以上的纳税人申报）的第 1 项"工资、薪金所得"处。

②利息、股息、红利所得。根据税法规定，国债利息收入免纳个人所得税，而且国债利息收入不纳入年所得的范畴。

利息、股息、红利所得额为 20 000 元，应纳税所得额为 20 000 元。

应纳税额 ＝20 000×20% ＝ 4 000（元）

支付所得的单位已经扣缴了 4 000 元个人所得税，因此无须补税。以上信息填入个人所得税纳税申报表（适用于年所得 12 万元以上的纳税人申报）的第 7 项"利息、股息、红利所得"处。

③财产转让所得。谢金明在上交所转让 A 股股票盈利 60 000 元属于财产转让所得，但我国为支持股市发展，规定股票转让所得暂免征收个人所得税，因此在填写纳税申报表时，在第 9 项"财产转让所得"处要单独列示"股票转让所得"。

④特许权使用费所得。

特许权使用费所得的应纳税所得额 ＝40 000 － 40 000×20% ＝ 32 000（元）

特许权使用费所得应纳税额 ＝32 000×20% ＝ 6 400（元）

特许权使用费所得已缴（扣）税额 ＝6 400（元）

特许权使用费所得应补税额 ＝6 400 － 6 400 ＝ 0（元）

以上信息填入个人所得税纳税申报表（适用于年所得 12 万元以上的纳税人申报）的第 6 项"特许权使用费所得"处。

⑤偶然所得。按照政策规定，购买体育彩票一次中奖收入不超过 1 万元的，暂免征收个人所得税。

偶然所得应纳税额 ＝0（元），无须补税。

根据以上计算，填写谢金明的个人所得税纳税申报表（适用于年所得 12 万元以上的纳税人申报）如表 6－3。

表6-3

个人所得税纳税申报表

（适用于年所得12万元以上的纳税人申报）

所得年份：2011年　　填表日期：2012年1月5日　　金额单位：人民币元（列至角分）

纳税人姓名	谢金明	国籍（地区）	中国	身份证照类型	身份证	身份证照号码	230106975120612	职业	服务业
任职、受雇单位	哈尔滨市华荣管理咨询有限公司	任职受雇单位税务代码				职务	财务总监		
在华天数		境内有效联系地址	哈尔滨市香坊区进乡街15号			境内有效联系地址邮编	150040	联系电话	0451-8293066
此行由取得经营所得的纳税人填写		经营单位纳税人识别号				经营单位纳税人名称			

所得项目	年所得额			应纳税所得额	应纳税额	已缴（扣）税额	抵扣税额	减免税额	应补税额	应退税额	备注
	境内	境外	合计								
1. 工资、薪金所得	372 960.00	0.00	372 960.00	342 960.00	70 083.00	53 088.00	0.00	0.00	16 995.00	0.00	
2. 个体工商户的生产、经营所得	0.00	0.00	0.00	0.00	0.00	0.00	0.00	0.00	0.00	0.00	
3. 对企事业单位的承包经营、承租经营所得	0.00	0.00	0.00	0.00	0.00	0.00	0.00	0.00	0.00	0.00	
4. 劳务报酬所得	0.00	0.00	0.00	0.00	0.00	0.00	0.00	0.00	0.00	0.00	

续表

所得项目	年所得额			应纳税所得额	应纳税额	已缴（扣）税额	抵扣税额	减免税额	应补税额	应退税额	备注
	境内	境外	合计								
5. 稿酬所得	0.00	0.00	0.00	0.00	0.00	0.00	0.00	0.00	0.00	0.00	
6. 特许权使用费所得	40 000.00	0.00	40 000.00	32 000.00	6 400.00	6 400.00	0.00	0.00	0.00	0.00	
7. 利息、股息、红利所得	20 000.00	0.00	20 000.00	20 000.00	4 000.00	4 000.00	0.00	0.00	0.00	0.00	
8. 财产租赁所得	0.00	0.00	0.00	0.00	0.00	0.00	0.00	0.00	0.00	0.00	
9. 财产转让所得	60 000.00	0.00	60 000.00	0.00	0.00	0.00	0.00	0.00	0.00	0.00	
其中：股票转让所得	60 000	—	60 000	—	—	—	—	—	—	—	
个人房屋转让所得	0.00	0.00	0.00	0.00	0.00	0.00	0.00	0.00	0.00	0.00	
10. 偶然所得	9 000	0.00	9 000	0.00	0.00	0.00	0.00	0.00	0.00	0.00	
11. 其他所得	0.00	0.00	0.00	0.00	0.00	0.00	0.00	0.00	0.00	0.00	
合计	501 960.00	0.00	501 960.00	394 960.00	80 483.00	63 488.00	0.00	0.00	16 995.00	0.00	

我声明，此纳税申报表是根据《中华人民共和国个人所得税法》及有关法律、法规的规定填报的，我保证它是真实的、可靠的、完整的。

纳税人（签字）盖金明

代理人（签章）：

税务机关受理人（签字）：　　　　税务机关受理时间：　　年　月　日

联系电话：　　　　受理申报税务机关名称（盖章）：

填表说明

一、本表根据《中华人民共和国个人所得税法》及其实施条例和《个人所得税自行纳税申报办法（试行)》制定，适用于年所得 12 万元以上纳税人的年度自行申报。

二、负有纳税义务的个人，可以由本人或者委托他人于纳税年度终了后 3 个月以内向主管税务机关报送本表。不能按照规定期限报送本表时，应当在规定的报送期限内提出申请，经当地税务机关批准，可以适当延期。

三、填写本表应当使用中文，也可以同时用中、外两种文字填写。

四、本表各栏的填写说明如下：

1. 所得年份和填表日期：申报所得年份，填写纳税人实际取得所得的年度；填表日期，填写纳税人办理纳税申报的实际日期。

2. 身份证照类型：填写纳税人的有效身份证照（居民身份证、军人身份证件、护照、回乡证等）名称。

3. 身份证照号码：填写中国居民纳税人的有效身份证照上的号码。

4. 任职、受雇单位：填写纳税人的任职、受雇单位名称。纳税人有多个任职、受雇单位时，填写受理申报的税务机关主管的任职、受雇单位。

5. 任职、受雇单位税务代码：填写受理申报的任职、受雇单位在税务机关办理税务登记或者扣缴登记的编码。

6. 任职、受雇单位所属行业：填写受理申报的任职、受雇单位所属的行业。其中，行业应按国民经济行业分类标准填写，一般填至大类。

7. 职务：填写纳税人在受理申报的任职、受雇单位所担任的职务。

8. 职业：填写纳税人的主要职业。

9. 在华天数：由中国境内无住所的纳税人填写在税款所属期内在华实际停留的总天数。

10. 中国境内有效联系地址：填写纳税人的住址或者有效联系地址。其中，中国有住所的纳税人应填写其经常居住地址。中国境内无住所居民住在公寓、宾馆、饭店的，应当填写公寓、宾馆、饭店名称和房间号码。

经常居住地，是指纳税人离开户籍所在地最后连续居住一年以上的地方。

11. 经营单位纳税人识别码、纳税人名称：纳税人取得的年所得中含个体工商户的生产、经营所得和对企事业单位的承包经营、承租经营所得时填写本栏。

纳税人识别码：填写税务登记证号码。

纳税人名称：填写个体工商户、个人独资企业、合伙企业名称，或者承包承租经营的企事业单位名称。

12. 年所得额：填写在纳税年度内取得相应所得项目的收入总额。年所得额按《个人所得税自行纳税申报办法》的规定计算。

各项所得的计算，以人民币为单位。所得以非人民币计算的，按照税法实施条例第四十三条的规定折合成人民币。

13. 应纳税所得额：填写按照个人所得税有关规定计算的应当缴纳个人所得税

的所得额。

14. 已缴（扣）税额：填写取得该项目所得在中国境内已经缴纳或者扣缴义务人已经扣缴的税款。

15. 抵扣税额：填写个人所得税法允许抵扣的在中国境外已经缴纳的个人所得税税额。

16. 减免税额：填写个人所得税法允许减征或免征的个人所得税税额。

本表为 A4 横式，一式两联，第一联报税务机关，第二联纳税人留存。

3. 扣缴个人所得税报告表

本表由扣缴义务人申报扣缴个人所得税时填报。

（1）模拟案例

哈尔滨市泛德印务设计有限公司，作为扣缴义务人的编码是23010902057011100000，2011 年 12 月支付人工费用如下：

①支付李莉（身份证号 2301021986120377232）工资 7 600 元，年底一次性奖金 20 000 元，缴付的"三费一金"为 1 560 元；

②支付张明（身份证号 23010119871012784Z31）工资 8 200 元，年底一次性奖金 24 000 元，缴付的"三费一金"为 180 元；

③支付王华（身份证号 23010219751115445852）设计劳务费 6 500 元；

④因有奖销售支付刘云（身份证号 2301041984090855224）奖金 5 000 元；

⑤因受让孙濛（身份证号 230102198608195321）某项专利权支付专利使用费 20 000 元。

（2）计算分析

李莉工资收入 7 600 元。单位应代扣代缴的个人所得税 =（7 600 – 1 560 – 3 500）×10% – 105 = 149（元）；年底一次性奖金 20 000 元，适用的所得税税率为 10%，速算扣除数为 105 元，单位应代扣代缴的个人所得税 = 20 000 ×10% – 105 = 1 895（元）。

张明工资收入 8 200 元，单位应代扣代缴的个人所得税 =（8 200 – 1 680 – 3500）×10% – 105 = 197（元）；年底一次性奖金 24 000 元，适用的所得税税率为 10%，速算扣除数为 105 元，单位应代扣代缴的个人所得税 = 24 000 ×10% – 25 = 2 375（元）。

支付给王华的 6 500 元设计劳务费，应按照"劳务报酬所得"应税项目代扣代缴个人所得税。应代扣代缴的个人所得税 = 6 500 ×（1 – 20%）×20% = 1 040（元）。

因有奖销售支付给刘云的 5 000 元奖金，应按照"偶然所得"应税项目代扣代缴个人所得税，应代扣代缴的个人所得税 = 5 000 ×20% = 1 000（元）。

因受让专利权支付给孙濛的专利使用费 20 000 元，应按照"特许权使用费所得"应税项目代扣代缴个人所得税，应代扣代缴的个人所得税 =（20 000 – 20 000 ×20%）×20% = 3 200（元）。

扣缴个人所得税报告表的填写如表 6 – 4 所示。

表 6-4

扣缴个人所得税报告表

扣缴义务人编码：

扣缴义务人名称（公章）：

2	3	0	1	0	9	0	2	0	5	7	0	1	1	1	0	0	0	0

金额单位：元（列至角分）

填表日期：2012 年 1 月 5 日

序号	纳税人姓名	身份证照类型	身份证照号码	国籍	所得项目	所得期间	收入额	免税收入额	允许扣除的税费	费用扣除标准	准予扣除的捐赠额	应纳税所得额	税率	速算扣除数	应纳税额	已扣税额	备注
1	2	3	4	5	6	7	8	9	10	11	12	13	14	15	16	17	18
	合计									—	—		—	—	9 856.00	9 856.00	
1	李莉	身份证	23010219861203772332	中国	工资所得	2011-12	7 600.00	1 560.00	0.00	3 500.00	0.00	2 540.00	10%	105.00	149.00	149.00	
					一次性奖金	2011-12	20 000.00	0.00	0.00	0.00	0.00	20 000.00	10%	105.00	1 895.00	1 895.00	
2	张明	身份证	23010119871012784311	中国	工资所得	2011-12	8 200.00	1 680.00	0.00	3 500.00	0.00	3 020.00	10%	105.00	197.00	197.00	
					一次性奖金	2011-12	24 000.00	0.00	0.00	0.00	0.00	24 000.00	10%	105.00	2 375.00	2 375.00	
3	王华	身份证	23010219751115458521	中国	劳务报酬	2011-12	6 500.00	0.00	0.00	1 300.00	0.00	5 200.00	20%	0.00	1 040.00	1 040.00	非雇员
4	刘云	身份证	23010419840908552241	中国	偶然所得	2011-12	5 000.00	0.00	0.00	0.00	0.00	5 000.00	20%	0.00	1 000.00	1 000.00	非雇员
5	孙濛	身份证	23010219860819532111	中国	特许权使用费所得	2011-12	20 000.00	0.00	0.00	4 000.00	0.00	16 000.00	20%	0.00	3 200.00	3 200.00	非雇员

扣缴义务人声明：我声明：此扣缴报告表是根据国家税收法律、法规的规定填报的，法规的规定填报的，我确定它是真实的、可靠的、完整的。

会计主管签字：

受理人（签章）：

负责人签字：

受理日期： 年 月 日

声明人签字：

扣缴单位（或法定代表人）（签章）：

受理税务机关（章）：

本表一式二份，一份扣缴义务人留存，一份报主管税务机关。

国家税务总局监制

填表说明

一、本表根据《中华人民共和国税收征收管理法》（以下简称征管法）及其实施细则、《中华人民共和国个人所得税法》（以下简称税法）及其实施条例制定。

二、本表适用于扣缴义务人申报扣缴的所得税额。扣缴义务人必须区分纳税人、所得项目逐人逐项明细填写本表。

三、扣缴义务人不能按规定期限报送本表时，应当在规定的报送期限内提出申请，经当地税务机关批准，可以适当延长期限。

四、扣缴义务人未按规定期限向税务机关报送本表的，依照征管法第六十二条的规定，予以处罚。

五、填写本表要用中文，也可用中、外两种文字填写。

六、表头项目的填写说明如下：

1. 扣缴义务人编码：填写税务机关为扣缴义务人确定的税务识别号。

2. 扣缴义务人名称：填写扣缴义务人单位名称全称并加盖公章，不得填写简称。

3. 填表日期：是指扣缴义务人填制本表的具体日期。

七、本表各栏的填写如下：

1. 纳税人姓名：纳税义务人如在中国境内无住所，其姓名应当用中文和外文两种文字填写。

2. 身份证照类型：填写纳税人的有效证件（身份证、户口簿、护照、回乡证等）名称。

3. 所得项目：按照税法规定项目填写。同一纳税义务人有多项所得时，应分别填写。

4. 所得期间：填写扣缴义务人支付所得的时间。

5. 收入额：如支付外币的，应折算成人民币。外币折合人民币时，如为美元、日元和港元，应当按照缴款上一月最后一日中国人民银行公布的人民币基准汇价折算；如为美元、日元和港元以外的其他外币的，应当按照缴款上一月最后一日中国银行公布的人民币外汇汇率中的现钞买入价折算。

6. 免税收入额：指按照国家规定，单位为个人缴付和个人缴付的基本养老保险费、基本医疗保险费、失业保险费、住房公积金，按照国务院规定发给的政府特殊津贴、院士津贴、资深院士津贴和其他经国务院批准免税的补贴、津贴等按照税法及其实施条例和国家有关政策规定免于纳税的所得。

此栏只适用于工资薪金所得项目，其他所得项目不得填列。

7. 允许扣除的税费：只适用劳务报酬所得、特许权使用费所得、财产租赁所得和财产转让所得项目。

（1）劳务报酬所得允许扣除的税费是指劳务发生过程中实际缴纳的税费；

（2）特许权使用费允许扣除的税费是指提供特许权过程中发生的中介费和相关税费；

（3）适用财产租赁所得时，允许扣除的税费是指修缮费和出租财产过程中发生的相关税费；

（4）适用财产转让所得时，允许扣除的税费是指财产原值和转让财产过程中发生的合理税费。

8．除法律法规另有规定的外，准予扣除的捐赠额不得超过应纳税所得额的30%。

9．已扣税额：是指扣缴义务人当期实际扣缴的个人所得税税款及减免税额。

10．扣缴非本单位职工的税款，须在备注栏反映。

11．表间关系：

（1）应纳税额＝应纳税所得额×税率 – 速算扣除数

（2）应纳税所得额＝收入额（人民币合计）– 免税收入额 – 允许扣除的税费 – 费用扣除标准 – 准予扣除的捐赠额

注：全年一次性奖金等特殊政策的应纳税所得额计算除外。

（3）收入额（人民币合计）＝收入额（人民币）+ 收入额（外币折合人民币）

12．声明人：填写扣缴义务人名称。

八、本表为 A4 横式。

4．个人独资企业和合伙企业投资者个人所得税申报表

本表适合个人独资企业的投资者和合伙企业的合伙人申报个人所得税时使用。

（1）模拟案例

纳税人概况：

①纳税人名称：哈尔滨市盛福临餐饮有限公司

②纳税人类型：个人独资有限责任公司（自然人投资或控股）

③法定代表人：盛福临

④地址及电话：哈尔滨市香坊区三合路 100 号，0451 – 88542312

⑤开户行及账号：工商银行哈尔滨市香坊区支行 35000432100066488776

⑥税务登记号：230110690713526

⑦主管税务机关：哈尔滨市香坊区地方税务局

（2）业务资料

盛福临（身份证号 2301021976110366553）投资开办哈尔滨市盛福临个人独资企业，是以餐饮服务为主的纳税人，拥有在册职工 20 人。假设 2012 年 1 月 1 日至 2012 年 12 月 31 日会计资料反映的经营情况如下：取得营业收入总额 1 005 000 元；营业成本 325 650 元；营业税金及附加 55 300 元；管理费用 352 430 元；发生财务费用 5 000 元；税收罚款 5 000 元；全年已预缴所得税额 50 000 元。

（3）计算分析

利润总额＝1 005 000 – 325 650 – 55 300 – 352 430 – 5 000 – 5 000

＝261 620（元）

纳税调整增加额＝5 000（元）

纳税调整后的生产、经营所得＝261 620 + 5 000＝266 620（元）

应纳所得税额＝应纳税所得额×适用税率 – 速算扣除数

$$= 266\ 620 \times 35\% - 14\ 750$$

$$= 78\ 567\ (\text{元})$$

$$\text{应补所得税额} = 78\ 567 - 50\ 000 = 28\ 567\ (\text{元})$$

根据上述分析计算的结果，盛福临餐饮公司填报查账征收个人独资企业和合伙企业投资者个人所得税年度（季度）申报表如表6-5。

表6-5 查账征收个人独资企业和合伙企业投资者个人所得税年度（季度）申报表

纳税人编码：　　　　申报期：2012年1月1日至2012年12月31日　　　　金额单位：元

投资者姓名	盛福临	投资者身份证号码	230102 1976110366553	行业代码	
企业名称	哈尔滨市盛福临餐饮有限公司	企业类型	独资（✓）合伙（　）	计算机代码	
企业地址	哈尔滨市香坊区三合路100号	行业类别	服务业	企业银行账号	工商银行哈尔滨市香坊区支行 35000432100066488776

项目	行次	本期数	累计数	补充资料
一、收入总额	1	1 005 000.00	1 005 000.00	
减：成本	2	325 650.00	325 650.00	
费用、税金	3	412 730.00	412 730.00	
营业外支出	4	5 000.00	5 000.00	
二、企业利润总额 5＝1－2－3－4	5	261 620.00	261 620.00	
三、纳税调整增加额 6＝7＋19＋30	6	5 000.00	5 000.00	1. 年平均职工人数：20人
1. 超过规定比例扣除的项目	7	0.00	0.00	
（1）从业人员工资支出	8	0.00	0.00	2. 工资总额：240 000元
（2）职工福利费	9	0.00	0.00	
（3）职工教育经费	10	0.00	0.00	3. 从其他企业取得的生产经营所得
（4）工会经费	11	0.00	0.00	
（5）利息支出	12	0.00	0.00	
（6）广告费	13	0.00	0.00	（1）（分配比例　%）
（7）业务招待费	14	0.00	0.00	（2）（分配比例　%）
（8）教育和公益事业捐赠	15	0.00	0.00	（3）（分配比例　%）
（9）提取折旧费	16	0.00	0.00	（4）（分配比例　%）
（10）无形资产摊销	17	0.00	0.00	
（11）其他	18	0.00	0.00	
2. 不允许扣除的项目	19	5 000.00	5 000.00	
（1）资本性支出	20	0.00	0.00	
（2）无形资产受让、开发支出	21	0.00	0.00	
（3）违法经营罚款和被没收财物损失	22	0.00	0.00	填表人签字：
（4）税收滞纳金、罚金、罚款	23	5 000.00	5 000.00	盛福临
（5）灾害事故损失赔偿	24	0.00	0.00	
（6）非教育和公益事业捐赠	25	0.00	0.00	纳税人签字：
（7）各种赞助支出	26	0.00	0.00	盛福临
（8）计提的各种准备金	27	0.00	0.00	

项目	行次	本期数	累计数	补充资料
（9）投资者的工资	28	0.00	0.00	（本栏目由税务机关填写）
（10）与收入无关的支出	29	0.00	0.00	
3. 应税收益项目	30	0.00	0.00	收到日期： 接受人： 审核日期： 审核记录： 主管税务机关盖章： 年 月 日 主管税务官员签字：
（1）少计应税收益	31	0.00	0.00	
（2）未计应税收益	32	0.00	0.00	
四、纳税调整减少额 33 = 34 + 35 + 36 + 37	33	0.00	0.00	
1. 弥补亏损	34	0.00	0.00	
2. 国库券利息收入	35	0.00	0.00	
3. 投资者标准费用扣除额	36	0.00	0.00	
4. 其他	37	0.00	0.00	
五、经纳税调整后的生产经营所得 38 = 5 + 6 - 33	38	266 620.00	266 620.00	
六、应纳税所得额（分配比例%）	39	266 620.00	266 620.00	
七、适用税率	40	35%	35%	
八、应纳所得税额	41	78 567.00	78 567.00	
减：减、免所得税额	42	0.00	0.00	
九、应缴入库所得税额	43	78 567.00	78 567.00	
加：期初未缴所得税额	44	0.00	0.00	
减：实际已缴纳所得税额	45	50 000.00	50 000.00	
十、期末应补（退）所得税额	46	28 567.00	28 567.00	

填表说明

一、适用范围

本表适用于查账征收个人独资企业和合伙企业投资者年度申报纳税及季度申报纳税。本着实事求是、简便的原则，在季度申报纳税时，可对本表的一、二、六、七、八、九、十项填写，在年度申报时，需按表列内容逐项填写。

二、主要项目填报说明

1. 表头项目

（1）纳税人编码：暂不填写。待税务机关设置后，再按税务机关编排的代码填写。

（2）申报期：填写申报纳税所属时期的起止日期。

（3）金额单位：以人民币为单位。

（4）行业类别：按纳税人主营项目确定。

（5）企业地址：按企业办理注册税务登记所在地地址填写。

（6）企业类型：按工商营业执照确定的经济类型填写。

（7）行业代码：可不填写。

（8）计算机代码：按税务机关编排的代码填写。

2. 表中项目

（1）表中第7栏"超过规定比例扣除的项目"，是指企业超过《个人独资企业和合伙企业投资者征收个人所得税的规定》和其他有关税收规定（以下简称规定）的扣除标准，扣除的各种成本、费用和损失，应予调增应纳税所得额的部分。上述扣除标准，包括规定中列明的扣除标准，以及规定中虽未列明，但与国家统一财务会计制度规定标准兼容的部分。

（2）表中第19栏"不允许扣除的项目"，是指规定不允许扣除，但企业已将其扣除的各项成本、费用和损失，应予调增应纳税所得额的部分。

（3）表中第30栏"应税收益项目"，是指企业未计入应纳税所得额而应补报的收益。对属于计算上的差错或其他特殊原因而多报的收益，可以用负号表示。

（4）表中第34栏"弥补亏损"，是指企业根据规定，以前年度亏损允许在税前弥补而相应调减的应纳税所得额。

（5）表中第35栏"国库券利息收入"，是指企业免于纳税，但已计入收入的因购买国库券而取得的利息。

（6）表中第36栏"投资者标准费用扣除额"，是指投资者的生计费用按1 000元/月扣除。

（7）表中第39栏"应纳税所得额"，在季度申报时，等于表中第38栏"经纳税调整后的生产经营所得"×"分配比例"；在年度申报时，等于表中第38栏"经纳税调整后的生产经营所得"×"分配比例"＋"3. 从其他企业取得的生产经营所得"。

（8）表中第43栏"应缴入库所得税额"，在季度申报时，等于表中第41栏"应纳所得税额"－42栏"减、免所得税额"；年度申报时，等于表中第41栏"应纳税所得额"×｛第38栏"经纳税调整后的生产经营所得×分配比例"÷39栏中的"应纳税所得额"｝－42栏"减、免所得税额"。

（9）表中主要栏次的逻辑关系：

- $5 = 1 - 2 - 3 - 4$
- $6 = 7 + 19 + 30$
- $33 = 34 + 35 + 36 + 37$
- $38 = 5 + 6 - 33$
- $41 = 39 \times 40$
- $46 = 43 + 44 + 45$

三、本表一式两份，主管税务机关和纳税人各一份。

5. 查账征收个体工商户所得税年度申报表（见表6-6）

表6-6 查账征收个体工商户所得税年度申报表

纳税人身份证件类型及号码：

申报所属日期： 年 月 日至 年 月 日 金额单位：元

业主姓名			地址					
户名								
业别		开始生产经营日期			银行账号		邮编		电话	

项目		金额
应纳税所得额的计算	1. 全年［本月（次）］收入额	
	2. 成本	
	3. 费用	
	4. 损失	
	5. 全年（本月）应纳税所得额［1-（2+3+4）］	
应纳个人所得税额的计算	6. 税率	
	7. 速算扣除数	
	8. 应纳所得税额（5×6-7）	
	9. 减免税额	
	10. 实际应纳税额（8-9）	
	11. 全年预缴税额	
	12. 应补（退）所得税额（10-11）	
授权代理人	（如果你已委托代理人，请填写下列资料）为代理一切税务事宜，现授权_____（地址）_____为本人代理申报人，任何与本申报表有来往文件都可寄与此人。 　　　　　授权人签字_____	声明	我声明，此纳税申报表是根据《中华人民共和国个人所得税法》的规定填报的，我确信它是真实的、可靠的、完整的。 　　　　声明人签字_____

填表日期： 年 月 日 代理申报人签字： 纳税人签字：

6.2 企业所得税纳税申报代理实务

　　企业所得税适用面广，税前扣除项目的计算和报表填报内容繁杂。代理人必须在指导企业正确核算会计所得的前提下，按照《企业所得税法》和征收管理的有关规定，将其会计所得调整为应税所得后，计算填报企业所得税申报表及其附表。

6.2.1　企业所得税的计算方法

企业所得税基本计算公式为：

应纳所得税额 = 应纳税所得额 × 税率 - 减免税额 - 抵免税额

应纳税所得额 = 收入总额 - 不征税收入 -

免税收入 - 各项扣除 - 允许弥补的以前年度亏损

1. 应纳税所得额的计算

（1）企业以货币形式和非货币形式从各种来源取得的收入，为收入总额，包括销售货物收入；提供劳务收入；转让财产收入；股息、红利等权益性投资收益；利息收入；租金收入；特许权使用费收入；接受捐赠收入；其他收入。

（2）收入总额中的不征税收入包括：财政拨款；依法收取并纳入财政管理的行政事业性收费，政府性基金；国务院规定的其他不征税收入。

（3）企业的免税收入包括：国债利息收入；符合条件的居民企业之间的股息、红利等权益性投资收益；在中国境内设立机构、场所的非居民企业从居民企业取得与该机构、场所有实际联系的股息、红利等权益性投资收益；符合条件的非营利组织的收入。

（4）各项扣除，企业实际发生的与取得收入有关的、合理的支出，包括成本，费用、税金、损失和其他支出，准予在计算应纳税所得额时扣除。

成本，是指企业在生产经营活动中发生的销售成本、销货成本、业务支出以及其他耗费。

费用，是指企业在生产经营活动中发生的销售费用、管理费用和财务费用。

税金，是指企业实际发生的除企业所得税和允许抵扣的增值税以外的各项税金及附加。

损失，是指企业在生产经营活动中发生的固定资产和存货的盘亏，毁损，报废损失，转让财产损失，呆账损失，坏账损失，自然灾害等不可抗力因素造成的损失以及其他损失。

其他支出，是指除成本、费用、税金，损失外，企业在生产经营活动中发生的与生产经营活动有关的、合理的支出。

（5）亏损，是指企业依照《企业所得税法》及其实施条例的规定将每一纳税年度的收入总额减除不征税收入、免税收入和各项扣除后小于零的数额。

2. 境外所得抵免税额的计算

居民企业来源于中国境外的应税所得，非居民企业在中国境内设立机构、场所，取得发生在中国境外但与该机构、场所有实际联系的应税所得，已在境外缴纳的所得税税额，可以从其当期应纳税额中抵免。抵免限额为该项所得依照《企业所得税法》规定计算的应纳税额；超过抵免限额的部分，可以在以后5个年度内，用每年度抵免限额抵免当年应抵税额后的余额进行抵补。

居民企业从其直接或者间接控制的外国企业分得的来源于中国境外的股息、红利等权益性投资收益，外国企业在境外实际缴纳的所得税税额中属于该项所得负担的部分，可以作为该居民企业的可抵免境外所得税税额，在《企业所得税法》规定的抵免限额内抵免。

6.2.2　代理企业所得税纳税申报操作规范

根据税法规定，代理人应替纳税人在月份或者季度终了后 15 日内报送申报表及月份或者季度财务报表，履行月份或者季度纳税申报手续。年度终了后 5 个月内向其所在地主管税务机关报送企业所得税年度纳税申报表和税务机关要求报送的其他有关资料，办理结清税款手续。

（1）核查收入核算账户和主要的原始凭证，计算当期生产经营收入、财产转让收入、股息收入等各项应税收入。

（2）核查成本核算账户和主要的原始凭证，根据行业会计核算制度，确定当期产品销售成本或营业成本。

（3）核查主要的期间费用账户和原始凭证，确定当期实际支出的销售费用、管理费用和财务费用。

（4）核查税金核算账户，确定税前应扣除的税金总额。

（5）核查损失核算账户，计算资产损失、投资损失和其他损失。

（6）核查营业外收支账户及主要原始凭证，计算营业外收支净额。

（7）经过上述 6 个步骤的操作，代理人可据此计算出企业当期收入总额、不征税收入和免税收入额，再按税法规定核查允许的各项扣除及允许弥补的以前年度亏损，计算当期应税所得额。

（8）根据企业适用的所得税税率，计算应纳所得税额。

6.2.3　代理填制企业所得税纳税申报表的方法

1. 模拟案例

企业概况：

（1）纳税人名称：哈尔滨市东海食品股份有限公司

（2）纳税人类型：股份有限公司（增值税一般纳税人）

（3）法定代表人：张丽

（4）地址及电话：哈尔滨市香坊区公滨路 36 号 0451 – 84133281

（5）开户行及账号：工商银行哈尔滨市香坊区支行 3500043109006632280

（6）税务登记号：230110690720693

（7）主管国税机关：哈尔滨市香坊区国家税务局

业务资料：

【业务资料 1】该企业主管税务机关核定其按月据实预缴企业所得税，2011 年 1 月份产品销售收入 232 000 元，其他业务收入 53 200 元，产品销售成本 184 300 元，其他业务成本 45 630 元，营业税金及附加 3 532 元，由于企业会计核算健全，按账目核算缴纳企业所得税。

【业务资料 2】企业采用资产负债表债务法核算所得税费用。全年已预缴 2011 年企业所得税 7 000 000 元。其他业务资料如下：

（1）主营业务收入合计 121 200 000 元。

（2）主营业务成本合计 61 440 000 元。

（3）营业税金及附加为 911 000 元。

（4）其他业务收入 888 000 元，全部为出租闲置厂房取得的租金收入。其中，租赁期从 2011 年 1 月开始，一次性收取三年租金 2 664 000 元，计算缴纳营业税、城建税和教育附加以及房产税等 466 200 元，其中 155 400 元（466 200 × 1/3）确认为当期的营业税及附加，尚未确认的税金 310 800 元（466 200 × 2/3）仍然保留为应交税费的借方，尚未确认的营业收入 1 776 000（2 664 000 × 2/3）仍然保留在预收账款科目。

（5）其他业务成本 48 840 元，全部为闲置房屋对应的折旧费用。

（6）将库存商品 90 000 元用于对外偿还债务，不含税公允价值为 120 000 元，抵债金额为 150 400 元，已分别确认营业收入 120 000 元、营业成本 90 000 元以及营业外收入 10 000 元（150 400 − 120 000 − 120 000 × 17%）。

（7）当年将固定资产汽车用于对外偿还债务（原值 81 000 元，净值 13 000 元），抵债金额为 21 000 元，确认营业外收入 8 000 元（21 000 − 13 000）。

（8）接受政府补助 1 000 000 元，用于专项购买环境保护设备。企业又自行筹集 2 000 000 元，在 2011 年 6 月验收入库并投入使用，按照 10 年的折旧年限分别确认营业外收入 50 000 元（1 000 000 ÷ 10 × 6/12）、折旧 142 500 元（3 000 000 × 95% ÷ 10 × 6/12）。

（9）营业外收入 68 000 元，其中商品债务重组收益 10 000 元，固定资产债务重组收益 8 000 元，从递延收益转入的政府补助 50 000 元。

（10）营业外支出 518 000 元，其中违反相关合同规定赔偿给销售单位 18 000 元，通过民政部门向贫困地区捐赠现金 500 000 元。

（11）应付职工薪酬具体情况如下：

- 计提应付工资 9 888 000 元并全部发放。
- 按照 2% 计提工会经费 197 760 元，并全部拨缴上级工会。
- 计提 2.5% 计提教育经费 247 200 元，但没有实际使用。
- 本年没有发生职工福利费。
- 计提并缴纳基本社保 2 900 000 元。

（12）管理费用 4 332 000 元，其中：

- 当年没有发生技术开发费。
- 业务招待费支出 402 000 元。

（13）销售费用 18 180 000 元，其中：

- 本年发生广告宣传费支出 17 044 000 元，其中不符合条件的广告支出 44 000 元；
- 上年结转的广告支出额扣除额为 999 000 元。

（14）财务费用 363 600 元。

（15）资产减值损失（坏账准备）30 000 元。其中：

- 坏账准备期初余额为 154 150 元；
- 本年收回已核销的坏账 234 000 元；

- 坏账准备期末余额为 418 150 元。

（16）公允价值变动。

- 本年使用货币资金购买交易性金融资产 900 000 元。
- 本年确认公允价值变动收益 80 000 元。

（17）资产折旧与摊销，具体情况如下：

- 房屋建筑物的期末原值为 198 000 000 元（不含土地使用权），全年计提折旧 8 910 000 元。
- 机器设备的原值为 96 000 000 元，包括使用政府补助 1 000 000 元购买的环境保护设备原值 3 000 000 元，由于政府补助也分期进入了应纳税所得，则计税基础与账载金额一致，也为 96 000 000 元。全年共计提折旧 8 640 000 元，允许扣除的折旧也为 8 640 000 元。
- 电子设备原值为 48 000 000 元，全年共计提折旧 14 400 000 元。
- 土地使用权初始成本 118 800 000 元，全年共计提摊销 2 376 000 元。
- 不存在其他无形资产和长期待摊费用。

（18）以前年度亏损。

- 2005 年亏损 46 950 元。
- 2006 年亏损 1 501 300 元。
- 2007 年亏损 5 489 250 元。
- 2008 年亏损 4 222 500 元。
- 2009 年亏损 3 586 000 元。
- 2010 年盈利 5 630 000 元。

（19）境内股权投资（均采用权益法核算）。

- 本年在西安进行股权投资，投入货币 200 万元，对应的净资产份额为 250 万元，按照孰高的原则确认股权入账价值 250 万元，差额 50 万元确认为当年的投资收益。

由于税法按照历史成本确认资产的计税基础，需要将会计确认的投资收益作纳税调整减少处理，未来转让时再作时间性差异的转回。

- 本年设立在北京的子公司实现盈利，按照权益法核算的长期股权投资持有期间损益为 60 万元，没有宣告分派股利。
- 本年转让上海联营公司的股权，净收入 280 万元，股权成本 240 万元（包含以前年度按照权益法确认的损益调整 30 万元）。

（20）境外所得。

- 从设立在日本的子公司取得股息 70 万元（已征收的公司所得税 30 万元），再扣除扣缴的预提所得税 7 万元，实际所得 63 万元。
- 设立在澳门的子公司亏损，按照权益法确认亏损 40 万元。

2. 纳税申报表的填制

（1）企业所得税月（季）度预缴纳税申报表的填制

具体填制结果见表 6 - 7。

表 6－7　中华人民共和国企业所得税月（季）度预缴纳税申报表（A 类）

税款所属期间：2011 年 1 月 1 日 至 2011 年 1 月 31 日

纳税人识别号：230110690720693

纳税人名称：哈尔滨市东海食品股份有限公司　　　　金额单位：人民币元（列至角分）

行次	项目		本期金额	累计金额
1	一、据实预缴			
2	营业收入		285 200.00	285 200.00
3	营业成本		229 930.00	229 930.00
4	利润总额		55 270.00	55 270.00
5	税率（25%）		25%	25%
6	应纳所得税额（4 行×5 行）		13 817.50	13 817.50
7	减免所得税额		0.00	0.00
8	实际已缴所得税额		13 817.50	13 817.50
9	应补（退）所得税额（6 行－7 行－8 行）		0.00	0.00
10	二、按照上一纳税年度应纳税所得额的平均额预缴			
11	上一纳税年度应纳税所得额		—	
12	本月（季）应纳税所得额（11 行÷12 或 11 行÷4）			
13	税率（25%）		—	—
14	本月（季）应纳所得税额（12 行×13 行）			
15	三、按照税务机关确定的其他方法预缴			
16	本月（季）确定预缴的所得税额			
17	总分机构纳税人			
18	总机构	总机构应分摊的所得税额（9 行或 14 行或 16 行×25%）		
19		中央财政集中分配的所得税额（9 行或 14 行或 16 行×25%）		
20		分支机构分摊的所得税额（9 行或 14 行或 16 行×50%）		
21	分支机构	分配比例		
22		分配的所得税额（20 行×21 行）		

谨声明：此纳税申报表是根据《中华人民共和国企业所得税法》、《中华人民共和国企业所得税法实施条例》和国家有关税收规定填报的，是真实的、可靠的、完整的。

法定代表人（签字）：张丽

2011 年 2 月 5 日

纳税人公章： 会计主管： 填表日期：2011 年 2 月 5 日	代理申报中介机构公章： 经办人： 经办人执业证件号码： 代理申报日期：2011 年 2 月 5 日	主管税务机关受理专用章： 受理人： 受理日期：2011 年 2 月 5 日

国家税务总局监制

填表说明

一、适用范围

本表适用于实行查账征收方式申报企业所得税的居民纳税人及在中国境内设立机构的非居民纳税人在月（季）度预缴企业所得税时使用。

二、本表表头项目

1. "税款所属期间"：纳税人填写的"税款所属期间"为公历1月1日至所属（季）度最后一日。

企业年度中间开业的纳税人填写的"税款所属期间"为当月（季）开始经营之日至所属季度的最后一日，自次月（季）度起按正常情况填报。

2. "纳税人识别号"：填报税务机关核发的税务登记证号码（15位）。

3. "纳税人名称"：填报税务登记证中的纳税人全称。

三、各列的填报

1. "据实预缴"的纳税人第2行至第9行：填报"本期金额"列，数据为所属月（季）度第一日至最后一日；填报"累计金额"列，数据为纳税人所属年度1月1日至所属季度（或月份）最后一日的累计数。纳税人当期应补（退）所得税额为"累计金额"列第9行"应补（退）所得税额"的数据。

2. "按照上一纳税年度应纳税所得额平均额预缴"的纳税人第11行至14行及"按照税务机关确定的其他方法预缴"的纳税人第16行：填报表内第11行至第14行、第16行"本期金额"列，数据为所属月（季）度第一日至最后一日。

四、各行的填报

本表结构分为两部分：

1. 第一部分为第1行至第16行，纳税人根据自身的预缴申报方式分别填报，包括非居民企业设立的分支机构：实行据实预缴的纳税人填报第2至9行；实行按上一年度应纳税所得额的月度或季度平均额预缴的纳税人填报第11至14行；实行经税务机关认可的其他方法预缴的纳税人填报第16行。

2. 第二部分为第17行至第22行，由实行汇总纳税的总机构在填报第一部分的基础上填报第18至20行；分支机构填报第20至22行。

五、具体项目填报说明

1. 第2行"营业收入"：填报会计制度核算的营业收入，事业单位、社会团体、民办非企业单位按其会计制度核算的收入填报。

2. 第3行"营业成本"：填报会计制度核算的营业成本，事业单位、社会团体、民办非企业单位按其会计制度核算的成本（费用）填报。

3. 第4行"利润总额"：填报会计制度核算的利润总额，其中包括从事房地产开发企业可以在本行填写按本期取得预售收入计算出的预计利润等。事业单位、社会团体、民办非企业单位比照填报。

4. 第5行"税率（25%）"：按照《企业所得税法》第四条规定的25%税率计算应纳所得税额。

5. 第6行"应纳所得税额"：填报计算出的当期应纳所得税额。第6行＝第4

行×第5行，且第6行≥0。

6. 第7行"减免所得税额"：填报当期实际享受的减免所得税额，包括享受减免税优惠过渡期的税收优惠、小型微利企业优惠、高新技术企业优惠及经税务机关审批或备案的其他减免税优惠。第7行≤第6行。

7. 第8行"实际已缴所得税额"：填报累计已预缴的企业所得税税额，"本期金额"列不填。

8. 第9行"应补（退）所得税额"：填报按照税法规定计算的本次应补（退）预缴所得税额。第9行＝第6行－第7行－第8行，且第9行＜0时，填0，"本期金额"列不填。

9. 第11行"上一纳税年度应纳税所得额"：填报上一纳税年度申报的应纳税所得额。本行不包括纳税人的境外所得。

10. 第12行"本月（季）应纳税所得额"：填报纳税人依据上一纳税年度申报的应纳税所得额计算的当期应纳税所得额。

按季预缴企业：第12行＝第11行×1/4

按月预缴企业：第12行＝第11行×1/12

11. 第13行"税率（25%）"：按照《企业所得税法》第四条规定的25%税率计算应纳所得税额。

12. 第14行"本月（季）应纳所得税额"：填报计算的本月（季）应纳所得税额。第14行＝第12行×第13行

13. 第16行"本月（季）确定预缴的所得税额"：填报依据税务机关认定的应纳税所得额计算出的本月（季）应缴纳所得税额。

14. 第18行"总机构应分摊的所得税额"：填报汇总纳税总机构以本表第一部分（第1～16行）本月或本季预缴所得税额为基数，按总机构应分摊的预缴比例计算出的本期预缴所得税额。

（1）据实预缴的汇总纳税企业总机构：

第9行×总机构应分摊的预缴比例25%

（2）按上一纳税年度应纳税所得额的月度或季度平均额预缴的汇总纳税企业总机构：

第14行×总机构应分摊的预缴比例25%

（3）经税务机关认可的其他方法预缴的汇总纳税企业总机构：

第16行×总机构应分摊的预缴比例25%

15. 第19行"中央财政集中分配税款的所得税额"：填报汇总纳税总机构以本表第一部分（第1～16行）本月或本季预缴所得税额为基数，按中央财政集中分配税款的预缴比例计算出的本期预缴所得税额。

（1）据实预缴的汇总纳税企业总机构：

第9行×中央财政集中分配税款的预缴比例25%

（2）按上一纳税年度应纳税所得额的月度或季度平均额预缴的汇总纳税企业总机构：第14行×中央财政集中分配税款的预缴比例25%

（3）经税务机关认可的其他方法预缴的汇总纳税企业总机构：

第 16 行 × 中央财政集中分配税款的预缴比例 25%

16. 第 20 行"分支机构分摊的所得税额"：填报汇总纳税总机构以本表第一部分（第 1～16 行）本月或本季预缴所得税额为基数，按分支机构分摊的预缴比例计算出的本期预缴所得税额。

（1）据实预缴的汇总纳税企业总机构：

第 9 行 × 分支机构分摊的预缴比例 50%

（2）按上一纳税年度应纳税所得额的月度或季度平均额预缴的汇总纳税企业总机构：第 14 行 × 分支机构分摊的预缴比例 50%

（3）经税务机关认可的其他方法预缴的汇总纳税企业总机构：

第 16 行 × 分支机构分摊的预缴比例 50%

（分支机构本行填报总机构申报的第 20 行"分支机构分摊的所得税额"）

17. 第 21 行"分配比例"：填报汇总纳税分支机构依据汇总纳税企业所得税分配表中确定的分配比例。

18. 第 22 行"分配的所得税额"：填报汇总纳税分支机构依据当期总机构申报表中第 20 行"分支机构分摊的所得税额" × 本表第 21 行"分配比例"的数额。

（2）企业所得税年度纳税申报表（见表 6 - 8）及其附表（见表 6 - 9 至表 6 - 19）的填制

填制各表过程如下文所述。

①主营业务收入合计 121 200 000 元。填入附表一收入明细表（表 6 - 9）第 4 行"销售货物"121 200 000 元。

②主营业务成本合计 61 440 000 元。填入附表二成本费用明细表（表 6 - 10）第 3 行"销售货物成本"61 440 000 元。

③营业税金及附加为 911 000 元。填入主表（表 6 - 8）第 3 行"营业税金及附加"911 000 元。

④其他业务收入 888 000 元，全部为出租闲置厂房取得的租金收入。其中，租赁期从 2011 年 1 月开始，一次性收取三年租金 2 664 000 元，计算缴纳营业税、城建税和教育附加以及房产税等 466 200 元，其中 155 400 元（466 200 × 1/3）确认为当期的营业税及附加，尚未确认的税金 310 800 元（466 200 × 2/3）仍然保留为应交税费的借方，尚未确认的营业收入 1 776 000（2 664 000 × 2/3）仍然保留在预收账款科目。

● 填入附表一收入明细表第 12 行"其他"888 000 元。

● 填入附表三纳税调整项目明细表（表 6 - 11）第 5 行"未按权责发生制原则确认的收入"的账载金额 888 000 元，税收金额 2 664 000 元，形成纳税调整增加 1 776 000 元。

● 填入附表三纳税调整项目明细表第 19 行"其他"账载金额 155 400 元，税收金额 466 200 元，形成纳税调整减少 310 800 元。

⑤其他业务成本 48 840 元，全部为闲置房屋对应的折旧费用。填入附表二成本费用明细表第 11 行"其他"48 840 元。

⑥将库存商品 90 000 元用于对外偿还债务，不含税公允价值为 120 000 元，抵债金额为 150 400 元，已分别确认营业收入 120 000 元、营业成本 90 000 元以及营业外收入 10 000 元（150 400 – 120 000 – 120 000 × 17%）。

由于商品销售收入已经包含营业收入 120 000 元，因此不需要重复确认商品的视同销售收入 120 000 元和视同销售成本 90 000 元。

⑦当年将固定资产汽车用于对外偿还债务（原值 81 000 元，净值 13 000 元），抵债金额为 21 000 元，确认营业外收入 8 000 元（21 000 – 13 000）。

⑧接受政府补助 1 000 000 元，用于专项购买环境保护设备。企业又自行筹集 2 000 000 元，在 2009 年 6 月验收入库并投入使用，按照 10 年的折旧年限分别确认营业外收入 50 000 元（1 000 000 ÷ 10 × 6/12）、折旧 142 500 元（3 000 000 × 95% ÷ 10 × 6/12）。

填入附表一收入明细表第 24 行"政府补助收入" 50 000 元。虽然企业前期收到了货币，表面上具有了纳税资金，但由于需要按照政府补助的专项用途购买固定资产，要求专款专用，实质上还是不具有纳税资金能力，根据《国家税务总局关于广西合山煤业有限责任公司取得补偿款有关所得税处理问题的批复》（国税函〔2009〕18 号）的精神，税法也贯彻权责发生制原则，在相关资产使用寿命内分配递延收益，与会计处理一致。

⑨营业外收入 68 000 元，其中商品债务重组收益 10 000 元，固定资产债务重组收益 8 000 元，从递延收益转入的政府补助 50 000 元。

结合业务资料中⑥、⑦、⑧项，共需确认附表一收入明细表第 17 行 68 000 元。

⑩营业外支出 518 000 元，其中因违反相关合同规定赔偿给销售单位 18 000 元，通过民政部门向贫困地区捐赠现金 500 000 元。

- 填入附表二成本费用明细表第 24 行"其他" 18 000 元。
- 填入附表二成本费用明细表第 23 行"捐赠支出" 500 000 元。

⑪应付职工薪酬。

- 计提应付工资 9 888 000 元并全部发放。
- 按照 2% 计提工会经费 197 760 元，并全部拨缴上级工会。
- 计提 2.5% 计提教育经费 247 200 元，但没有实际使用。
- 本年没有发生职工福利费。
- 计提并缴纳基本社保 2 900 000 元。

⑫管理费用 4 332 000 元，其中：

- 当年没有发生技术开发费。
- 业务招待费支出 402 000 元。

⑬销售费用 18 180 000 元，其中：

- 本年发生广告宣传费支出 17 044 000 元，其中不符合条件的广告支出 44 000 元。
- 上年结转的广告支出额扣除额为 999 000 元。

⑭财务费用 363 600 元。

根据⑪、⑫、⑬、⑭相关信息及税法的相关规定填制附表二成本费用明细表、附表三纳税调整项目明细表对应行列。

⑮资产减值损失（坏账准备）30 000 元。其中：

- 坏账准备期初余额为 154 150 元。
- 本年收回已核销的坏账 234 000 元。
- 坏账准备期末余额为 418 150 元。

根据以上信息填制附表十资产减值准备项目调整明细表（表 6 - 18）对应行列。

⑯公允价值变动。

- 本年使用货币资金购买交易性金融资产 900 000 元。
- 本年确认公允价值变动收益 80 000 元。

根据以上信息填制附表七以公允价值计量资产纳税调整表（表 6 - 15）对应行列。

⑰资产折旧与摊销。

- 房屋建筑物的期末原值为 198 000 000 元（不含土地使用权），全年计提折旧 8 910 000 元。
- 机器设备的原值为 96 000 000 元，包括使用政府补助 1 000 000 元购买的环境保护设备原值 3 000 000 元，由于政府补助也分期进入了应纳税所得，则计税基础与账载金额一致，也为 96 000 000 元。全年共计提折旧 8 640 000 元，允许扣除的折旧也为 8 640 000 元。
- 电子设备原值为 48 000 000 元，全年共计提折旧 14 400 000 元。
- 土地使用权初始成本 118 800 000 元，全年共计提摊销 2 376 000 元。
- 不存在其他无形资产和长期待摊费用。

根据以上信息填制附表九资产折旧、摊销纳税调整明细表（表 6 - 17）对应行列。

⑱以前年度亏损。

- 2005 年亏损 46 950 元；
- 2006 年亏损 1 501 300 元；
- 2007 年亏损 5 489 250 元；
- 2008 年亏损 4 222 500 元；
- 2009 年亏损 3 586 000 元；
- 2010 年盈利 5 630 000 元。

根据以上信息填制附表四企业所得税弥补亏损明细表（表 6 - 12）对应行列。

⑲境内股权投资（均采用权益法核算）。

本年在西安进行股权投资，投入货币 200 万元，对应的净资产份额为 250 万元，按照孰高的原则确认股权入账价值 250 万元，差额 50 万元确认为当年的投资收益。

由于税法按照历史成本确认资产的计税基础，需要将会计确认的投资收益作纳税调整减少处理，未来转让时再作时间性差异的转回。

- 确认附表十一长期股权投资所得（损失）明细表（表 6 - 19）第 3 列"本年度增（减）投资额" 2 500 000 元，其中，第 4 列"初始投资成本" 2 000 000 元，第 5 列"权益法核算长期股权投资对初始投资成本调整产生的收益" 500 000 元。

• 将确认的附表十一长期股权投资所得（损失）明细表第 5 列"权益法核算对初始投资成本调整产生的收益"500 000 元，填入附表三纳税调整项目明细表第 6 行"按权益法核算长期股权投资对初始投资成本调整确认收益"的调减金额 500 000 元。

本年设立在北京的子公司实现盈利，按照权益法核算的长期股权投资持有期间损益为 60 万元，没有宣告分派股利。

由于税法按照被投资公司宣告分配时间作为纳税义务发生时间，因此会计按照权责发生制原则提前确认的投资持有收益应作纳税调整减少处理。

确认附表十一长期股权投资所得（损失）明细表第 7 列股息红利的"会计投资损益"600 000 元，同时填入附表三纳税调整项目明细表第 7 行"按权益法核算的长期股权投资持有期间的投资损益"的调减金额 600 000 元。

本年转让上海联营公司的股权，净收入 280 万元，股权成本 240 万元（包含以前年度按照权益法确认的损益调整 30 万元）。

由于转让成本中包含的损益调整没有计入应纳税所得，因此不允许作为转让成本的组成部分，应相应调整减少股权转让成本的计税基础，相应调整增加股权转让收益。

• 确认附表十一长期股权投资所得（损失）明细表第 11 列"投资转让净收入"2 800 000 元。

• 确认附表十一长期股权投资所得（损失）明细表第 12 列"投资转让会计成本"2 400 000 元。

• 确认附表十一长期股权投资所得（损失）明细表第 13 列"投资转让税收成本"2 100 000 元。

• 确认附表十一长期股权投资所得（损失）明细表第 14 列"会计上确认的转让所得或损失"400 000 元（2 800 000 - 2 400 000）。

• 确认附表十一长期股权投资所得（损失）明细表第 15 列"按税收计算的投资转让所得或损失"700 000 元（2 800 000 - 2 100 000）。

• 确认附表十一长期股权投资所得（损失）明细表第 16 列"会计与税收的差异"-300 000 元（400 000 - 700 000），并同时确认附表三纳税调整项目明细表第 47 行"投资转让、处置所得"的调增金额 300 000 元。

⑳境外所得

从设立在日本的子公司取得股息 70 万元（已征收的公司所得税 30 万元），再扣除扣缴的预提所得税 7 万元，实际所得 63 万元。

• 附表六境外所得税抵免计算明细表（表 6-14）第 2 列"境外所得"填写实际收到金额 630 000 元。

• 附表六境外所得税抵免计算明细表第 3 列"境外所得换算含税所得"填写 1 000 000 元（630 000 + 70 000 + 300 000）。

• 附表六境外所得税抵免计算明细表第 10 列"境外所得应纳税额"填写 250 000 元（1 000 000×25%），并据此填入主表第 31 行"境外所得应纳所得税额"250 000 元。

• 附表六境外所得税抵免计算明细表第 11 列"境外所得可抵免税额"填写 370 000 元（70 000 + 300 000）。

● 附表六境外所得税抵免计算明细表第 12 列"境外所得税款抵免限额"填写 250 000 元（1 000 000 × 25%）。

● 附表六境外所得税抵免计算明细表第 10 列"境外所得应纳税额"和第 12 列 "境外所得税款抵免限额"的区别在于，前者考虑了弥补境内亏损，后者不考虑弥补境内亏损。

● 附表六境外所得税抵免计算明细表第 13 列"本年可抵免的境外所得税款"按照 10、11、12 列孰小的原则分析填写 250 000 元，并据此填入主表第 32 行"境外所得抵免所得税额"250 000 元。

设立在澳门的子公司亏损，按照权益法确认亏损 40 万元。由于贯彻不分项的原则，境外不同国家（地区）之间的盈利和亏损不能互相弥补，因此澳门公司的亏损不得抵减日本公司的盈利。

上述境外投资业务不论盈亏，都通过投资收益并入会计利润，但由于境外所得单独计算应补税额，因此还需要将并入会计利润的境外所得作纳税调整处理，即：

● 确认附表三纳税调整项目明细表第 12 行"境外应税所得"的"调减金额" 630 000 元。

● 确认附表三纳税调整项目明细表第 13 行"不允许扣除的境外投资损失"的 "调增金额" 400 000 元。

表 6－8 中华人民共和国企业所得税年度纳税申报表（A 类）

税款所属期间：2011 年 1 月 1 日至 2011 年 12 月 31 日

纳税人名称：哈尔滨市东海食品股份有限公司

纳税人识别号：230110690720693　　　　　　　　　　金额单位：元（列至角分）

类别	行次	项目	金额
利润总额计算	1	一、营业收入（填附表一）	122 088 000.00
	2	减：营业成本（填附表二）	61 488 840.00
	3	营业税金及附加	911 000.00
	4	销售费用（填附表二）	18 180 000.00
	5	管理费用（填附表二）	4 332 000.00
	6	财务费用（填附表二）	363 600.00
	7	资产减值损失	30 000.00
	8	加：公允价值变动收益	80 000.00
	9	投资收益	1 730 000.00
	10	二、营业利润	38 592 560.00
	11	加：营业外收入（填附表一）	68 000.00
	12	减：营业外支出（填附表二）	518 000.00
	13	三、利润总额（10 + 11 - 12）	38 142 560.00

续表

类别	行次	项目	金额
应纳税所得额计算	14	加：纳税调整增加额（填附表三）	3 192 000.00
	15	减：纳税调整减少额（填附表三）	3 119 800.00
	16	其中：不征税收入	0.00
	17	免税收入	0.00
	18	减计收入	0.00
	19	减、免税项目所得	0.00
	20	加计扣除	0.00
	21	抵扣应纳税所得额	0.00
	22	加：境外应税所得弥补境内亏损	0.00
	23	纳税调整后所得（13 + 14 − 15 + 22）	38 214 760.00
	24	减：弥补以前年度亏损（填附表四）	9 216 000.00
	25	应纳税所得额（23 − 24）	28 998 760.00
应纳税额计算	26	税率（25%）	25%
	27	应纳所得税额（25 × 26）	7 249 690.00
	28	减：减免所得税额（填附表五）	0.00
	29	减：抵免所得税额（填附表五）	200 000.00
	30	应纳税额（27 − 28 − 29）	7 049 940.00
	31	加：境外所得应纳所得税额（填附表六）	250 000.00
	32	减：境外所得抵免所得税额（填附表六）	250 000.00
	33	实际应纳所得税额（30 + 31 − 32）	7 049 940.00
	34	减：本年累计实际已预缴的所得税额	7 000 000.00
	35	其中：汇总纳税的总机构分摊预缴的税额	0.00
	36	汇总纳税的总机构财政调库预缴的税额	0.00
	37	汇总纳税的总机构所属分支机构分摊的预缴税额	0.00
	38	合并纳税（母子体制）成员企业就地预缴比例	0.00
	39	合并纳税企业就地预缴的所得税额	0.00
	40	本年应补（退）的所得税额（33 − 34）	49 940.00
附列资料	41	以前年度多缴的所得税额在本年抵减额	0.00
	42	以前年度应缴未缴在本年入库所得税额	0.00

纳税人公章： 经办人： 申报日期：2012 年 1 月 10 日	代理申报中介机构公章： 经办人及执业证件号码： 代理申报日期：　　年　　月　　日	主管税务机关受理专用章： 受理人： 受理日期：年　　月　　日

填表说明

一、适用范围

本表适用于实行查账征收的企业所得税居民纳税人填报。

二、填报依据及内容

根据《中华人民共和国企业所得税法》及其实施条例的规定计算填报，并依据企业会计制度、企业会计准则等企业的利润表以及纳税申报表相关附表的数据填报。

三、有关项目填报说明

1. 表头项目

（1）"税款所属期间"：正常经营的纳税人，填报公历当年1月1日至12月31日；纳税人年度中间开业的，填报实际生产经营之日的当月1日至同年12月31日；纳税人年度中间发生合并、分立、破产、停业等情况的，填报公历当年1月1日至实际停业或法院裁定并宣告破产之日的当月月末；纳税人年度中间开业且年度中间又发生合并、分立、破产、停业等情况的，填报实际生产经营之日的当月1日至实际停业或法院裁定并宣告破产之日的当月月末。

（2）"纳税人识别号"：填报税务机关统一核发的税务登记证号码。

（3）"纳税人名称"：填报税务登记证所载纳税人的全称。

2. 表体项目

本表是在企业会计利润总额的基础上，加减纳税调整额后计算出"纳税调整后所得"（应纳税所得额）。会计与税法的差异（包括收入类、扣除类、资产类等一次性和暂时性差异）通过纳税调整项目明细表（附表三）集中体现。本表包括利润总额计算、应纳税所得额计算、应纳税额计算和附列资料四个部分。

（1）"利润总额计算"中的项目，适用《企业会计准则》的企业，其数据直接取自利润表；实行《企业会计制度》、《小企业会计制度》等会计制度的企业，其利润表中项目与本表不一致的部分，应当按照本表要求对利润表中的项目进行调整后填报。

该部分的收入、成本费用明细项目，适用《企业会计准则》、《企业会计制度》或《小企业会计制度》的纳税人，通过附表一（1）收入明细表和附表二（1）成本费用明细表反映；适用《企业会计准则》、《金融企业会计制度》的纳税人填报附表一（2）金融企业收入明细表、附表二（2）金融企业成本费用明细表的相应栏次；适用《事业单位会计准则》、《民间非营利组织会计制度》的事业单位、社会团体、民办非企业单位、非营利组织，填报附表一（3）事业单位、社会团体、民办非企业单位收入项目明细表和附表一（3）事业单位、社会团体、民办非企业单位支出项目明细表。

（2）"应纳税所得额计算"和"应纳税额计算"中的项目，除根据主表逻辑关系计算出的指标外，其余数据来自附表。

（3）"附列资料"包括用于税源统计分析的上年度税款在本年入库金额。

3. 行次说明

（1）第1行"营业收入"：填报纳税人主要经营业务和其他业务所确认的收入

总额。本项目应根据"主营业务收入"和"其他业务收入"科目的发生额分析填列。一般企业通过附表一（1）收入明细表计算填列；金融企业通过附表一（2）金融企业收入明细表计算填列；事业单位、社会团体、民办非企业单位、非营利组织应填报附表一（3）事业单位、社会团体、民办非企业单位收入明细表的"收入总额"，包括按税法规定的不征税收入。

（2）第2行"营业成本"项目，填报纳税人经营主要业务和其他业务发生的实际成本总额。本项目应根据"主营业务成本"和"其他业务成本"科目的发生额分析填列。一般企业通过附表二（1）成本费用明细表计算填列；金融企业通过附表二（2）金融企业成本费用明细表计算填列；事业单位、社会团体、民办非企业单位、非营利组织应按附表一（3）事业单位、社会团体、民办非企业单位收入明细表和附表二（3）事业单位、社会团体、民办非企业单位支出明细表分析填报。

（3）第3行"营业税金及附加"：填报纳税人经营业务应负担的营业税、消费税、城市维护建设税、资源税、土地增值税和教育费附加等。本项目应根据"营业税金及附加"科目的发生额分析填列。

（4）第4行"销售费用"：填报纳税人在销售商品过程中发生的包装费、广告费等费用和为销售本企业商品而专设的销售机构的职工薪酬、业务费等经营费用。本项目应根据"销售费用"科目的发生额分析填列。

（5）第5行"管理费用"：填报纳税人为组织和管理生产经营发生的管理费用。本项目应根据"管理费用"科目的发生额分析填列。

（6）第6行"财务费用"：填报纳税人为筹集生产经营所需资金等而发生的筹资费用。本项目应根据"财务费用"科目的发生额分析填列。

（7）第7行"资产减值损失"：填报纳税人各项资产发生的减值损失。本项目应根据"资产减值损失"科目的发生额分析填列。

（8）第8行"公允价值变动收益"：填报纳税人按照相关会计准则规定应当计入当期损益的资产或负债公允价值变动收益，如交易性金融资产当期公允价值的变动额。本项目应根据"公允价值变动损益"科目的发生额分析填列，如为损失，本项目以"－"号填列。

（9）第9行"投资收益"：填报纳税人以各种方式对外投资所取得的收益。本行应根据"投资收益"科目的发生额分析填列，如为损失，用"－"号填列。企业持有的交易性金融资产处置和出让时，处置收益部分应当自"公允价值变动损益"项目转出，列入本行，包括境外投资应纳税所得额。

（10）第10行"营业利润"：填报纳税人当期的营业利润。根据上述行次计算填列。

（11）第11行"营业外收入"：填报纳税人发生的与其经营活动无直接关系的各项收入。除事业单位、社会团体、民办非企业单位外，其他企业通过附表一（1）《收入明细表》相关行次计算填报；金融企业通过附表一（2）金融企业收入明细表相关行次计算填报。

（12）第12行"营业外支出"：填报纳税人发生的与其经营活动无直接关系的各项支出。一般企业通过附表二（1）成本费用明细表相关行次计算填报；金融企业通过附表二（2）金融企业成本费用明细表相关行次计算填报。

（13）第 13 行"利润总额"：填报纳税人当期的利润总额。根据上述行次计算填列。金额等于第 10 + 11 - 12 行。

（14）第 14 行"纳税调整增加额"：填报纳税人未计入利润总额的应税收入项目、税收不允许扣除的支出项目、超出税收规定扣除标准的支出金额，以及资产类应纳税调整的项目，包括房地产开发企业按本期预售收入计算的预计利润等。纳税人根据附表三纳税调整项目明细表"调增金额"列下计算填报。

（15）第 15 行"纳税调整减少额"：填报纳税人已计入利润总额，但税收规定可以暂不确认为应税收入的项目，以及在以前年度进行了纳税调增，根据税收规定从以前年度结转过来在本期扣除的项目金额，包括不征税收入、免税收入、减计收入以及房地产开发企业已转销售收入的预售收入按规定计算的预计利润等。纳税人根据附表三纳税调整项目明细表"调减金额"列下计算填报。

（16）第 16 行"其中：不征税收入"：填报纳税人计入营业收入或营业外收入中的属于税收规定的财政拨款、依法收取并纳入财政管理的行政事业性收费、政府性基金以及国务院规定的其他不征税收入。

（17）第 17 行"免税收入"：填报纳税人已并入利润总额中核算的符合税收规定免税条件的收入或收益，包括国债利息收入；符合条件的居民企业之间的股息、红利等权益性投资收益；在中国境内设立机构、场所的非居民企业从居民企业取得与该机构、场所有实际联系的股息、红利等权益性投资收益；符合条件的非营利组织的收入。本行应根据"主营业务收入"、"其他业务收入"和"投资净收益"科目的发生额分析填列。

（18）第 18 行"减计收入"：填报纳税人以《资源综合利用企业所得税优惠目录》规定的资源作为主要原材料，生产销售国家非限制和禁止并符合国家和行业相关标准的产品按 10% 的规定比例减计的收入。

（19）第 19 行"减、免税项目所得"：填报纳税人按照税收规定应单独核算的减征、免征项目的所得额。

（20）第 20 行"加计扣除"：填报纳税人当年实际发生的开发新技术、新产品、新工艺发生的研究开发费用，以及安置残疾人员和国家鼓励安置的其他就业人员所支付的工资。符合税收规定条件的，计算应纳税所得额按一定比例的加计扣除金额。

（21）第 21 行"抵扣应纳税所得额"：填报创业投资企业采取股权投资方式投资于未上市的中小高新技术企业 2 年以上的，可以按照其投资额的 70% 在股权持有满 2 年的当年抵扣该创业投资企业的应纳税所得额；当年不足抵扣的，可以在以后纳税年度结转抵扣。

（22）第 22 行"加：境外应税所得弥补境内亏损"：依据《境外所得计征企业所得税暂行管理办法》的规定，纳税人在计算缴纳企业所得税时，其境外营业机构的盈利可以弥补境内营业机构的亏损。即当"利润总额"，加"纳税调整增加额"减"纳税调整减少额"为负数时，该行填报企业境外应税所得用于弥补境内亏损的部分，最大不得超过企业当年的全部境外应税所得；如为正数时，如以前年度无亏损额，本行填零；如以前年度有亏损额，取应弥补以前年度亏损额的最大值，最大不得超过企业当年的全部境外应税所得。

（23）第23行"纳税调整后所得"：填报纳税人当期经过调整后的应纳税所得额。金额等于本表第13＋14－15＋22行。当本行为负数时，即为可结转以后年度弥补的亏损额（当年可弥补的所得额）；如为正数时，应继续计算应纳税所得额。

（24）第24行"减弥补以前年度亏损"：填报纳税人按税收规定可在税前弥补的以前年度亏损额。金额等于附表四企业所得税弥补亏损明细表第6行第10列。但不得超过本表第23行"纳税调整后所得"。

（25）第25行"应纳税所得额"：金额等于本表第23－24行。本行不得为负数，本表第23行或者依上述顺序计算结果为负数，本行金额填零。

（26）第26行"税率"：填报税法规定的税率25%。

（27）第27行"应纳所得税额"：金额等于本表第25×26行。

（28）第28行"减免所得税额"：填列纳税人按税收规定实际减免的企业所得税额，包括小型微利企业、国家需要重点扶持的高新技术企业、享受减免税优惠过渡政策的企业，其实际执行税率与法定税率的差额，以及经税务机关审批或备案的其他减免税优惠。金额等于附表五税收优惠明细表第33行。

（29）第29行"抵免所得税额"：填列纳税人购置用于环境保护、节能节水、安全生产等专用设备的投资额，其设备投资额的10%可以从企业当年的应纳税额中抵免；当年不足抵免的，可以在以后5个纳税年度结转抵免。金额等于附表五税收优惠明细表第40行。

（30）第30行"应纳税额"：填报纳税人当期的应纳所得税额，根据上述有关的行次计算填列。金额等于本表第27－28－29行。

（31）第31行"境外所得应纳所得税额"：填报纳税人来源于中国境外的应纳税所得额（如分得的所得为税后利润应还原计算），按税法规定的税率（居民企业25%）计算的应纳所得税额。金额等于附表六境外所得税抵免计算明细表第10列合计数。

（32）第32行"境外所得抵免所得税额"：填报纳税人来源于中国境外的所得，依照税法规定计算的应纳所得税额，即抵免限额。

企业已在境外缴纳的所得税额，小于抵免限额的，"境外所得抵免所得税额"按其在境外实际缴纳的所得税额填列；大于抵免限额的，按抵免限额填列，超过抵免限额的部分，可以在以后五个年度内，用每年度抵免限额抵免当年应抵税额后的余额进行抵补。

可用境外所得弥补境内亏损的纳税人，其境外所得应纳税额公式中"境外应纳税所得额"项目和境外所得税税款扣除限额公式中"来源于某外国的所得"项目，为境外所得，不含弥补境内亏损部分。

（33）第33行"实际应纳所得税额"：填报纳税人当期的实际应纳所得税额。金额等于本表第30＋31－32行。

（34）第34行"本年累计实际已预缴的所得税额"：填报纳税人按照税收规定本年已在月（季）累计预缴的所得税额。

（35）第35行"其中：汇总纳税的总机构分摊预缴的税额"：填报汇总纳税的

总机构 1 至 12 月份（或 1 至 4 季度）分摊的在当地入库预缴税额。附报中华人民共和国汇总纳税分支机构分配表。

（36）第 36 行"汇总纳税的总机构财政调库预缴的税额"：填报汇总纳税的总机构 1 至 12 月份（或 1 至 4 季度）分摊的缴入财政调节入库的预缴税额。附报中华人民共和国汇总纳税分支机构分配表。

（37）第 37 行"汇总纳税的总机构所属分支机构分摊的预缴税额"：填报分支机构就地分摊预缴的税额。附报中华人民共和国汇总纳税分支机构分配表。

（38）第 38 行"合并纳税（母子体制）成员企业就地预缴比例"：填报经国务院批准的实行合并纳税（母子体制）的成员企业按规定就地预缴的比例。

（39）第 39 行"合并纳税企业就地预缴的所得税额"：填报合并纳税的成员企业就地应预缴的所得税额。根据"实际应纳税额"和"预缴比例"计算填列。金额等于本表第 33 × 38 行。

（40）第 40 行"本年应补（退）的所得税额"：填报纳税人当期应补（退）的所得税额。金额等于本表第 33 － 34 行。

（41）第 41 行"以前年度多缴的所得税在本年抵减额"：填报纳税人以前年度汇算清缴多缴的税款尚未办理退税的金额，且在本年抵缴的金额。

（42）第 42 行"上年度应缴未缴在本年入库所得税额"：填报纳税人以前年度损益调整税款、上一年度第四季度或 12 月份预缴税款和汇算清缴的税款，在本年入库金额。

四、表内及表间关系

1. 第 1 行 = 附表一（1）第 2 行或附表一（2）第 1 行或附表一（3）第 3 行至 7 行合计。

2. 第 2 行 = 附表二（1）第 2 行或附表二（2）第 1 行或附表二（3）第 14 行。

3. 第 10 行 = 第 1 － 2 － 3 － 4 － 5 － 6 － 7 ＋ 8 ＋ 9 行。

4. 第 11 行 = 附表一（1）第 17 行或附表一（2）第 42 行或附表一（3）第 9 行

5. 第 12 行 = 附表二（1）第 16 行或附表二（2）第 45 行。

6. 第 13 行 = 第 10 ＋ 11 － 12 行。

7. 第 14 行 = 附表三第 52 行第 3 列合计。

8. 第 15 行 = 附表三第 52 行第 4 列合计。

9. 第 16 行 = 附表三第 14 行第 4 列。

10. 第 17 行 = 附表五第 1 行。

11. 第 18 行 = 附表五第 6 行。

12. 第 19 行 = 附表五第 14 行。

13. 第 20 行 = 附表五第 9 行。

14. 第 21 行 = 附表五第 39 行。

15. 第 22 行 = 附表六第 7 列合计（当第 13 ＋ 14 － 15 行 ≥ 0 时，本行 = 0）。

16. 第 23 行 = 第 13 ＋ 14 － 15 ＋ 22 行（当第 13 ＋ 14 － 15 行 < 0 时，则加 22 行的最大值）。

17. 第 24 行 = 附表四第 6 行第 10 列。

18. 第 25 行 = 第 23 - 24 行（当本行 < 0 时，则先调整 21 行的数据，使其本行 ≥ 0；当 21 行 = 0 时，23 - 24 行 ≥ 0）。

19. 第 26 行填报 25%。

20. 第 27 行 = 第 25 × 26 行。

21. 第 28 行 = 附表五第 33 行。

22. 第 29 行 = 附表五第 40 行。

23. 第 30 行 = 第 27 - 28 - 29 行。

24. 第 31 行 = 附表六第 10 列合计。

25. 第 32 行 = 附表六第 14 列合计 + 第 16 列合计或附表六第 17 列合计。

26. 第 33 行 = 第 30 + 31 - 32 行。

27. 第 40 行 = 第 33 - 34 行。

注：限于篇幅的关系，仅就企业所得税年度纳税申报表主表的填报予以说明，相关附表填报说明略。

企业所得税年度纳税申报表附表一（1）。

表 6 - 9　　　　　　　　　　　　　收入明细表

填报时间：2012 年 1 月 10 日　金额单位：元（列至角分）

行次	项目	金额
1	一、销售（营业）收入合计（2 + 13）	122 088 000.00
2	（一）营业收入合计（3 + 8）	122 088 000.00
3	1. 主营业务收入（4 + 5 + 6 + 7）	121 200 000.00
4	（1）销售货物	121 200 000.00
5	（2）提供劳务	0.00
6	（3）让渡资产使用权	0.00
7	（4）建造合同	0.00
8	2. 其他业务收入（9 + 10 + 11 + 12）	888 000.00
9	（1）材料销售收入	0.00
10	（2）代购代销手续费收入	0.00
11	（3）包装物出租收入	0.00
12	（4）其他	888 000.00
13	（二）视同销售收入（14 + 15 + 16）	0.00
14	（1）非货币性交易视同销售收入	0.00
15	（2）货物、财产、劳务视同销售收入	0.00
16	（3）其他视同销售收入	0.00
17	二、营业外收入（18 + 19 + 20 + 21 + 22 + 23 + 24 + 25 + 26）	68 000.00
18	1. 固定资产盘盈	0.00
19	2. 处置固定资产净收益	0.00
20	3. 非货币性资产交易收益	0.00
21	4. 出售无形资产收益	0.00

续表

行次	项目	金额
22	5. 罚款净收入	0.00
23	6. 债务重组收益	18 000.00
24	7. 政府补助收入	50 000.00
25	8. 捐赠收入	0.00
26	9. 其他	0.00

经办人（签章）：   法定代表人（签章）：

企业所得税年度纳税申报表附表二。

表 6 - 10   成本费用明细表

填报时间：2012 年 1 月 10 日   金额单位：元（列至角分）

行次	项目	金额
1	一、销售（营业）成本合计（2 + 7 + 12）	61 488 840.00
2	（一）主营业务成本（3 + 4 + 5 + 6）	61 440 000.00
3	（1）销售货物成本	61 440 000.00
4	（2）提供劳务成本	0.00
5	（3）让渡资产使用权成本	0.00
6	（4）建造合同成本	0.00
7	（二）其他业务成本（8 + 9 + 10 + 11）	48 840.00
8	（1）材料销售成本	0.00
9	（2）代购代销费用	0.00
10	（3）包装物出租成本	0.00
11	（4）其他	48 840.00
12	（三）视同销售成本（13 + 14 + 15）	0.00
13	（1）非货币性交易视同销售成本	0.00
14	（2）货物、财产、劳务视同销售成本	0.00
15	（3）其他视同销售成本	0.00
16	二、营业外支出（17 + 18 + … + 24）	518 000.00
17	1. 固定资产盘亏	0.00
18	2. 处置固定资产净损失	0.00
19	3. 出售无形资产损失	0.00
20	4. 债务重组损失	0.00
21	5. 罚款支出	0.00
22	6. 非常损失	0.00
23	7. 捐赠支出	500 000.00
24	8. 其他	18 000.00
25	三、期间费用（26 + 27 + 28）	22 875 600.00
26	1. 销售（营业）费用	18 180 000.00
27	2. 管理费用	4 332 000.00
28	3. 财务费用	363 600.00

经办人（签章）：   法定代表人（签章）：

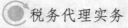
企业所得税年度纳税申报表附表三。

表 6 – 11 　　　　　　　　　　纳税调整项目明细表

填报时间：2012 年 1 月 10 日　金额单位：元（列至角分）

	行次	项目	账载金额 1	税收金额 2	调增金额 3	调减金额 4
	1	一、收入类调整项目	*	*	2 176 000.00	1 810 000.00
	2	1. 视同销售收入（填写附表一）	*	*	0.00	*
#	3	2. 接受捐赠收入	*	0.00	0.00	*
	4	3. 不符合税收规定的销售折扣和折让				*
*	5	4. 未按权责发生制原则确认的收入	888 000.00	2 664 000.00	1 776 000.00	0.00
*	6	5. 按权益法核算长期股权投资对初始投资成本调整确认收益	*	*	*	500 000.00
	7	6. 按权益法核算的长期股权投资持有期间的投资损益	*	*		600 000.00
*	8	7. 特殊重组	0.00	0.00	0.00	0.00
*	9	8. 一般重组	0.00	0.00	0.00	0.00
*	10	9. 公允价值变动净收益（填写附表七）	*	*	0.00	80 000.00
	11	10. 确认为递延收益的政府补助	0.00	0.00	0.00	
	12	11. 境外应税所得（填写附表六）	*	*	*	630 000.00
	13	12. 不允许扣除的境外投资损失	*	*	400 000.00	*
	14	13. 不征税收入（填附表一）	*	*	*	
	15	14. 免税收入（填附表五）	*	*	*	
	16	15. 减计收入（填附表五）	*	*	*	
	17	16. 减、免税项目所得（填附表五）	*	*	*	
	18	17. 抵扣应纳税所得额（填附表五）	*	*	*	
	19	18. 其他	155 400.00	466 200.00		310 800.00
	20	二、扣除类调整项目	*	*	452 000.00	1 309 800.00
	21	1. 视同销售成本（填写附表二）	*	*	*	
	22	2. 工资薪金支出	9 888 000.00	9 888 000.00		
	23	3. 职工福利费支出	0	0		
	24	4. 职工教育经费支出	247 200.00	0	247 200.00	
	25	5. 工会经费支出	197 760.00	197 760.00	0	
	26	6. 业务招待费支出	402 000.00	241 200.00	160 800.00	*
	27	7. 广告费和业务宣传费支出（填写附表八）	*	*		
	28	8. 捐赠支出	500 000.00			*
	29	9. 利息支出				

续表

行次	项目	账载金额 1	税收金额 2	调增金额 3	调减金额 4
30	10. 住房公积金				*
31	11. 罚金、罚款和被没收财物的损失		*		*
32	12. 税收滞纳金		*		*
33	13. 赞助支出	*		*	0.00
34	14. 各类基本社会保障性缴款	*		*	0.00
35	15. 补充养老保险、补充医疗保险	*		*	0.00
36	16. 与未实现融资收益相关在当期确认的财务费用	*		*	0.00
37	17. 与取得收入无关的支出	*	*	*	0.00
38	18. 不征税收入用于支出所形成的费用	0.00	0.00		0.00
39	19. 加计扣除（填附表五）	*	*	452 000.00	1 309 800.00
40	20. 其他	*	*	*	0.00
41	三、资产类调整项目	9 888 000.00	9 888 000.00	0.00	0.00
42	1. 财产损失	0.00	0.00	0.00	*
43	2. 固定资产折旧（填写附表九）	247 200.00	0.00	247 200.00	
44	3. 生产性生物资产折旧（填写附表九）	197 760.00	197 760.00		
45	4. 长期待摊费用的摊销（填写附表九）	402 000.00	241 200.00	160 800.00	
46	5. 无形资产摊销（填写附表九）	*	*	44 000.00	999 000.00
47	6. 投资转让、处置所得（填写附表十一）	500 000.00	4 577 227.00	300 000.00	*
48	7. 油气勘探投资（填写附表九）			0.00	*
49	8. 油气开发投资（填写附表九）				
50	9. 其他	0.00	*	0.00	*
51	四、准备金调整项目（填写附表十）	0.00		0.00	*
52	五、房地产企业预售收入计算的预计利润	0.00		0.00	*
53	六、特别纳税调整应税所得	2 900 000.00	2 900 000.00	0.00	*
54	七、其他			0.00	*
55	合计			0.00	*

1. 标有 * 的行次为执行新会计准则的企业填列，标有#的行次为除执行新会计准则以外的企业填列。

2. 没有标注的行次，无论执行何种会计核算办法，有差异就填报相应行次，填 * 号不可填列。

3. 有二级附表的项目只填调增、调减金额，账载金额、税收金额不再填写。

经办人（签章）：　　　　　　　　　　　　　　　　法定代表人（签章）：

企业所得税年度纳税申报表附表四。

表 6 - 12

企业所得税弥补亏损明细表

填报时间：2012 年 1 月 10 日

金额单位：元（列至角分）

行次	项目	年度	盈利额或亏损额	合并分立企业转入可弥补亏损额	当年可弥补的所得额	以前年度亏损弥补额						本年度实际弥补的以前年度亏损额	可结转以后年度弥补的亏损额
						前四年度	前三年度	前二年度	前一年度	合计		
		1	2	3	4	5	6	7	8	9	10	11
1	第一年	2006	-1 501 300.00	0.00	-1 501 300.00	0.00	0.00	0.00	1 501 300.00	1 501 300.00	0.00	0.00
2	第二年	2007	-5 489 250.00	0.00	-5 489 250.00	*	0.00	0.00	4 081 750.00	4 081 750.00	1 407 500.00	0.00
3	第三年	2008	-4 222 500.00	0.00	-4 222 500.00	*	*	0.00	0.00	0.00	-4 222 500.00	0.00
4	第四年	2009	-3 586 000.00	0.00	-3 586 000.00	*	*	*	0.00	0.00	-3 586 000.00	0.00
5	第五年	2010	5 630 000.00	0.00	0.00	*	*	*	*	*	0.00	0.00
6	本年	2011	38 214 760.00	0.00	0.00	*	*	*	*	*	9 216 000.00	0.00
7	可结转以后年度弥补的亏损额合计											0.00

经办人（签章）：

法定代表人（签章）：

企业所得税年度纳税申报表附表五。

表6-13 税收优惠明细表

填报时间：2012年1月10日 金额单位：元（列至角分）

行次	项目	金额
1	一、免税收入（2+3+4+5）	0.00
2	1. 国债利息收入	0.00
3	2. 符合条件的居民企业之间的股息、红利等权益性投资收益	0.00
4	3. 符合条件的非营利组织的收入	0.00
5	4. 其他	0.00
6	二、减计收入（7+8）	0.00
7	1. 企业综合利用资源，生产符合国家产业政策规定的产品所取得的收入	0.00
8	2. 其他	0.00
9	三、加计扣除额合计（10+11+12+13）	0.00
10	1. 开发新技术、新产品、新工艺发生的研究开发费用	0.00
11	2. 安置残疾人员所支付的工资	0.00
12	3. 国家鼓励安置的其他就业人员支付的工资	0.00
13	4. 其他	0.00
14	四、减免所得额合计（15+25+29+30+31+32）	0.00
15	（一）免税所得（16+17+…+24）	0.00
16	1. 蔬菜、谷物、薯类、油料、豆类、棉花、麻类、糖料、水果、坚果的种植	0.00
17	2. 农作物新品种的选育	0.00
18	3. 中药材的种植	0.00
19	4. 林木的培育和种植	0.00
20	5. 牲畜、家禽的饲养	0.00
21	6. 林产品的采集	0.00
22	7. 灌溉、农产品初加工、兽医、农技推广、农机作业和维修等农、林、牧、渔服务业项目	0.00
23	8. 远洋捕捞	0.00
24	9. 其他	0.00

续表

行次	项目	金额
25	（二）减税所得（26＋27＋28）	0.00
26	1. 花卉、茶以及其他饮料作物和香料作物的种植	0.00
27	2. 海水养殖、内陆养殖	0.00
28	3. 其他	0.00
29	（三）从事国家重点扶持的公共基础设施项目投资经营的所得	0.00
30	（四）从事符合条件的环境保护、节能节水项目的所得	0.00
31	（五）符合条件的技术转让所得	0.00
32	（六）其他	0.00
33	五、减免税合计（34＋35＋36＋37＋38）	0.00
34	（一）符合条件的小型微利企业	0.00
35	（二）国家需要重点扶持的高新技术企业	0.00
36	（三）民族自治地方的企业应缴纳的企业所得税中属于地方分享的部分	0.00
37	（四）过渡期税收优惠	0.00
38	（五）其他	0.00
39	六、创业投资企业抵扣的应纳税所得额	0.00
40	七、抵免所得税额合计（41＋42＋43＋44）	200 000.00
41	（一）企业购置用于环境保护专用设备的投资额抵免的税额	200 000.00
42	（二）企业购置用于节能节水专用设备的投资额抵免的税额	0.00
43	（三）企业购置用于安全生产专用设备的投资额抵免的税额	0.00
44	（四）其他	
45	企业从业人数（全年平均人数）	
46	资产总额（全年平均数）	
47	所属行业（工业企业　　其他企业　　）	

经办人（签章）：　　　　　　　　　　　　　　　　　　法定代表人（签章）：

企业所得税年度纳税申报表附表六。

表 6-14

境外所得税抵免计算明细表

填报时间：2012 年 1 月 10 日

金额单位：元（至角分）

国家或地区	境外所得	境外所得换算含税所得	弥补以前年度亏损	免税所得	弥补亏损前境外应税所得额	可弥补境内亏损	境外应纳税所得额	税率	境外所得应纳税额	境外所得税抵免税额	境外所得税抵免限额	本年可抵免境外所得税款	未超过境外所得税款抵免限额的余额	本年可抵免以前年度境外所得税额	前五年境外所得已缴税款未抵免余额	定率抵免
1	2	3	4	5	6 (3－4－5)	7	8 (6－7)	9	10 (8×9)	11	12	13	14 (12－13)	15	16	17
日本	630 000.00	1 000 000.00	0.00	0.00	1 000 000.00	0.00	1 000 000.00	25%	250 000.00	370 000.00	250 000.00	250 000.00	0.00			
中国澳门	－400 000.00	0.00	0.00	0.00	0.00		0.00	25%	0.00		0.00	0.00	0.00	*	*	
		0.00	*	*	0.00		0.00	25%	0.00		0.00	0.00	0.00	*	*	
		0.00	*	*	0.00		0.00	25%	0.00		0.00	0.00	0.00	*	*	
		0.00	*	*	0.00		0.00	25%	0.00		0.00	0.00	*	*	*	
合计	230 000.00	1 000 000.00	0.00	0.00	1 000 000.00	0.00	1 000 000.00	25%	250 000.00	370 000.00	250 000.00	250 000.00	0.00	0.00	0.00	

经办人（签章）：　　　　　　　　　　　　　　　　　　　　法定代表人（签章）：

185

企业所得税年度纳税申报表附表七。

表6－15

以公允价值计量资产纳税调整表

填报时间：2012 年 1 月 10 日

金额单位：元（列至角分）

行次	资产种类	期初金额		期末金额		纳税调整额
		账载金额（公允价值）	计税基础	账载金额（公允价值）	计税基础	（纳税调减以"－"表示）
		1	2	3	4	5
1	一、公允价值计量且其变动计入当期损益的金融资产	900 000.00	900 000.00	980 000.00	900 000.00	－80 000.00
2	1. 交易性金融资产	900 000.00	900 000.00	980 000.00	900 000.00	－80 000.00
3	2. 衍生金融工具	0.00	0.00	0.00	0.00	0.00
4	3. 其他以公允价值计量的金融资产	0.00	0.00	0.00	0.00	0.00
5	二、公允价值计量且其变动计入当期损益的金融负债	0.00	0.00	0.00	0.00	0.00
6	1. 交易性金融负债	0.00	0.00	0.00	0.00	0.00
7	2. 衍生金融工具	0.00	0.00	0.00	0.00	0.00
8	3. 其他以公允价值计量的金融负债	0.00	0.00	0.00	0.00	0.00
9	三、投资性房地产	0.00	0.00	0.00	0.00	0.00
10	合计	900 000.00	900 000.00	980 000.00	900 000.00	－80 000.00

经办人（签章）：　　　　　　　　　　　　　　　　　法定代表人（签章）：

企业所得税年度纳税申报表附表八。

表 6-16　　　　　　　广告费和业务宣传费跨年度纳税调整表

填报时间 2012 年 1 月 10 日　　金额单位：元（列至角分）

行次	项目	金额
1	本年度广告费和业务宣传费支出	17 044 000.00
2	其中：不允许扣除的广告费和业务宣传费支出	44 000.00
3	本年度符合条件的广告费和业务宣传费支出（1-2）	17 000 000.00
4	本年计算广告费和业务宣传费扣除限额的销售（营业）收入	122 088 000.00
5	税收规定的扣除率	15%
6	本年广告费和业务宣传费扣除限额（4×5）	18 313 200.00
7	本年广告费和业务宣传费支出纳税调整额（3≤6，本行=2行；3>6，本行=1-6）	44 000.00
8	本年结转以后年度扣除额（3>6，本行=3-6；3≤6，本行=0）	0.00
9	加：以前年度累计结转扣除额	999 000.00
10	减：本年扣除的以前年度结转额	999 000.00
11	累计结转以后年度扣除额（8+9-10）	0.00

经办人（签章）：　　　　　　　　　　　　　　　　　　法定代表人（签章）：

企业所得税年度纳税申报表附表九。

表 6-17　　　　　　　资产折旧、摊销纳税调整明细表

填报日期：2012 年 1 月 10 日　　金额单位：元（列至角分）

行次	资产类别	资产原值		折旧、摊销年限		本期折旧、摊销额		纳税调整额
		账载金额	计税基础	会计	税收	会计	税收	
		1	2	3	4	5	6	7
1	一、固定资产	342 000 000.00	342 000 000.00	*	*	31 950 000.00	31 950 000.00	
2	1. 房屋建筑物	198 000 000.00	198 000 000.00			8 910 000.00	8 910 000.00	
3	2. 飞机、火车、轮船、机器、机械和其他生产设备							
4	3. 与生产经营有关的器具工具家具	96 000 000.00	96 000 000.00			8 640 000.00	8 640 000.00	
5	4. 飞机、火车、轮船以外的运输工具							
6	5. 电子设备	48 000 000.00	48 000 000.00			14 400 000.00	14 400 000.00	
7	二、生产性生物资产			*	*			
8	1. 林木类							
9	2. 畜类							
10	三、长期待摊费用			*	*			
11	1. 已足额提取折旧的固定资产的改建支出							

行次	资产类别	资产原值		折旧、摊销年限		本期折旧、摊销额		纳税调整额
		账载金额	计税基础	会计	税收	会计	税收	
		1	2	3	4	5	6	7
12	2. 租入固定资产的改建支出							
13	3. 固定资产大修理支出							
14	4. 其他长期待摊费用							
15	四、无形资产	118 800 000.00	118 800 000.00			2 736 000.00	2 736 000.00	
16	五、油气勘探投资							
17	六、油气开发投资							
18	合计	460 800 000.00	406 800 000.00	*	*	34 326 000.00	343 260 000.00	

经办人（签章）：   法定代表人（签章）：

企业所得税年度纳税申报表附表十。

表 6 - 18   资产减值准备项目调整明细表

填报日期：2012 年 1 月 10 日   金额单位：元（列至角分）

行次	准备金类别	期初余额	本期转回额	本期计提额	期末余额	纳税调整额
		1	2	3	4	5
1	坏（呆）账准备	154 150.00	-234 000.00	30 000.00	418 150.00	264 000.00
2	存货跌价准备	0.00	0.00	0.00	0.00	0.00
3	*其中：消耗性生物资产减值准备	0.00	0.00	0.00	0.00	0.00
4	*持有至到期投资减值准备	0.00	0.00	0.00	0.00	0.00
5	*可供出售金融资产减值	0.00	0.00	0.00	0.00	0.00
6	#短期投资跌价准备	—	—	—	—	—
7	长期股权投资减值准备	0.00	0.00	0.00	0.00	0.00
8	*投资性房地产减值准备	0.00	0.00	0.00	0.00	0.00
9	固定资产减值准备	0.00	0.00	0.00	0.00	0.00
10	在建工程（工程物资）减值准备	0.00	0.00	0.00	0.00	0.00
11	*生产性生物资产减值准备	0.00	0.00	0.00	0.00	0.00
12	无形资产减值准备	0.00	0.00	0.00	0.00	0.00
13	商誉减值准备	0.00	0.00	0.00	0.00	0.00
14	贷款损失准备	0.00	0.00	0.00	0.00	0.00
15	矿区权益减值	0.00	0.00	0.00	0.00	0.00
16	其他	0.00	0.00	0.00	0.00	0.00
17	合计	154 150.00	-234 000.00	30 000.00	418 150.00	264 000.00

注：表中＊项目为执行新会计准则企业专用；表中加＃项目为执行企业会计制度、小企业会计制度的企业专用。

经办人（签章）：   法定代表人（签章）：

企业所得税年度纳税申报表附表十一。

表 6－19

长期股权投资所得（损失）明细表

填报时间：2012 年 1 月 10 日

金额单位：元（列至角分）

行次	被投资企业	期初投资额	本年度增（减）投资额	投资成本 初始投资成本	投资成本 权益法核算对初始投资成本调整产生的收益	会计核算投资收益	股息红利 会计投资损益	股息红利 税收确认的股息红利 免税收入	股息红利 税收确认的股息红利 全额征税收入	股息红利 会计与税收的差异	投资转让所得（损失） 投资转让净收入	投资转让所得（损失） 投资转让成本 会计成本	投资转让所得（损失） 投资转让成本 税收成本	投资转让所得（损失） 会计上确认的转让所得或损失	投资转让所得（损失） 按税收计算的投资转让所得或损失	投资转让所得（损失） 会计与税收的差异
		1	2	3	4	5	6 (7+14)	7	8	9	10 (7-8-9)	11	12	13	14 (11-12)	15 (11-13)	16 (14-15)
1	西安		2 500 000.00	2 000 000.00	500 000.00	0.00	0.00	0.00	0.00							
2	北京					600 000.00	600 000.00			600 000.00	2 800 000.00	2 400 000.00	2 100 000.00	400 000.00	700 000.00	−300 000.00
3	上海					400 000.00										
4																
5																
6																
7																
8																
合计			2 500 000.00	2 000 000.00	500 000.00	1 000 000.00	600 000.00			600 000.00	2 800 000.00	2 400 000.00	2 100 000.00	400 000.00	700 000.00	−300 000.00

投资损失补充资料

以前年度结转在本年度税前扣除的股权投资转让损失

行次	项目	当年度结转金额	已弥补金额	本年度弥补金额	结转以后年度待弥补金额	备注
1	第一年					
2	第二年					
3	第三年					
4	第四年					
5	第五年					

经办人（签章）：　　　　　　　　　　　　　　法定代表人（签章）：

【思考与练习】

1. 简述代理企业所得税纳税申报的操作要点。

2. 某个人独资企业金年发生下列费用：

（1）企业部门经理、销售人员工资；

（2）投资人居住房与办公用房共用的电费、通讯费等难以划分的支出；

（3）投资人购买的汽车，即用于公司业务又供全家人使用；

（4）该企业发生的广告和业务宣传费用；

（5）投资者的个人工资。

要求：判断上述费用是否可以在缴纳个人所得税时税前扣除？若能扣除，其标准是如何规定的？

3. 2011 年度某企业财务资料如下：

（1）产品销售收入 800 万元，接受捐赠收入 40 万元，出租仓库收入 50 万元，国债利息收入 5 万元，取得政府性基金 5 万元。

（2）该企业全年发生的产品销售成本 430 万元，销售费用 80 万元，管理费用 20 万元（其中新工艺发生的研究开发费用 10 万元），财务费用 10 万元，营业外支出 3 万元（其中缴纳税收滞纳金 1 万元），按税法规定缴纳增值税 90 万元，消费税及附加 7.20 万元。

（3）2010 年经税务机关核定的亏损为 30 万元。

（4）2011 年应经预缴企业所得税 60 万元。

已知该企业适用的企业所得税税率为 25%，根据上述资料依次回答下列问题：

（1）企业 2011 年的收入总额；（2）企业 2011 年的税前扣除项目金额合计；（3）企业 2011 年的应纳税所得额；（4）企业 2011 年度应补缴的企业所得税；（5）填制企业所得税纳税申报表。

第7章

其他税种纳税申报代理实务

【学习目标】

通过本章学习，使学生掌握土地增值税、印花税、房产税、土地使用税、资源税的纳税申报代理方法、程序、操作规范及申报表填制方法。

【导入案例】

某企业厂区外有一块 20 000 平方米的空地没有利用，由于该地在厂区后面远离街道、位置不好，目前的商业开发价值不大，所以一直闲置，职工及家属以及周边的居民将其作为休闲娱乐之用。该地区的年城镇土地使用税为 4 元/平方米，企业需为该地块一年负担的城镇土地使用税为 80 000 元（20 000 × 4）。该企业咨询税务代理机构有没有办法免缴该部分城镇土地使用税。

7.1 土地增值税纳税申报代理实务

土地增值税纳税申报应在转让房地产合同签订后 7 日内，到房地产所在地主管税务机关办理。纳税人办理申报手续时应提交房屋及建筑物产权证书、土地使用权证书、土地转让合同、房屋买卖合同、房地产评估报告及其他与转让房地产有关的资料。

7.1.1 土地增值税的计算方法

土地增值税按照纳税人转让房地产所取得的增值额和适用的超率累进税率计算征收。计算公式是：

应纳税额 = 土地增值额 × 适用税率 − 扣除项目金额 × 速算扣除系数

【例 7 − 1】

A. 企业概况：

a. 纳税人名称：哈尔滨市立信房地产开发股份有限公司

b. 纳税人类型：股份有限责任公司

c. 法定代表人：张海旭

d. 地址及电话：哈尔滨市香坊区新发路 26 号；电话：0451 − 88240278

e. 开户行及账号：工商银行哈尔滨市香坊区支行 3500043109006680764

f. 税务登记号：230110690710126

g. 主管税务机关：哈尔滨市香坊区地方税务局

B. 业务资料：

该房地产开发公司建造一幢普通标准住宅出售，取得销售收入 2 000 万元（假设城市维护建设税税率为 7%，教育费附加征收率为 3%）。该公司为建造普通标准住宅而支付的地价款为 200 万元，建造此楼投入了 600 万元的房地产开发成本（其中：土地征用及拆迁补偿费 80 万元，前期工程费 60 万元，建筑安装工程费 200 万元，基础设施费 100 万元，公共配套设施费 100 万元，开发间接费用 60 万元），对该普通标准住宅所用的银行贷款利息支出 20 万元无法提供贷款证明，该地规定房地产开发费用的计提比例为 10%。其应纳税额计算如下：

确定转让房地产的收入为 2 000 万元。

确定转让房地产的扣除项目金额：

a. 取得土地使用权所支付的地价款 200 万元；

b. 房地产开发成本为 600 万元；

c. 房地产开发费用为（200 + 600）×10% = 80（万元）；

d. 与转让房地产有关的税金为

营业税：2 000 ×5% = 100（万元）

城建税：100 ×7% = 7（万元）

教育费附加：100 ×3% = 3（万元）

e. 从事房地产开发的加计扣除金额为（200 + 600）×20% = 160（万元）

f. 转让房地产的扣除项目金额为 200 + 600 + 80 + 100 + 7 + 3 + 160 = 1 150（万元）

转让房地产的增值额为 2 000 − 1 150 = 850（万元）

增值额与扣除项目金额的比率为 $\frac{850}{1\ 150} \times 100\% = 73.91\%$

应纳土地增值税税额 = 850 ×40% − 1 150 ×5% = 282.5（万元）

【例 7 − 2】天一制药厂 2012 年 4 月将一栋旧楼出售，取得销售收入 3 000 万元，该楼账面原值 1 500 万元，已提折旧 800 万元。该单位为建造此楼支付的地价款为 500 万元；经评估机构评估确认：该楼重置成本为 1 800 万元，成新率为 70%。该企业已于 4 月 10 日与购买方签订了转让合同，并办理了相关产权变更登记手续（营业税税率为 5%，城市维护建设税税率为 7%，印花税税率为 0.5‰，教育费附加征收率为 3%）。其应纳税额计算如下：

A. 确定转让房地产的收入为 3 000 万元。

B. 确定转让房地产的扣除项目金额：

a. 取得土地使用权所支付的金额为 500 万元；

b. 旧房及建筑物的评估价格 = 1 800 ×70% = 1 260（万元）

c. 与转让房地产有关的税金为 3 000 ×5% ×（1 + 7% + 3%）+ 3 000 ×0.5‰ = 166.5（万元）

d. 扣除项目金额为 500 + 1 260 + 166.5 = 1 926.5（万元）

C. 转让房地产的增值额为 3 000 − 1 926.5 = 1 073.5（万元）

D. 增值额与扣除项目金额的比率为 $\frac{1\ 073.5}{1\ 926.5} \times 100\% = 55.72\%$

E. 应纳土地增值税额为 1 073.5 × 40% − 1 926.5 × 5% = 333.075（万元）

7.1.2　代理土地增值税纳税申报操作规范与申报表填制方法

1. 土地增值税纳税申报操作规范

（1）核查房地产投资立项合同、批准证书和房地产转让合同，确认投资立项与转让的时间及房地产开发项目的性质。如属于免税项目，应向主管税务机关申请办理免征土地增值税的申报手续。

（2）核查应收账款、预收账款、经营收入、其他业务收入、固定资产清理账户及主要的原始凭证，确认本期应申报的转让房地产收入。

（3）核查土地使用权转让合同及付款凭证，确认土地出让金的实际缴付金额。

（4）核查开发成本账户及开发建筑承包合同与付款凭证，确认土地征用及拆迁补偿费、前期工程费等开发支出。

（5）核查财务费用账户及相关借款合同，确认利息支出并按税法规定计算扣除。对于其他房地产开发费用应根据利息计算分摊情况，以土地出让金和开发成本为基数按规定比例计算。

（6）核查经营税金和管理费用账户及缴税原始凭证，确认与转让房地产有关的税金。

（7）核查有关旧房及建筑物房地产评估机构出具的评估报告及原始资料，确认重置成本价及成新度折扣率。

在经过以上步骤操作之后可计算得出土地增值额，按适用税率计算应纳税额。由于房地产开发项目投资大、工期长，在项目全部竣工结算前，难以计算纳税人转让房地产的增值额，一般按预收款收入的一定比例预缴税款，待竣工结算后清算，多退少补，因此，代理房地产企业土地增值税预缴申报，可主要确认征免和核查转让房地产收入的程序进行操作。

2. 代理编制土地增值税纳税申报表的方法

土地增值税纳税申报表分为两种，分别适用于房地产开发企业和适用于非从事房地产开发的纳税人。

（1）土地增值税纳税申报表（一）

本表（见表 7−1）适用于从事房地产开发及转让的土地增值税纳税人，包括转让已完成开发的房地产取得转让收入，或预售正在开发的房地产并取得预售收入的情况。

表中各主要项目内容应根据土地增值税的基本计税单位计算填报。对同时转让两个或两个以上计税单位的房地产开发企业，应按每一基本计税单位填报一份申报表的原则操作。如果房地产开发企业同时兼有免税和征税项目单位，也应分别填报。

①"转让房地产收入总额"，为第 1 栏至第 3 栏的计算，包括转让房地产开发项目所取得的全部收入，即货币收入、实物收入和无形资产等其他形式的收入。

②"扣除项目金额合计"，为第 4 栏至第 20 栏的计算，包括：

"取得土地使用权所支付的金额"，填写土地出让金及按国家规定缴纳的有关费用。

"房地产开发成本"，填写实际发生的各项开发成本，如果开发成本同时包含了两个或两个以上计税单位，应按一定比例分摊。

"房地产开发费用"，其中：利息支出如符合税法规定可据实填写；反之，利息支出不符合单独计算列支规定的本栏数额为零。其他房地产开发费用，利息单独计算扣除的，按取得土地使用权所支付的价款和房地产开发成本合计数的5%计算扣除；利息不允许单独计算扣除的，在合计数10%以内计算扣除。

"与转让房地产有关的税金"，按转让房地产时实际缴纳的营业税、城市维护建设税、教育费附加三项合计数填写。

"财政部规定的其他扣除项目金额"，填写按税法规定可根据取得土地使用权时支付的价款和房地产开发成本之和加计20%的扣除。

③"适用税率"，本栏按土地增值税所适用的最高一级税率填写。如果属于免税项目，税率应为零。

④其他各栏的内容及计算关系税法已有详细规定，不再叙述。根据【例7-1】的资料填报土地增值税纳税申报表（一），如表7-1所示。

表7-1　　　　　　　　　　　土地增值税纳税申报表（一）

（从事房地产开发的纳税人适用）

税务登记证号码：230110690710126

税款所属期：2012年3月1日至2012年3月31日

填表日期：2012年4月5日　　　　　　　　　　　　　金额单位：元（列至角分）

纳税人名称	哈尔滨市立信房地产开发股份有限公司	纳税人地址	哈尔滨市香坊区新发路26号	联系人、电话	董泽0451-88240278
经济类型	股份有限责任公司	行业	房地产	直接主管部门	
开户银行	工商银行哈尔滨市香坊区支行	账号	350004310900680764	邮政编码	150030
项目名称	尚园国际住宅小区	项目详细坐落地址		哈尔滨市香坊区三大动力路55号	

项目		行次	纳税人申报金额
一、转让房地产收入总额 1=2+3		1	20 000 000.00
其中	货币收入	2	0.00
	实物收入及其他收入	3	20 000 000.00
二、扣除项目金额合计 4=5+6+13+16+20+21		4	11 500 000.00
1. 取得土地使用权所支付的金额		5	2 000 000.00
2. 房地产开发成本 6=7+8+9+10+11+12		6	6 000 000.00
其中	土地征用及拆迁补偿费	7	800 000.00
	前期工程费	8	600 000.00
	建筑安装工程费	9	2 000 000.00
	基础设施费	10	1 000 000.00
	公共配套设施费	11	1 000 000.00
	开发间接费用	12	600 000.00

携带资料：

1. 当期财务会计报表（损益表、主要开发产品（工程）销售明细表、在建开发项目成本表、已完工开发项目成本表）、装修标准等资料。

2. 银行贷款利息结算通知单。

3. 转让房地产有关资料（商品房购销合同副本、项目工程合同结算单等）。

4. 其他。

备注：由纳税人填写本表未尽事宜

续表

项目	行次	纳税人申报金额
3. 房地产开发费用 13＝14＋15	13	800 000.00
其中 利息支出	14	200 000.00
其中 其他房地产开发费用	15	600 000.00
4. 与转让房地产有关的税金 16＝17＋18＋19	16	1 100 000.00
其中 营业税	17	1 000 000.00
其中 城市维护建设税	18	70 000.00
其中 教育费附加	19	30 000.00
5. 财政部规定的加计20%扣除数 20＝（5＋6）×20%	20	1 600 000.00
6. 财政部规定的其他扣除项目金额	21	0.00
三、增值额 22＝1－4	22	8 500 000.00
四、增值额与扣除项目金额之比（%） 23＝22÷4	23	73.91%
五、适用税率（%）	24	40%
六、速算扣除系数（%）	25	5%
七、预收房地产价款	26	0.00
八、预征比例（%）	27	0.00
九、应缴（或预缴）土地增值税税额 28＝22×24－4×25（或26×27）	28	2 825 000.00
十、已缴土地增值税税额	29	0.00
十一、本期实际缴纳土地增值税金额	30	0.00
十二、应补（退）土地增值税税额 31＝28－29－30	31	2 825 000.00
十三、项目竣工清算应补（退）土地增值税税额 32＝28－29	32	2 825 000.00

如纳税人填报，由纳税人填写以下各栏				如委托代理人填报，由代理人填写以下各栏			
会计主管（签章）董泽	经办人（签章）袁珍	纳税人（签章）		代理人名称		代理人（签章）	
会计主管（签章）董泽	经办人（签章）袁珍	纳税人（签章）		代理人地址		代理人（签章）	
会计主管（签章）董泽	经办人（签章）袁珍	纳税人（签章）		经办人		电话	
以下由税务机关填写							
收到申报表日期		接收人			审核人（签章）		

填表说明

一、适用范围

土地增值税纳税申报表，适用土地增值税纳税人。从事房地产开发的纳税人转让已经完成开发的房地产并取得转让收入，或者是预售正在开发的房地产并取得预

195

售收入的，应按照税法和本表要求，根据税务机关确定的申报时间，定期向主管税务机关填报，非从事房地产开发的纳税人，应在签订房地产转让合同后的七日内，向房地产所在地主管税务机关填报。

二、土地增值税纳税申报表主要项目填表说明

土地增值税纳税申报表中各主要项目内容，应根据土地增值税的基本计税单位作为填报对象。纳税人如果在规定的申报期内转让二个或二个以上计税单位的房地产，对每个计税单位应分别填写一份申报表。纳税人如果既从事普通标准住宅开发，又进行其他房地产开发的，应分别填写土地增值税纳税申报表。

1. 表第 1 栏"转让房地产收入总额"，按纳税人转让房地产所取得的全部收入额填写。

2. 表第 2 栏"货币收入"，按纳税人转让房地产开发项目所取得的货币形态的收入额填写。

3. 表第 3 栏"实物收入及其他收入"，按纳税人转让房地产开发项目所取得的实物形态的收入和无形资产等其他形式的收入额填写。

4. 表第 5 栏"取得土地使用权所支付的金额"，按纳税人为取得该房地产开发项目所需要的土地使用权而实际支付（补交）的土地出让金（地价款）及按国家统一规定交纳的有关费用的数额填写。

5. 表第 6 栏"旧房及建筑物的评估价格"，是指根据税收法规的有关规定，按重置成本法评估旧房及建筑物并经当地税务机关确认的评估价格的数额。

6. 表第 8 栏至表第 13 栏，应根据《土地增值税暂行条例实施细则》（以下简称《细则》）规定的从事房地产开发所实际发生的各项开发成本的具体数额填写。要注意，如果有些房地产开发成本是属于整个房地产项目的，而该项目同时包含了二个或二个以上的计税单位的，要对该成本在各计税项目之间按一定比例进行分摊。

7. 表第 14 栏"利息支出"，按纳税人进行房地产开发实际发生的利息支出中符合《细则》第七条"（三）"规定的数额填写。如果不单独计算利息支出的，则本栏数额填写为"0"。

8. 表第 15 栏"其他房地产开发费用"，应根据《细则》第七条"（三）"的规定填写。

9. 表第 17 栏至表第 20 栏，按纳税人转让房地产时所实际缴纳的税金数额填写。

10. 表第 21 栏"财政部规定的其他扣除项目金额"，是指根据《条例》和《细则》等有关规定所确定的财政部规定的扣除项目的合计数。

11. 表第 24 栏"适用税率"，应根据《条例》规定的四级超率累进税率，按所适用的最高一级税率填写；如果纳税人建造普通标准住宅出售，增值额未超过扣除项目金额20%的，本栏填写"0"。

12. 表第 25 栏"速算扣除系数"，应根据《细则》第十条的规定找出相关速算扣除系数来填写。

13. 表第 29 栏"已缴土地增值税税额"按纳税人已经缴纳的土地增值税的数额填写。

本表一式三份，纳税人一份，税务机关二份。

（2）土地增值税纳税申报表（二）

本表（见表 7 - 2）由非从事房地产开发的纳税人在签订房地产转让合同 7 日内，向主管税务机关报送。本表填报的基本要求与表（一）相同的栏目同前述，下面仅对不同栏目的内容作出说明。

"旧房及建筑物的评估价格"，是按重置成本法并经主管税务机关确认的评估旧房及建筑物价格。其中，旧房及建筑物的重置成本价，是由政府批准设立的房地产评估机构评定的重置成本价，成新度折扣率是旧房及建筑物新旧程度折扣率。

"与转让房地产有关的税金"，除营业税、城市维护建设税和教育费附加外，还包括与转让房地产有关的印花税。

根据【例 7 - 2】资料填报土地增值税纳税申报表（二），如表 7 - 2 所示。

表 7 - 2　　　　　　　　　**土地增值税纳税申报表（二）**
　　　　　　　　　　　　　（非从事房地产开发的纳税人适用）

纳税人识别号：230110690711154

纳税人名称：（公章）天一制药厂

税款所属期限：自 2012 年 4 月 1 日至 2012 年 4 月 30 日

填表日期：2012 年 5 月 7 日　　　　　　　　　　　　　金额单位：元（列至角分）

项目地址		项目名称		
项目			行次	金额
一、转让房地产收入总额 1 = 2 + 3			1	30 000 000.00
其中	货币收入		2	30 000 000.00
	实物收入及其他收入		3	0.00
二、扣除项目金额合计 4 = 5 + 6 + 9 + 15			4	19 265 000.00
1. 取得土地使用权所支付的金额			5	5 000 000.00
2. 旧房及建筑物的评估价格 6 = 7 × 8（或按购房发票所载金额计算的加计扣除额）			6	12 600 000.00
其中	旧房及建筑物的重置成本价		7	18 000 000.00
	成新度折扣率		8	70
3. 与转让房地产有关的税金等 9 = 10 + 11 + 12 + 13 + 14			9	1 665 000.00
其中	营业税		10	1 500 000.00
	城市维护建设税		11	105 000.00
	印花税		12	15 000.00
	教育费附加		13	45 000.00
	契税		14	0.00

续表

项目	行次	金额
4. 财政部、省政府规定的其他扣除项目	15	0.00
三、增值额 16 = 1 - 4	16	10 735 000.00
四、增值额与扣除项目金额之比（%）17 = 16 ÷ 4	17	55.72
五、适用税率或核定征收率（%）	18	40
六、速算扣除系数（%）	19	5
七、应缴土地增值税税额 20 = 16 × 18 - 4 × 19	20	3 330 750.00

纳税人或代理人声明： 此纳税申报表是根据国家税收法律的规定填报的，我确信它是真实的、可靠的、完整的。	如纳税人填报，由纳税人填写以下各栏		
	经办人 （签章）	会计主管 （签章）	法定代表人 （签章）
	如委托代理人填报，由代理人填写以下各栏		
	代理人名称		代理人（公章）
	经办人（签章）		
	联系电话		
以下由税务机关填写			
受理人	受理日期	受理税务机关 （签章）	

填表说明

一、适用范围

本土地增值税纳税申报表适用于非从事房地产开发的纳税人。该纳税人应在签订房地产转让合同后的 7 日内，向房地产所在地主管税务机关填报土地增值税纳税申报表。

二、主要项目填表说明

各主要项目内容，应根据纳税人转让的房地产项目作为填报对象。纳税人如果同时转让二个或二个以上房地产的，应分别填报。

1. 表第 1 栏"转让房地产收入总额"，按纳税人转让房地产所取得的全部收入额填写。

2. 表第 2 栏"货币收入"，按纳税人转让房地产所取得的货币形态的收入额填写。

3. 表第 3 栏"实物收入及其他收入"，按纳税人转让房地产所取得的实物形态的收入和无形资产等其他形式的收入额填写。

4. 表第 5 栏 "取得土地使用权所支付的金额"，按纳税人为取得该转让房地产项目的土地使用权而实际支付（补交）的土地出让金（地价款）数额及按国家统一规定交纳的有关费用填写。

5. 表第 6 栏 "旧房及建筑物的评估价格"，是指根据《条例》和《细则》等有关规定，按重置成本法评估旧房及建筑物并经当地税务机关确认的评估价格的数额。本栏由第 7 栏与第 8 栏相乘得出。如果本栏数额能够直接根据评估报告填报，则本表第 7、8 栏可以不必再填报。

"按购房发票所载金额计算的加计扣除额"指纳税人转让旧房及建筑物，凡不能取得评估价格但能提供购房发票的，按照发票所载金额从购买年度起至转让年度止每年加计 5% 计算的扣除项目金额。

6. 表第 7 栏 "旧房及建筑物的重置成本价"，是指按照《条例》和《细则》规定，由政府批准设立的房地产评估机构评定的重置成本价。

7. 表第 8 栏 "成新度折扣率"，是指按《条例》和《细则》规定，由政府批准设立的房地产评估机构评定的旧房及建筑物新旧程度折扣率。

8. 表第 10 栏至表第 13 栏，按纳税人转让房地产时实际缴纳的有关税金的数额填写。

9. 表第 14 栏 "契税"，指纳税人转让旧房及建筑物，凡不能取得评估价格但能提供购房发票的，购房时缴纳的契税，凡能提供契税完税凭证的，准予作为 "与转让房地产有关的税金" 给予扣除。

10. 表第 15 栏 "财政部、省政府规定的其他扣除项目"，是指根据《条例》和《细则》等有关规定所确定的财政部及省政府规定的扣除项目的合计数，如地方教育附加。

11. 表第 18 栏 "适用税率"，应根据《条例》规定的四级超率累进税率，按所适用的最高一级税率填写。

12. 表第 19 栏 "速算扣除系数"，应根据《细则》第十条的规定找出相关速算扣除系数填写。

7.2　印花税纳税申报代理实务

印花税纳税义务发生的时间为应税凭证书立或领受的当时，即纳税人书立和领受了应税凭证，就应履行纳税义务贴花完税，具体可采用自贴自缴或按期汇总缴纳的方法。

7.2.1　印花税的计算方法

印花税实行从价定率和从量定额两种征收办法。

$$应纳税额 = 计税金额 \times 税率$$
$$或 = 固定税额 \times 应税凭证件数$$

应纳税额不足一角的不征税。应纳税额在一角以上，其尾数按四舍五入方法计算贴花。

企业应税凭证所记载的金额为外币的，应按凭证书立、领受当日国家外汇管理局公布的外汇牌价折合为人民币，计算应纳税额。

【例7-3】哈尔滨市立信房地产开发股份有限公司2012年3月开业，领受房屋产权证1件，工商营业执照正副本各1件，商标注册证1件，土地使用证1件，税务登记证国税、地税正副本各1件；与其他企业订立转移专有技术使用权书据一件，所载金额80万元；订立产品购销合同两件，所载金额为140万元；订立借款合同一份，所载金额为40万元。此外，企业的营业账簿中，"实收资本"科目载有资金200万元，其他账簿5本。则该企业2月份应计算缴纳印花税为：

A. 权利、许可证照应纳税额：
$$4 \times 5 = 20（元）$$

B. 产权转移书据应纳税额：
$$800\ 000 \times 0.5‰ = 400（元）$$

C. 购销合同应纳税额：
$$1\ 400\ 000 \times 0.3‰ = 420（元）$$

D. 借款合同应纳税额：
$$400\ 000 \times 0.05‰ = 20（元）$$

E. 营业账簿中"实收资本"应纳税额：
$$2\ 000\ 000 \times 0.5‰ = 1\ 000（元）$$

F. 其他营业账簿应纳税额：
$$5 \times 5 = 25（元）$$

G. 应纳印花税税额合计：
$$20 + 400 + 420 + 20 + 1\ 000 + 25 = 1\ 885（元）$$

一般情况下，企业需要预先购买印花税票，待发生应税行为时，再根据凭证的性质和规定的比例税率或者按件计算应纳税额，将已购买的印花税票粘在应税凭证上，并在每枚税票的骑缝处盖戳注销或者划销，办理完税手续。

7.2.2 代理印花税纳税申报操作规范与申报表填制方法

印花税的计税方法虽然简单，然而税目有13个，税率也都有不同的规定，涉及企业生产经营的各个环节，纳税人稍有疏忽就会因零星税额的漏缴而受到严厉的处罚。代理印花税纳税申报，注册税务师应详细了解委托人应税凭证的范围，做到及时贴花，不漏不缺。

1. 代理印花税纳税申报操作规范

（1）了解企业生产经营所属的行业以及生产经营项目的特点，确定应税凭证可能发生的主要范围。

（2）核查企业当期书立的购销合同、加工承揽合同、货物运输合同、技术合同、营业账簿、权利许可证照等，按合同金额和适用的税率计算应纳税额。

（3）核查企业具有合同性质的票据、单据。如运输费用发票，购销单位相互之间开出的订单、要货单、传真函件等，均应视为应税凭证按规定贴花。

（4）核查企业可能发生应税凭证业务的核算账户，如"实收资本"、"资本公积"、"固定资产"、"制造费用"、"管理费用"等，以防止漏缴税款。

（5）对于加工承揽合同、货物运输合同等在计税时可作一定金额扣除的应税凭证，还应核查计税金额与扣除金额，确定计税依据。

（6）将本期各应税凭证印花税税额汇总计算后，如税额较小可到税务机关购买印花税票贴花完税并在每枚税票的骑缝处划销；税额较大的（税法规定为超过500元）可用税收缴款书缴纳税款。如果企业应税凭证种类多，纳税次数发生频繁，且金额较大，可向主管税务机关申请采取汇总缴纳的方法。

2. 代理填制印花税纳税申报表的方法

本表（见表7-3）适用于各类应税凭证印花税的纳税申报，能够将应税凭证当月申报与即时贴花完税的情况作全面综合的反映。

（1）"应税凭证名称"按合同适用的印花税税目填写。

（2）"计税金额"应填写印花税的计税依据。如货物运输合同，其金额要将装卸费剔除。

（3）"已纳税额"反映本月已贴花的税额，或以缴款书缴纳的印花税税额。

（4）"购花贴花情况"反映企业购买印花税票自行完税贴花后结存的税票金额。本栏可为税务机关提供税收票证管理的原始资料。

根据【例7-3】的资料填报印花税纳税申报表，如表7-3所示。

表7-3　　　　　　　　　　　　　印花税纳税申报表

填表日期：2012年4月5日

纳税人识别号		230110690710126				金额单位：元（列至角分）				
纳税人名称		哈尔滨市立信房地产开发股份有限公司		税款所属日期		2012年3月1日至2012年3月31日				
应税凭证名称	件数	计税金额	适用税率	应纳税额	已纳税额	应补（退）税额	贴花情况			
							上期结存	本期购进	本期贴花	本期结余
1	2	3	4	5	6	7＝5－6	8	9	10	11
营业账簿	5本		5元/本	25.00	25.00	0.00	0.00	25.00	25.00	0.00
资金账簿		2 000 000.00	0.5‰	1 000.00	1 000.00	0.00	0.00	0.00	0.00	0.00
权利许可证照	4件		5元/件	20.00	20.00	0.00	0.00	20.00	20.00	0.00
产权转移书据		800 000.00	0.5‰	400.00	400.00	0.00	0.00	400.00	400.00	0.00
购销合同		1 400 000.00	0.3‰	420.00	420.00	0.00	0.00	0.00	0.00	0.00
借款合同		400 000.00	0.05‰	20.00	20.00	0.00	0.00	0.00	0.00	0.00

应税凭证名称	件数	计税金额	适用税率	应纳税额	已纳税额	应补（退）税额	贴花情况			
							上期结存	本期购进	本期贴花	本期结余
1	2	3	4	5	6	7=5-6	8	9	10	11
合计				1 885.00	1 885.00	0.00	0.00	445.00	445.00	0.00

如纳税人填报，由纳税人填写以下各栏		如委托代理人填报，由代理人填写以下各栏		备注
会计主管（签章） 王爽	纳税人（公章）	代理人名称	代理人（公章）	
		代理人地址		
		经办人姓名	电话	

以下为税务机关填写				
收到申报表日期		接收人		

7.3　房产税纳税申报代理实务

房产税作为财产税性质的税种，实行按年征收分期缴纳，地方政府有较大的税收管理权限。代理房产税的纳税申报，除要掌握税法的一般规定外，还必须了解地方政府的特殊政策。

7.3.1　房产税的计算方法

房产税应纳税额的计算分为两种情况：

以房产原值为计税依据的，计算公式为：

$$应纳税额 = 房产余值 \times 税率（1.2\%）$$

以房产租金收入为计税依据的，计算公式为：

$$应纳税额 = 房产租金收入 \times 税率（12\%）$$

企业缴纳的房产税应在"管理费用"中列支。计算应缴房产税时，借记"管理费用"科目，贷记"应交税费——应交房产税"科目；缴纳房产税时，借记"应交税费——应交房产税"科目，贷记"银行存款"科目。

由于房产税是按年征收分期缴纳（一般是 6 个月），如果企业分期缴纳的税额较大，可以通过"待摊费用"科目，分期摊入管理费用中去。

【例 7 - 4】2011 年哈尔滨市德威物流有限公司自用办公楼账面原值为 800 万元，综合楼账面原值为 500 万元；仓储仓库账面原值为 1 000 万元，对外出租取得租金收入 50 万元，按规定房产原值扣除比率为 30%，每年分 4 次缴纳，计算每次应缴纳房产税为：

A. 自用房产

办公楼每次应缴纳房产税 = 800 × （1 - 30%）× 1.2% ÷ 4 = 1.68（万元）

综合楼每次应缴纳房产税 = 500 × （1 - 30%）× 1.2% ÷ 4 = 1.05（万元）

B. 对外出租房产

仓储仓库每次应缴纳房产税 = 50 × 12% ÷ 4 = 1.5（万元）

7.3.2　代理房产税纳税申报操作规范与申报表填制方法

1. 房产税纳税申报操作规范

房产税征税对象单一，但是，有关纳税义务人的确认、计税依据的计算、减税免税的规定却较为复杂。为能准确把握应纳税额的计算，维护委托方应享有的税收权益，应按下述规范要领操作：

（1）核查应税房屋及与房屋不可分割的各种附属设施，或一般不单独计算价值的配套设施，确认产权所属关系，以此判定纳税义务人。

（2）核查应税房产投入使用或竣工、验收的时间，确认纳税义务发生的时间。

（3）核查"固定资产"、"预提费用"、"待摊费用"、"在建工程"、"其他业务收入"等核算账户，确认应税房产的净值或租金收入，确定房产税的计税依据。

（4）核查在征税范围内按现行政策应予以减税免税的房产，如危房、险房、停止使用、企业停产闲置不用的房产，因大修理停用在半年以上的房产等，报请税务机关审核同意可暂免征收房产税。

2. 代理填制房产税纳税申报表的方法

房产税纳税申报表有关计税依据、适用税率等各栏的内容税法已有明确规定，在此只对一些特殊要求加以说明。

（1）房产原值，为"固定资产账户"借方记载的房屋造价（或购价）。其中：第 1 栏"上期申报房产原值（评估值）"，填写经税务机关审核认可的房产原值，或没有房产原值经税务机关评估的价值；第 2 栏"本期增减"，反映纳税人因为原有房产进行改建、扩建，或因毁损而增减的房屋原值；第 4 至 6 栏在确定第 3 栏"本期实际房产原值"的基础上，区分为从价、从租计税和免税的房产原值。

（2）计税依据，第 8 栏从价计税的为房产原值减除 10% 至 30% 折旧后的余值，第 9 栏从租计征的为实际取得的租金收入。

（3）应纳税额，按本期应缴和汇算填报，其中，第 15 栏"缴纳次数"，按主管地方税务机关的规定填写，如全年分 2 次或 4 次缴纳，第 16 栏"本期应纳税额"为全年应纳税额的 1/2 或 1/4。

根据【例 7 - 4】的资料填表，如表 7 - 4 所示。

表7-4

填表日期：2012年1月10日

房产税纳税申报表

纳税人识别号：23011069081 0247

纳税人名称	哈尔滨市德威物流有限公司		税款所属时期	2011年1月1日至2011年12月31日	金额单位：元（列至角分）
房产坐落地	哈尔滨市香坊区香庆大街36号		建筑面积（m²）	500m²	

房屋名称	上期申报房产原值（评估值）1	本期增减 2	本期实际房产原值 3=1+2	其中 从价计税的房产原值 4=3-5-6	从租计税的房产原值 5=3-4-6	规定的免税房产原值 6	以房产余值计征房产税 扣除率 7	房产余值 8=4-4×7	适用税率 9	应纳税额 10=8×9	以租金收入计征房产税 租金收入 11	适用税率 12	应纳税额 13=11×12	房产结构 砖混 全年应纳税额 14=10+13	缴纳次数 15	本期 应纳税额 16=14÷15	已纳税额 17	应补(退)税额 18=16-17
办公楼	8 000 000.00	0.00	8 000 000.00	8 000 000.00	0.00	0.00	30%	5 600 000.00	1.2%	67 200.00	0.00	12%	0.00	67 200.00	4	16 800.00	0.00	16 800.00
仓储仓库	10 000 000.00	0.00	10 000 000.00	0.00	10 000 000.00	0.00	30%	0.00	1.2%	0.00	500 000.00	12%	60 000.00	60 000.00	4	15 000.00	0.00	15 000.00
综合楼	5 000 000.00	0.00	5 000 000.00	5 000 000.00	0.00	0.00	30%	3 500 000.00	1.2%	42 000.00	0.00	12%	0.00	42 000.00	4	10 500.00	0.00	10 500.00
合计	23 000 000.00	0.00	23 000 000.00	13 000 000.00	10 000 000.00	0.00	—	9 100 000.00	—	109 200.00	500 000.00	—	60 000.00	169 200.00	—	42 300.00	0.00	42 300.00

如纳税人填报，由纳税人填写以下各栏　　纳税人（公章）

合计主管（签章）　董泽

如委托代理人填报，由代理人填写以下各栏

代理人名称

代理人地址　　　　电话

经办人

备注

以下由税务机关填写

收到申报表日期　　　接收人

7.4 城镇土地使用税纳税申报代理实务

城镇土地使用税计税方法简单直观。但是，由于界定土地使用权，计税的面积和类别、适用的定额税率情况各异，代理申报工作也具有一定的难度。

7.4.1 城镇土地使用税的计算方法

城镇土地使用税实行从量定额征收办法，其应纳税额公式为：

$$应纳税额 = 单位税额 × 实际占用土地面积$$

【例 7 - 5】哈尔滨市德威物流有限公司实际占用土地面积 20 000 平方米，其中企业所属幼儿园占用土地面积 200 平方米，所在地土地使用税年税额为 3 元/平方米，该企业应缴纳土地使用税为：

$$(20\ 000 - 200) × 3 = 59\ 400 （元）$$

会计处理为：

A. 计算应缴土地使用税时

借：管理费用 59 400

    贷：应交税费——应交土地使用税 59 400

B. 缴纳税款时

借：应交税费——应交土地使用税 59 400

    贷：银行存款 59 400

7.4.2 代理城镇土地使用税纳税申报操作规范与申报表填制方法

城镇土地使用税计税方法直观简单，代理申报操作的重点环节是确定纳税义务人和计税土地面积及类别。

1. 代理城镇土地使用税纳税申报操作规范

（1）核查企业土地使用证标示的土地面积和实际占用的土地面积，在此基础上核查土地实际所处的类区和用途，以确定征税土地面积的数量和适用的单位税额。

（2）核查拥有土地使用权的实际情况，确认纳税义务人。

（3）核查企业实际占用的减税免税土地面积及核批手续，确认减税免税土地面积。

（4）根据适用的单位税额计算应纳税额，按年计算分期缴纳。

2. 代理填制城镇土地使用税纳税申报表的方法

（1）"坐落地点"按土地证上标明的地点或实际位置分行填列。

（2）"上期占地面积"为上期申报的实际占用土地面积（包括免税面积）。

（3）"本期增减"为实际占用的面积增加或减少的数量。

（4）其他各栏的填报方法可根据纳税申报表中注明的计算关系进行。

根据【例 7 - 5】填写城镇土地使用税纳税申报表（见表 7 - 5）。

表 7 – 5　　　　　　　　　　城镇土地使用税纳税申报表

填表日期：2012 年 1 月 10 日

税款所属时期：2011 年 1 月 1 日至 2011 年 12 月 31 日　　　　　　　金额单位：元（列至角分）

土地单位：平方米

纳税人名称	哈尔滨市德威物流有限公司			企 业 编 码			
房产坐落地点	哈尔滨市香坊区香庆街 36 号			邮 政 编 码			
办税员姓名		电话		税务登记证号		230110690810247	

土地所处地点	上期占地面积	本期增减	本期实际占地面积	法定免税面积	应税面积	土地等级	适用税额	全年应缴税额	年缴纳次数	本期		
										应纳税额	已纳税额	应补（退）税额
1	2	3	4=2+3	5	6=4-5	7	8	9=7×8	10	11=9÷10	12	13=11-12
香坊	20 000	0.00	20 000	200	19 800	二级	3 元/m²	59 400.00	4	14 850.00	0.00	14 850.00
合计												

如纳税人填报，由纳税人填写		如委托代理人填报，由代理人填写以下各栏			
会计主管（签章）	纳税人（公章）	代理人名称		代理人（公章）	
		代理人地址			
		经办人姓名		电话	
以下由税务机关填写					
收到申报表日期			接收人		

7.5　资源税纳税申报代理实务

资源税具有特定的征税范围，根据资源地区级差或等级收入设置幅度税额和明细税额，实行从价与从量定额征收。代理资源税的纳税申报，应在了解企业应税资源品目和特点的基础上，正确划分征免范围，确定适用的税目税率。

7.5.1　资源税应纳税额的计算方法

资源税的应纳税额，按照应税产品的销售额或课税数量与适用的单位税额计算。其计算公式为：

1. 从价计征

$$应纳资源税 = 销售额 \times 税率$$

2. 从量计征

应纳资源税 = 课税数量（或视同销售的自用数量）×单位税额

【例7-6】

企业概况：

A. 纳税人名称：哈尔滨市中煤集团股份有限公司

B. 纳税人类型：股份责任公司（增值税一般纳税人）

C. 法定代表人：张福禄

D. 地址及电话：哈尔滨市香坊区珠江路101号 0451-89465451

E. 开户行及账号：工商银行哈尔滨市香坊区支行 3500043109006889901

F. 税务登记号：230110690708728

G. 主管税务机关：哈尔滨市香坊区国家税务局

业务资料：

按业务次序逐笔计提资源税，单位税额8元/吨。

【业务1】2012年1月领用本企业生产原煤100吨发放给职工个人生活使用，单位成本400元，单位售价650元，取得领料单一份。

【业务2】2012年1月份销售给哈尔滨热电厂股份有限公司原煤20 000吨，单价650元，开出增值税专用发票，款项已收到。

【业务3】2012年1月，中煤公司使用本矿生产的原煤加工洗煤8 000吨并全部对外销售，单位售价800元，开出增值税专用发票一份，相关款项已收到。已知该矿加工洗煤的综合回收率为80%。

【业务4】缴纳资源税240 800元，取得电子缴税凭证一份。

要求：计算当月应纳的资源税。

企业应纳资源税计算如下：

A. 原煤自用应纳资源税 = 100×8 = 800（元）

B. 原煤外销应纳资源税 = 20 000×8 = 160 000（元）

C. 原煤加工应纳资源税 = 8 000÷80%×8 = 80 000（元）

当月应纳的资源税 = 800 + 160 000 + 80 000 = 240 800（元）

【例7-7】某油田2012年2月开采原油3.5万吨，其中已销售2万吨，每吨售价4 680元（含税），自用0.3万吨，另有0.1万吨采油过程中用于加热和修理油井，尚待销售1.4万吨，适用6%的资源税税率，计算当月应纳的资源税。

应纳资源税 = （2+0.3）×4 680÷（1+17%）×6% = 552（万元）

7.5.2 资源税代理申报操作规范

代理资源税纳税申报主要涉及两个方面：纳税单位应税资源纳税申报，收购应税资源单位代扣代缴申报。

1. 资源税纳税申报

（1）核查应税资源项目，确定课税数量，对于应税与非应税资源混同的企业，应具体加以区分。

（2）核查应税项目中按税法规定享受减免税政策的应税资源数量。

（3）根据资源税的明细税额和本地区的具体规定确定适用税率，计算填报纳税申报表。

2. 资源税扣缴申报

资源税扣缴义务人主要有两个方面：第一，收购应税未税矿产品的独立矿山或联合企业；第二，其他收购未税矿产品的单位。代理资源税扣缴申报操作要点如下：

（1）核查收购未税矿产品原始凭证和付款凭证，确定课税数量。

（2）根据资源税明细税额计算应扣缴的税额。

（3）指导收购单位在向纳税人支付收购款项前扣缴税款，并按照主管税务机关规定的期限办理扣缴税款报告。

7.5.3 代理填制资源税纳税申报表的方法

本表适用于开采应税矿产品或者生产盐的单位或个人申报缴纳资源税。主要按应税项目和免税项目区分填列。

（1）产品名称按企业应税产品名称及收购未税矿产品名称据实填报。

（2）课税单位按税法规定的数量单位填写，如吨、千立方米等。

（3）课税数量根据本期应税资源的销售数量、自用数量，按适用税率分别填列。

（4）单位税额填写本地区适用定额税率。

（5）免税项目各栏目填报要求与应税项目是一致的。

根据【例7-6】填写资源税纳税申报表（见表7-6）。

表7-6 资源税纳税申报表

填表日期：2012年2月6日

纳税人识别号		230110690708728			金额单位：元（列至角分）			
纳税人名称		哈尔滨市中煤集团股份有限公司		税款所属时期		2012年1月1日至2012年1月31日		
产品名称		课税单位	课税数量	单位税额	应纳税额	已纳税额	应补（退）税额	备注
应纳税项目	原煤（外销）	吨	20 000	8	160 000.00	0.00	160 000.00	
	原煤（加工）	吨	10 000	8	80 000.00	0.00	80 000.00	
	原煤（自用）	吨	100	8	800.00	0.00	800.00	
	合计		30 100		240 800.00	0.00	240 800.00	
减免税项目								

续表

如纳税人填报，由纳税人填写以下各栏		如委托代理人填报，由代理人填写以下各栏				备注
会计主管（签章）王爽	纳税人（公章）	代理人名称		代理人（公章）		
		代理人地址				
		经办人		电话		
以下由税务机关填写						
收到申报表日期			接收人			

【思考与练习】

1. 简述城镇土地使用税代理纳税申报操作规范。

2. 简述房产税代理纳税申报操作规范。

3. 某房地产开发公司于某单位在 2012 年 5 月份正式签署一份写字楼转让协议，取得转让收入为 8 500 万元，公司按规定缴纳了有关税金。已知该公司为取得土地使用权而支付的地价款和相关费用为 2 300 万元，房地产开发成本为 2 950 万元，房地产开发费用中利息支出为 200 万元，能按转让房地产项目计算分摊利息，并提供金融机构相关证明（营业税税率为 5%，城市维护建设税税率为 7%，教育费附加为 3%，印花税税率为 0.5‰）。

要求：（1）根据上述资料，计算该公司应纳土地增值税；（2）代理填报土地增值税纳税申报表。

第 8 章

代理纳税审查方法

通过本章学习，使学生掌握纳税审查的基本方法、账务调整的基本方法，熟悉纳税审查的基本内容。

【导入案例】

某税务师事务所 2011 年审查 2010 年某企业的账簿记录，发现 2010 年 12 月份多转材料成本差异 40 000 元（借方超支数），而消耗该材料的产品已完工入库，该产品于 2010 年售出。应该做如何处理？

8.1 纳税审查基本方法

纳税审查有多种方法，每种方法各有特点，概括地说，主要分为顺查法和逆查法、详查法和抽查法、核对法和查询法、比较分析法和控制计算法。在实际审查中，应根据审查的时间、范围、对象不同，灵活运用各种方法。

8.1.1 顺查法和逆查法

针对查账的顺序不同，纳税审查的方法可分为顺查法和逆查法。

顺查法是指按照会计核算程序，从审查原始凭证开始，顺次审查账簿，核对报表，最后审查纳税情况的审查方法。顺查法比较系统、全面，运用简单，可避免遗漏，但工作量大，重点不够突出，仅适用于审查经济业务量较少的纳税人、扣缴义务人。

逆查法是以会计核算的相反顺序，从分析审查会计报表开始，对于有疑点的地方再进一步审查账簿和凭证。这种方法能够抓住重点，迅速突破问题，适用于注册税务师对于纳税人、扣缴义务人的税务状况较为了解的情况。

8.1.2 详查法和抽查法

根据审查的内容、范围不同，纳税审查的方法可分为详查法和抽查法。

详查法是对纳税人、扣缴义务人在审查期内的所有会计凭证、账簿、报表进行全面、系统、详细的审查的一种方法。这种审查方法可从多方面进行比较、分析、相互考证，一定程度上保证了纳税审查的质量，但工作量大、时间长，仅适用于审查经济业务量较少的纳税人、扣缴义务人。

抽查法是对纳税人、扣缴义务人的会计凭证、账簿、报表有选择性地抽取一部分进行审查。抽查法能够提高纳税审查的工作效率，但抽查有较高的风险，影响到纳税审查的质量，所以纳税代理人在用这种方法进行纳税审查时，应对纳税人、扣缴义务人相关方面予以评价。抽查法适用于对经济业务量较大的纳税人、扣缴义务人的审查。

8.1.3　核对法和查询法

核对法是指根据凭证、账簿、报表之间的相互关系，对账证、账表、账账、账实的相互钩稽关系进行核对审查的一种方法。一般用于对纳税人和扣缴义务人有关会计处理结果之间的对应关系有所了解的情况。

查询法是在查账过程中，根据查账的线索，通过询问或调查的方式，取得必要的资料或旁证的一种审查方法。查询法便于了解现实情况，常与其他方法一起使用。

8.1.4　比较分析法和控制计算法

比较分析法是将纳税人、扣缴义务人审查期间的账表资料和账面同历史的、计划的、同行业的、同类的相关资料进行对比分析，找出存在问题的一种审查方法。比较分析法易于发现纳税人、扣缴义务人存在的问题，但分析比较的结果只能为更进一步的审查提供线索。

控制计算法是根据账簿之间、生产环节等之间的必然联系，进行测算以证实账面数据是否正确的审查方法。如以产核销、以耗定产都属于这种方法。通常这种方法也需配合其他方法，发挥其作用。

8.2　纳税审查的基本内容

我国目前开征的税种中，按征税对象可分为三大类，即按流转额征税，按所得额征税，按资源、财产及行为征税。虽然不同的税种纳税审查的侧重点不同，但是审查的基本内容大多一致。

（1）审查其核算是否符合《企业财务通则》和分行业财务制度及会计制度。

（2）审查计税是否符合税收法规，重点是审查计税依据和税率。

（3）审查纳税人有无不按纳税程序办事、违反征管制度的情况。主要是审查纳税人税务登记、凭证管理、纳税申报、缴纳税款等方面的情况。

8.2.1　会计报表的审查

会计报表是综合反映企业一定时期财务状况和经营结果的书面文件，按照我国现行会计制度和公司法的规定，企业的会计报表主要包括资产负债表、损益表、现金流量表、各种附表以及附注说明。

1. 资产负债表的审查

（1）根据会计核算原理，从编制技术上审查该表：审查表中资产合计数是否等于负债与所有者权益合计数；审查表中相关数据的衔接钩稽关系是否正确，表中数据与其他报表、总账、明细账数据是否相符。

（2）对资产、负债及所有者权益各项目的审查。

①对流动资产各项目的审查与分析。在审查时，首先分析流动资产占全部资产的比重，分析企业的资产分布是否合理，分析流动资产的实际占用数是否与企业的生产规模和生产任务计划相适应。若流动资产实际占用数增长过快，则应注意是因材料或商品集中到货或因价格变动等因素引起，还是由于管理不善、物资积压、产品滞销或者是虚增库存成本所造成，以便进一步分析企业有无弄虚作假、乱挤成本等问题。对流动资产项目进行分析后，还要进一步考核企业流动资金的周转情况，通过计算应收账款周转率、存货周转率等指标，并分别与计划、上年同期进行对比，分析这些指标的变化是否正常。

②对长期股权投资、固定资产、无形及递延资产的审查与分析。

长期股权投资反映企业不准备在一年内变现的投资。按规定，企业可以采用货币资金、实物、无形资产等方式向其他单位投资，由于投资额的大小涉及企业的投资效益，因此，在对资产负债表进行审查分析时，应注意核实企业长期股权投资数额。对长期股权投资的审查分析，除核实长期股权投资数额外，还应注意企业对长期股权投资的核算方法。

固定资产的审查分析，首先是了解资产增减变动的情况；其次，在核实固定资产原值的基础上，应进一步核实固定资产折旧额，审查企业折旧计算方法是否得当，计算结果是否正确。

对"在建工程"项目的审核，应注意了解企业有无工程预算，各项在建工程费用支出是否核算真实，有无工程支出与生产经营支出混淆情况等。

审查无形资产项目时，应注意企业无形资产期末数与期初数的变化情况，了解企业本期无形资产的变动和摊销情况，并注意企业无形资产的摊销额计算是否正确，有无多摊或少摊的现象。

递延资产的审查，应审查期末数与期初数变动的情况，注意企业有无将不属于开办费支出的由投资者负担的费用和为取得各项固定资产、无形资产所发生的支出，以及筹建期间应当计入资产价值的汇兑损益、利息支出等记入"递延资产"账户的情况，并审核固定资产修理费支出和租入固定资产的改良支出核算是否准确，摊销期限的确定是否合理，各期摊销额计算是否正确。

③对负债各项目的审查与分析。通过报表中期末数与期初数的比较，分析负债的增减变化，对于增减变化数额较大、数字异常的项目，应进一步查阅账面记录，审查企业有无将应转入的收入挂在"应付账款"账面，逃漏税收的情况。审查企业"应交税费"是否及时、足额上缴，表中"未交税费"项目的金额与企业的"应交税费"贷方的余额是否相符，有无欠缴、错缴等问题。

④对所有者权益的审查和分析。在审查资产负债表中所有者权益各项目时，主要依据财务制度的有关规定，审核企业投资者是否按规定履行出资义务，资本公积金核算是否正确，盈余公积金以及公益金的提留比例是否符合制度的规定，并根据所有者权益各项目期末数和期初数之间的变动数额，分析企业投入资本的情况和利润分配的结果。

2. 利润表的审查

通过对利润表的审查和分析，可以了解企业本期生产经营的成果。企业的利润总额是计征所得税的依据，利润总额反映不实，势必影响缴纳的所得税额。

（1）销售收入的审查

销售收入的增减，直接关系到税收收入和企业的财务状况及资金周转的速度，影响销售收入变化的主要因素是销售数量和销售价格。审查时，应分别按销售数量和销售单价进行分析。对销售数量的分析应结合当期的产销情况，将本期实际数与计划数或上年同期数进行对比，如果销售数量下降，应注意企业有无销售产品不通过"产品（商品）销售收入"账户核算的情况或企业领用本企业产品（或商品）而不计销售收入的情况。另外，还应注意销售合同的执行情况，有无应转未转的销售收入。对销售价格的审查，应注意销售价格的变动是否正常，如变动较大，应注意查明原因。企业的销售退回和销售折扣与折让，均冲减当期的销售收入，因此，应注意销售退回的有关手续是否符合规定，销售折扣与折让是否合理合法，特别是以现金支付的退货款项和折扣、折让款项是否存在套取现金或支付回扣等问题。

（2）销售成本的审查

对于产品（商品）销售成本的审查，应注意企业销售产品（商品）品种结构的变化情况，注意成本结转时的计价方法是否正确，同时，注意分析期末库存产品（商品）的成本是否真实。对于采用售价核算的商业企业，还应注意结转的商品进销价是否正确。

（3）营业税金及附加的审查

营业税金及附加是指企业销售产品（商品）所缴纳的消费税、营业税、城市维护建设税的税金以及教育费附加。分析时应注意：一是税率有没有调整变动；二是不同税率的产品产量结构有没有变动；三是企业申报数字是否属实。由于销售收入与营业税金有密切的联系，两者成正比例增减，因此，要在核实销售收入的基础上，审查核实企业营业税金及附加计算结果是否正确，有无错计漏计等情况。

（4）销售利润的审查

审查时应核查企业是否完成销售利润计划，与上期相比有无增减变动，计算出本期销售利润，并与上期、上年同期的销售利润率进行对比，如果企业生产规模无多大变化，而销售利润率变动较大，可能存在收入、成本计算不实、人为调节销售利润等问题，应进一步审查。

（5）营业利润的审查与分析

在审查营业利润增减变动情况时，应注意审查主营业务的利润，注意审查其他业务的收入和为取得其他业务而发生的各项支出。因此，审查时要核实其他业务收入是否真实准确，其他业务支出是否与其他业务收入相匹配，有无将不属于其他业务支出的费用摊入的现象。另外，分析企业各项支出是否合理合法，有无多列多摊费用、减少本期利润的现象。

（6）投资收益的审查与分析

投资收益，应按照国家规定缴纳或者补缴所得税。在审查损益表的投资收益时，应注意企业是否如实反映情况，企业对外投资具有控制权时，是否按权益法记账，投资收益的确认是否准确。

（7）营业外收支项目的审查与分析

审查营业外收支数额的变动情况时，对于营业外收入，应注意企业有无将应列入销售收入的款项或收益直接记作营业外收入，漏报流转税额；对于营业外支出，应注意是否符合规定的开支范围和开支标准，有无突增突减的异常变化。对于超过标准的公益救济性捐赠等，在计算应缴所得税时，应调增应纳税所得额。

3. 现金流量表的审查

对现金流量表的审查，应注意审查核对现金流量表有关项目数字来源及计算的正确性，即主要核对经营活动、投资活动和筹资活动产生的现金流量。

8.2.2 会计账簿的审查与分析

审查分析会计报表后，对于有疑点的地方，需通过账簿审查才能查证落实。报表的审查可提供进一步深入审查的线索和重点，账簿审查则是逐项审查和落实问题。

1. 日记账的审查与分析

对现金日记账审查时，应注意企业现金日记账是否做到日清日结，账面余额与库存现金是否相符，有无白条抵库现象，库存现金是否在规定限额之内，现金收入和支付是否符合现金管理的有关规定，有无坐支或挪用现金的情况，有无私设小金库的违法行为，并进一步核实现金账簿记录是否正确，计算是否准确，更改的数字是否有经手人盖章。对银行存款日记账的审查，应注意银行存款账所记录的借贷方向是否正确，金额是否与原始凭证相符，各项经济业务是否合理合法，前后页过账的数字、本期发生额合计和期初、期末余额合计是否正确，并应注意将企业银行存款日记账与银行对账单进行核对，审查企业有无隐瞒收入等情况。

2. 总分类账的审查与分析

可以从总体上了解企业财产物资、负债等变化情况，从中分析审查，找出查账线索。审查总分类账时，应注意总分类账的余额与资产负债表中所列数字是否相符，各账户本期借贷方发生额和余额与上期相比较，有无异常的增减变化。特别是对与纳税有关的经济业务，应根据总账的有关记录，进一步审查有关明细账户的记录和相关的会计凭证，据以发现和查实问题。由于总分类账户提供的是总括的资料，一般金额比较大，如果企业某些经济业务有问题，但金额较小，在总分类账中数字变化不明显，则审查时不容易发现，因此，审查和分析总分类账簿的记录，只能为进一步审查提供线索，不能作为定案处理的根据，查账的重点应放在明细账簿的审查上。

3. 明细分类账的审查与分析

总分类账审查后，根据发现的线索，应重点分析审查明细账，因为有些问题总分类账反映不出来或数字变化不明显。如结转耗用原材料成本所采用的计价方法是否正确，计算结果是否准确等，在总分类账中不能直接看出来，而查明细账则可以一目了然。明细账审查方法主要是：

（1）审查总分类账与所属明细分类账记录是否相吻合，借贷方向是否一致，金额是否相符。

（2）审查明细账的业务摘要，了解每笔经济业务是否真实合法，若发现疑点应进一步审查会计凭证，核实问题。

（3）审查各账户年初余额是否同上年年末余额相衔接，有无利用年初建立新账之机，采取合并或分设账户的办法，故意增减或转销某些账户的数额，弄虚作假、偷税漏税。

（4）审查账户的余额是否正常，计算是否正确，如果出现反常余额或红字余额，应注意核实是核算错误还是弄虚作假所造成的。

（5）审查实物明细账的计量、计价是否正确，采用按实际成本计价的企业，各种实物增减变动的计价是否准确合理，有无将不应计入实物成本的费用计入实物成本的现象，发出实物时，有无随意变更计价方法的情况。如有疑点，应重新计算，进行验证。

8.2.3　会计凭证的审查与分析

会计凭证按其填制程序和用途划分，可分为原始凭证和记账凭证两种。原始凭证是在经济业务发生时所取得或者填制的、载明业务的执行和完成情况的书面证明，它是进行会计核算的原始资料和重要依据。记账凭证是由会计部门根据原始凭证编制的，是登记账簿的依据。由于原始凭证和记账凭证的用途不同，因此，审查的内容也不同，但两者有着密切的联系，应结合对照审查。

1. 原始凭证的审查

（1）审查内容是否齐全，注意审查凭证的合法性。看凭证记录的经济内容是否符合政策、法规和财务会计制度规定的范围和标准。一是审查凭证的真实性。对凭证各项目的经济内容、数据、文字要注意有无涂改、污损、伪造、大头小尾等问题，并进行审查分析，从中发现问题。二是审查凭证的完整性。对凭证上的商品名称、规格、计量单位、大小写金额的填制日期仔细核对，应注意填写的内容是否清晰，计算的结果是否准确。三是审查自制的原始凭证手续是否完备，应备附件是否齐全。对差旅费报销还应与所附车船票、住宿费单据核对，看内容、金额是否相符。

（2）审查有无技术性或人为的错误。主要通过产成品（库存商品）、原材料（材料物资）等出入库凭证的检查，看有无产品（商品）销售后收取的现金不入账、减少当期投入的情况，有无多列、虚列材料（商品）成本的情况；通过对成本类原始凭证的检查，看纳税人是否区分了本期的收支与非本期的收支，基本业务收支与营业外收支，资本性支出与收益性支出等，有无因此而影响当期或后期计税所得额的情况。

（3）审查有无白条入账的情况。要注意审查自制凭证的种类、格式及使用是否符合财会制度的规定，审批手续是否健全，有无白条代替正式凭证的现象。对收款凭证要注意其号码是否连接，如发现缺本、缺页、审批手续不全的，应进一步查明原因。在审查支出凭证所记载的内容是否遵守制度规定的开支范围和标准时，要注意有无白条作支出凭证的情况。

2. 记账凭证的审查

（1）审查所附原始凭证有无短缺，两者的内容是否一致。首先要注意记账凭证与原始凭证的数量，金额是否一致。

（2）审查会计科目及其对应关系是否正确。会计事项的账务处理及其科目的对应关系在会计制度中一般都有明确规定，如果乱用会计科目或歪曲会计科目，就可能出现少缴或未缴税款的情况。

（3）记账凭证的会计科目与原始凭证反映的经济业务内容是否相符。审查时应注意会计凭证的摘要说明与原始凭证的经济内容是否相符。

8.2.4　不同委托人代理审查的具体内容

1. 审查按流转额征税税种的主要内容

按流转额征税的主要税种有增值税、消费税和营业税。增值税是以增值额为计税依据的，应主要审查销售额及适用税率的确定、划清进项税额可抵扣与不允许抵扣的界限，界定免税项目是否符合规定，审查增值税专用发票的使用。对于消费税和营业税，应侧重于征税对象和计税依据的审查，同时注意纳税人是否在规定环节申报纳税、适用税目税率是否正确、减免税是否符合税法规定。

2. 审查按所得额征税税种的主要内容

所得税的计税依据是应纳税所得额，应纳税所得额是以利润总额加调整项目，利润总额是由销售收入扣除成本费用项目后的余额。审查应纳税所得额的正确性，主要应审查销售收入的正确性，成本额的正确性，成本与费用划分的正确性，营业外收支的正确性，以及税前调整项目范围、数额的正确性。

3. 审查按资源、财产、行为征税税种的主要内容

这类税种类多，但计税相对较为简单，审查时着重计税依据的真实性，如印花税的计税依据为各类账、证、数据应贴花的计税金额。

8.3　账务调整的基本方法

代理人对纳税人的纳税情况进行全面审查后，对于有错漏问题的会计账目，按照财务会计制度进行账务调整，使账账、账证、账实相符。

8.3.1　账务调整的作用

根据审查结果，正确、及时地调整账务，既可防止明补暗退，又可避免重复征税，保证企业会计核算资料的真实性。

8.3.2　账务调整的原则

账务处理的调整要与现行财务会计准则相一致，要与税法的有关会计核算相一致。

账务处理的调整要与会计原理相符合。调整错账，需要作出新的账务处理来纠正原错账，所以新的账务处理业务必须符合会计原理和核算程序，反映错账的来龙去脉，清晰表达调整的思路，还应做到核算准确，数字可靠，正确反映企业的财务状况和生产经营情况。

调整错账的方法应从实际出发,简便易行。既要做到账实一致,反映查账的结果,又要坚持从简账务调整的原则。在账务调整方法的运用上,能用补充调整法则不用冲销调整法,尽量做到从简适宜。

8.3.3　账务调整的基本方法

在一个会计年度结账前,注册税务师查出纳税人的错账或漏账,可以在当期的有关账户直接进行调整。调整方法主要有:

1. 红字冲销法

先用红字冲销原错误的会计分录,再用蓝字重新编制正确的会计分录,重新登记账簿。它适用于会计科目用错及会计科目正确但核算金额错误的情况。一般情况下,在及时发现错误、没有影响后续核算的情况下多使用红字冲销法。

【例 8 - 1】某税务师事务所审查某工业企业的纳税情况,发现该企业将自制产品用于建造固定资产,所用产品的成本为 3 000 元,不含税销售价为 4 000 元,增值税税率为 17% ,企业账务处理为:

借:在建工程　　　　　　　　　　　　　　　　　　　　　4 680

　贷:产成品　　　　　　　　　　　　　　　　　　　　　　　4 000

　　　应交税费——应交增值税(销项税额)　　　　　　　　　　680

注册税务师认为:企业将自产的应纳增值税的货物用于非应税项目,应视同销售货物计算应缴增值税。此笔账会计科目运用正确,错误在于多记金额。作账务调整分录如下:

借:在建工程　　　　　　　　　　　　　　　　　　　　　1 000

　贷:产成品　　　　　　　　　　　　　　　　　　　　　　　1 000

2. 补充登记法

通过编制转账分录,将调整金额直接入账,以更正错账。它适用于漏计或错账所涉及的会计科目正确,但核算金额小于应计金额的情况。

【例 8 - 2】某税务师事务所审查某企业的纳税情况,发现该企业本月应摊销待摊费用 6 000 元,实际摊销 4 800 元,在本年度纳税审查中发现少摊销 1 200 元。企业的账务处理为:

借:制造费用　　　　　　　　　　　　　　　　　　　　　4 800

　贷:待摊费用　　　　　　　　　　　　　　　　　　　　　　4 800

注册税务师认为:企业的此笔账务处理所涉及的会计科目的对应关系没有错误,但核算金额少计 1 200 元。用补充登记法作调账分录为:

借:制造费用　　　　　　　　　　　　　　　　　　　　　1 200

　贷:待摊费用　　　　　　　　　　　　　　　　　　　　　　1 200

3. 综合账务调整法

将红字冲销法与补充登记法综合加以运用,一般适用于错用会计科目的情况,而且主要用于所得税纳税审查后的账务调整,如果涉及会计所得,可以直接调整“本年利润”账户。综合账务调整法一般运用于会计分录借贷方,有一方会计科目用错,而另一方会计科目没有错的情况。正确的一方不调整,错误的一方用错误科目转账调整，使用正确科目及时调整。

【例8-3】某企业将专项工程耗用材料列入管理费用7 000元。

借：管理费用   7 000

 贷：原材料   7 000

注册税务师认为：上述会计分录借方错用会计科目，按会计准则规定专项工程用料应列入"在建工程"科目。调整分录为：

借：在建工程   7 000

 贷：管理费用   7 000

同样，如果以上所举例的错账是在月后发现，而企业又是按月结算利润的，则影响到利润的项目还应通过"本年利润"科目调整。

如：按上例，设为月度结算后发现。调整分录为：

借：在建工程   7 000

 贷：本年利润   7 000

8.3.4　错账的类型及调整范围

根据错账发生的时间不同，可将错账分为当期发生的错账和以往年度发生的错漏账。其发生的时间不同，调账的方法也有所不同。

1. 对当期错误会计账目的调账方法

在审查中发现的当期的错误会计账目，可根据正常的会计核算程序，采用红字调整法、补充调整法、综合调整法予以调整。对于按月结转利润的纳税人，在本月内发现的错账，调整错账本身即可；在本月以后发现的错账，由于以前月份已结转利润，所以影响到利润的账项还需先通过相关科目最终结转到本年利润科目调整。

2. 对上一年度错误会计账目的调账方法

（1）对上一年度错账并且对上年度税收发生影响的，分以下两种情况：

如果在上一年度决算报表编制前发现的，可直接调整上年度账项，这样可以应用上述几种方法加以调整，对于影响利润的错账需要一并调整"本年利润"科目核算的内容。

如果在上一年度决算报表编制之后发现的，一般不能应用上述方法，而按正常的会计核算对有关账户进行一一调整。这时需区别不同情况，按简便实用的原则进行调整。

对于不影响上年利润的项目，可以直接进行调整。

【例8-4】在所得税的汇算清缴中，注册税务师受托对某企业所得税纳税情况进行审查，发现该企业将用于职工福利支出的20 000元记入"在建工程"账户，审查是在年终结账后进行的。注册税务师经过认真审核，确认该笔业务应通过"应付福利费"科目核算，因企业基建工程尚未完工交付使用，相关调账分录为：

借：以前年度损益调整   20 000

 贷：在建工程   20 000

对于影响上年利润的项目，由于企业在会计年度内已结账，所有的损益账户在当期都结转至"本年利润"账户，凡涉及调整会计利润的，不能用正常的核算程序对"本年利润"进行调整，而应通过"以前年度损益"进行调整。

【例 8 - 5】某税务师事务所 2012 年 4 月对某公司 2011 年度纳税审查中，发现多预提厂房租金 20 000 元，应予以回冲。

应通过"以前年度损益调整"科目调整，将调整数体现在 2011 年的核算中，应作调整分录如下：

A. 借：预提费用　　　　　　　　　　　　　　　　　　　20 000

　　贷：以前年度损益调整　　　　　　　　　　　　　　　　　20 000

B. 补所得税 = 20 000 × 25% = 5 000（元）

借：以前年度损益调整　　　　　　　　　　　　　　　　　5 000

　　贷：应交税费——应交所得税　　　　　　　　　　　　　　5 000

C. 将以前年度损益调整贷方余额转入未分配利润

借：以前年度损益调整　　　　　　　　　　　　　　　　15 000

　　贷：利润分配——未分配利润　　　　　　　　　　　　　15 000

（2）对上一年度错账且不影响上一年度的税收，但与本年度核算和税收有关的，可以根据上一年度账项的错漏金额影响本年度税项情况，相应调整本年度有关账项。

【例 8 - 6】某税务师事务所 2011 年审查 2010 年某企业的账簿记录，发现 2010 年 12 月份多转材料成本差异 20 000 元（借方超支数），而消耗该材料的产品已完工入库，该产品于 2011 年售出。

这一错误账项虚增了 2010 年 12 月份的产品生产成本，由于产品未销售，不需结转销售成本，未对 2010 年度税收产生影响，但是由于在 2011 年售出，此时虚增的生产成本会转化为虚增销售成本，从而影响 2011 年度的税项。如果是在决算报表编制前发现且产品还未销售，则可应用转账调整法予以调整上年度账项，即

借：材料成本差异　　　　　　　　　　　　　　　　　　20 000

　　贷：库存商品　　　　　　　　　　　　　　　　　　　　20 000

如果是在决算报表编制后发现且产品已经销售，由于上一年账项已结平，这时可直接调整本年度的"主营业务成本"或"本年利润"账户，作调整分录如下：

借：材料成本差异　　　　　　　　　　　　　　　　　　20 000

　　贷：主营业务成本或本年利润　　　　　　　　　　　　　20 000

3. 不能直接按审查出的错误数额调整利润情况的账务调整方法

审查出的纳税错误数额，有的直接表现为实现的利润，不需进行计算分摊，直接调整利润账户；有的需经过计算分摊，将错误的数额分别摊入相应的有关账户内，才能确定应调整的利润数额。后一种情况主要是在材料采购成本、原材料成本的结转，生产成本的核算中发生的错误，如果尚未完成一个生产周期，其错误额会依次转入原材料、在产品、产成品、销售成本及利润中，导致虚增利润，使纳税人多缴当期的所得税。因此，应将错误额根据具体情况在期末原材料、在产品、产成品和本期销售产品成本之间进行合理分摊。

计算分摊的方法是：应按产品成本核算过程逐步剔除挤占因素，即将审查出的需分配的错误数额，按材料、自制半成品、在产品、产成品、产品销售成本等核算

环节的程序，一步一步地往下分配。将计算出的各环节应分摊的成本数额，分别调整有关账户，在期末结账后，当期销售产品应分摊的错误数额应直接调整利润数。在实际工作中一般较多地采用"按比例分摊法"。其计算步骤如下：

（1）计算分摊率

$$分摊率 = \frac{审查出的错误额}{\substack{期末材料\\结存成本} + \substack{期末在产品\\结存成本} + \substack{期末产成\\品结存成本} + \substack{本期产品\\销售成本}}$$

上述公式是基本计算公式，具体运用时，应根据错误发生的环节，相应地选择某几个项目进行计算分摊，不涉及的项目则不参加分摊。

在"生产成本"账户贷方、"产成品"账户借方查出的数额，只需在期末产成品、本期产品销售成本之间分摊。

在"材料"账户贷方、"生产成本——基本生产成本"账户借方查出的错误额，即多转或少转成本的问题，应在公式中后三个项目之间分摊。

在"材料"账户借方查出的问题，即多计或少计材料成本，要在公式中的四个项目之间分摊。

（2）计算分摊额

$$期末材料应分摊的数额 = 期末材料成本 \times 分摊率$$
$$期末在产品成本应分摊的数额 = 期末在产品成本 \times 分摊率$$
$$期末产成品应分摊的数额 = 期末产成品成本 \times 分摊率$$
$$本期销售产品应分摊的数额 = 本期销售产品成本 \times 分摊率$$

（3）调整相关账户

将计算出的各环节应分摊的成本数额，分别调整有关账户，在期末结账后，当期销售产品应分摊的错误数额应直接调整利润数。

【例8-7】税务代理人受托对某企业进行纳税审查，发现该企业某月份将基建工程领用的生产用原材料 30 000 元计入生产成本。由于当期期末既有期末在产品，也有生产完工产品，完工产品当月对外销售一部分，因此，多计入生产成本的 30 000 元，已随企业的生产经营过程分别进入了生产成本、产成品、产品销售成本之中。经核实，期末在产品成本为 150 000 元，产成品成本为 150 000 元，产品销售成本为 300 000 元。税务代理人可按以下步骤计算分摊各环节的错误数额，并作相应调账处理。

第一步：计算分摊率。

$$分摊率 = 多计生产成本数额 /（期末在产品结存成本 +$$
$$期末产成品结存成本 + 本期产品销售成本）$$
$$= 30\ 000/（150\ 000 + 150\ 000 + 300\ 000）= 0.05$$

第二步：计算各环节的分摊数额。

$$在产品应分摊数额 = 150\ 000 \times 0.05 = 7\ 500（元）$$
$$产成品应分摊数额 = 150\ 000 \times 0.05 = 7\ 500（元）$$
$$本期产品销售成本应分摊数额 = 300\ 000 \times 0.05 = 15\ 000（元）$$
$$应转出的增值税进项税额 = 30\ 000 \times 17\% = 5\ 100（元）$$

第三步：调整相关账户。

若审查期在当年，调账分录为：

借：在建工程　　　　　　　　　　　　　　　　　　　　　　35 100

　贷：生产成本　　　　　　　　　　　　　　　　　　　　　　　　7 500

　　　产成品　　　　　　　　　　　　　　　　　　　　　　　　　7 500

　　　本年利润　　　　　　　　　　　　　　　　　　　　　　　15 000

　　　应交税费——应交增值税（进项税额转出）　　　　　　　　　5 100

若审查期在以后年度，则调账分录为：

借：在建工程　　　　　　　　　　　　　　　　　　　　　　35 100

　贷：生产成本　　　　　　　　　　　　　　　　　　　　　　　　7 500

　　　产成品　　　　　　　　　　　　　　　　　　　　　　　　　7 500

　　　以前年度损益调整　　　　　　　　　　　　　　　　　　　15 000

　　　应交税费——应交增值税（进项税额转出）　　　　　　　　　5 100

【思考与练习】

1. 纳税审查的方法主要有哪些？各适用于什么情况？

2. 纳税审查的内容主要有哪些？

3. 简述调账的基本方法及调账的意义。

4. 实务题

某注册税务师 2012 年 2 月对企业 2011 年的纳税情况进行审核，发现企业 12 月份将福利部门领用的材料成本 20 000 元计入生产成本中，由于企业生产产品成本已经进行了部分结转和销售，所以无法按照审核发现的 20 000 元直接作为错账调整金额。2011 年底企业的在产品相关成本科目余额是 100 000 元，完工产品相关成本科目余额 500 000 元，当期的已销售产品成本是 400 000 元，假设该企业已经结账。

问题：（1）按"比例分摊法"计算错账调账金额在相关环节分摊的分配率、分摊数额。

（2）作出跨年度账务调整分录。

第 9 章

代理纳税审查实务

【学习目标】

通过本章学习，应该掌握流转税及所得税纳税审查的重点和纳税审查方法。重点把握计税依据、适用税率、应纳税额计算的审查。

【导入案例】

某企业系小规模纳税人，主要生产水泥。2012 年 1 月试生产，2012 年 5 月取得第一笔产品销售收入，并于 6 月份到主管税务机关按月申报缴纳增值税。8 月某国税局接到群众举报，反映该企业不开发票账外销售产品。税务机关委托××税务师事务所审核该企业的纳税情况，并指导该企业正确核算经营情况，如实申报纳税。

9.1 代理流转税纳税审查实务

9.1.1 代理增值税纳税审核实务

1. 增值税一般纳税人的纳税审核

代理增值税一般纳税人的纳税审核，一般应遵循增值税的计税规律确定审查环节，重点审核征税范围、销售额与销项税额、进项税额的结转与进项税额的转出、应纳税额与出口货物退（免）税。

（1）征税范围的审核

①增值税一般纳税人和小规模纳税人确定的审核。

审核增值税一般纳税人的认定手续是否完备。一是重点审核纳税人认定手续是否完备、真实。二是重点审核纳税人的税务登记证，看有无伪造、涂改等问题。

审核纳税人年应税销售额是否达到一般纳税人条件。

审核纳税人会计核算制度是否健全。

②增值税征税范围审核的基本内容。

应税货物范围的审核要点：审核企业是否所有应税货物的销售都申报并缴纳了增值税；审核征收消费税、资源税的货物销售是否没有申报增值税。

应税劳务范围的审核要点：审核企业有无将加工、修理修配同其他劳务相混淆不申报增值税；审核企业受托加工的货物是否符合受托加工的条件。

进口货物范围的审核要点：审核进口的应税货物是否全部申报了增值税；审核从境内保税地购进的应税货物是否申报了增值税。

出口货物范围的审核要点：主要审核纳税人出口不适用零税率的货物是否依法

纳税。

（2）销项税额的审核

销项税额的计算要素有销售额与适用税率。销项税额的审核是增值税审核的首要环节，注册税务师应把握基本的操作要点。

①销售额审核要点。销售额是销项税额的计税依据，是正确计算销项税额的关键所在，应重点审核：审核销售收入的结算方式，是否存在结算期内的应税销售额未申报纳税的情况；根据现行增值税法的有关规定，审核纳税人在申报时对应税销售额的计算有无下列情况：

- 销售货物或应税劳务收取价外费用是否并入应税销售额。
- 销售残次品（废品）、半残品、副产品和下脚料、边角料等取得的收入是否并入应税销售额。
- 采取以旧换新方式销售货物，是否按新货物的同期销售价格确认应税销售额。
- 采取还本销售方式销售货物，是否从应税销售额中减除了还本支出，造成少计应税销售额。
- 采取折扣方式销售货物，将折扣额另开发票的，是否从应税销售额中减除了折扣额，造成少计应税销售额。
- 为销售货物而出租、出借包装物收取押金，因逾期而不再退还的，是否已并入应税销售额并按所包装货物适用税率计算纳税；同时应注意审核是否符合有关特殊的纳税规定，如对销售酒类产品（除适用啤酒、黄酒外）收取的包装物押金的规定。
- 将自产或委托加工的货物用于非增值税应税项目以及集体福利、个人消费的，是否视同销售将其金额并入应税销售额。
- 将自产、委托加工或购买的货物对外投资，分配给股东、投资者、无偿赠送他人，是否按规定视同销售将其金额并入应税销售额。
- 将货物交付他人代销是否按规定视同销售将其金额并入应税销售额。
- 销售代销货物是否按规定视同销售将其金额并入应税销售额。
- 移送货物用于销售是否按规定视同销售将其金额并入应税销售额。
- 对外提供有偿加工货物的应税劳务，是否按规定将收入并入应税销售额。
- 以物易物或用应税货物抵偿债务，是否并入应税销售额。
- 混合销售行为和兼营的非应税劳务，按规定应当征收增值税的，其应税销售额的确认是否正确。
- 纳税人发生销售退回或销售折让，是否依据退回的增值税专用发票或购货方主管税务机关开具的"企业进货退出及索取折让证明单"，按退货或折让金额冲减原销售额。
- 销售货物或应税劳务的价格偏低或有视同销售货物行为而无销售额，纳税人按规定需组成计税价格确定销售额的，其应税销售额的计算是否正确。
- 销售货物或应税劳务采用销售额与销项税额合并定价方法的，其应税销售额的计算是否正确。

● 外汇结算销售额折计人民币应税销售额是否正确。

②适用税率审核要点：

增值税税率运用是否正确，是否扩大了低税率货物的适用范围。审核时，要深入企业了解情况，从投入产出和产品（商品）的性能、用途、生产工艺等各方面严格对照税法规定的征税范围及注释，审定适用的税率是否正确。

增值税税率已发生变动的货物，是否按税率变动的规定执行日期计算纳税。

纳税人兼营不同税率的货物或者应税劳务，未分别核算销售额的，是否从高适用增值税税率计算纳税。

出口货物适用的退税率是否正确。是否将不同税率的出口货物分开核算和申报办理退税，如划分不清适用税率的，是否从低适用退税率计算退税。

③销售自己使用过的固定资产的审核。自 2009 年 1 月 1 日起，纳税人销售自己使用过的固定资产应区分不同情形征收增值税；一是销售自己使用过的 2009 年 1 月 1 日以后购进或者自制的固定资产，按照适用税率征收增值税；二是 2008 年 12 月 31 日以前未纳入扩大增值税抵扣范围试点的纳税人，销售自己使用过的 2008 年 12 月 31 日以前购进或者自制的固定资产，按照 4% 征收率减半征收增值税；三是 2008 年 12 月 31 日以前已纳入扩大增值税抵扣范围试点的纳税人，销售自己使用过的在本地区扩大增值税抵扣范围试点以前购进或者自制的固定资产，按照 4% 征收率减半征收增值税；销售自己使用过的在本地区扩大增值税抵扣范围试点以后购进或者自制的固定资产，按照适用税率征收增值税。

关于纳税人销售自己使用过的固定资产。一般纳税人销售自己使用过的固定资产，凡根据《财政部、国家税务总局关于全国实施增值税转型改革若干问题的通知》（财税〔2008〕170 号）、财税〔2009〕9 号文件等规定，适用按简易办法依 4% 征收率减半征收增值税政策的，应开具普通发票，不得开具增值税专用发票。小规模纳税人销售自己使用过的固定资产，应开具普通发票，不得由税务机关代开增值税专用发票。

关于销售额和应纳税额。一般纳税人销售自己使用过的物品和旧货，适用按简易办法依 4% 征收率减半征收增值税政策的，按下列公式确定销售额和应纳税额：

$$销售额 = \frac{含税销售额}{1+4\%}$$

$$应纳税额 = \frac{销售额 \times 4\%}{2}$$

小规模纳税人销售自己使用过的固定资产和旧货，按下列公式确定销售额和应纳税额：

$$销售额 = \frac{含税销售额}{1+3\%}$$

$$应纳税额 = 销售额 \times 2\%$$

审核要点：审核"固定资产"明细账，审核已出售的固定资产是否为应税固定资产，是否按规定申报缴纳了增值税。审核"固定资产清理"账户的贷方发生额，并与"固定资产"明细账核对，审核是否按规定申报缴纳了增值税。

（3）进项税额的审核

对于纳税人进项税额的计算和会计处理，注册税务师既要审核原始抵扣凭证，又要结合有关账户审核，防止虚增进项税额多抵销项税额、少缴增值税的问题。

①进项税额抵扣凭证的审核要点。审核进项抵扣凭证，应结合"应付职工薪酬"、"长期股权投资"、"应交税费——应交增值税"等账户进行。

一是购进货物或应税劳务是否按规定取得增值税扣税凭证，取得的增值税专用发票抵扣联是否合法有效。

● 审核纳税人购进货物或应税劳务取得增值税专用发票注明的进项税额。

● 审核纳税人据以核算进项税额的增值税专用发票的发票联、抵扣联的记载内容是否一致，有无只有抵扣联而无发票联或者只有发票联而无抵扣联的情况。

● 审核纳税人购进货物是否与购货方的生产、经营相关：核对生产经营范围；核对"原材料"、"库存商品"明细账，防止虚开、代开。

二是对增值税一般纳税人外购货物所支付的运输费用，允许依7%扣除率计算进项税额扣除，其运费结算单据（普通发票）是否为规定的结算单据，计算进项税额的运费金额是否正确。

● 审核纳税人抵扣票据的合理、合法性。审核抵扣运费单据是否属于规定的可抵扣票据，票面项目是否符合要求。

● 审核纳税人"应交税费——应交增值税（进项税额）"科目的记账凭证。审核有无将不属于运费范围的款项，也计算了进项税额。

● 审核纳税人"库存商品"、"原材料"、"低值易耗品"、"包装物"等明细账。审核单据所列项目与实物是否相符。

● 审核纳税人运费凭证与有关资金或存货类账户的核算内容的关系。如果只有运费凭证，而无相应的资金或存货则不得抵扣。

● 将购进货物的进项税额与支付运费计算的进项税额进行比较分析，查看有无异常，重点审核是否属虚抵进项税额。

三是进口货物是否按规定取得完税凭证，并按税法规定进行税款抵扣。

● 审核海关代征进口货物增值税时的增值税专用缴款书票据的真实性，即原件的唯一性，企业名称的准确性。专用缴款书上若标明有两个单位名称，既有代理进口单位名称，又有委托进口单位名称的，只准予其中取得专用缴款书原件的单位抵扣税款。

● 审核专用缴款书所注明的进口货物入库单。重点追踪进口货物的流向，若无库存，是否已作销售申报纳税。

四是购进免税农业产品准予抵扣的进项税额，其原始凭证是否符合规定，有无超范围计算进项税额抵扣的问题。

五是对进货退出或折让而收回的增值税税额，是否在取得红字专用发票的当期，从进项税额中扣减。

②进项税额转出的审核要点。当纳税人购进的原材料、商品改变用途时，应将其负担的进项税额由"应交税费——应交增值税"账户的贷方"进项税额转出"科目转入相应的账户中去。因此，对纳税人发生的下列业务，应审核在结转材料和商

品销售成本的同时，是否作了转出进项税额的账务处理：非增值税应税项目使用购进的已结转进项税额的货物；增值税免税项目使用购进的已结转进项税额的货物；不动产在建工程项目领用购进的已结转进项税额的材料物资；集体福利项目领用购进的已结转进项税额的材料物资；非正常损失的在产品、产成品所耗用的购进货物或者应税劳务。

对上述项目除了注意审查计算方法是否正确外，还要注意审核企业进项税额转出的金额计算依据是否正确，进项税额转出的时间与增值税会计处理的规定是否一致。

③销售返还进项税额转出的审核要点。对增值税一般纳税人，因购买货物而从销售方取得的各种形式的返还资金，均应依所购货物的增值税税率计算应冲减的进项税金，并从其取得返还资金当期的进项税金中予以冲减，并按如下公式计算：

$$当期应冲减的进项税额 = \frac{当期取得返回资金}{1 + 所购货物适用税率} \times 所购货物适用的增值税税率$$

增值税一般纳税人因购买货物而从销售方取得的返还资金一般有以下几种表现形式：购买方直接从销售方取得货币资金；购买方直接从应向销售方支付的货款中代扣；购买方向销售方索取或代扣有关销售费用或管理费用；购买方在销售方直接或间接列支或报销有关费用；购买方取得销售方支付的费用补偿。

上述情况主要集中在流通领域内的商业企业。其在财务上的审核要点如下：

• 审核"主营业务收入"账户，判断是否存在将因购买货物取得的返还资金列入该账户核算，特别是"代销手续费"，是否符合代销的条件；

• 审核"其他业务收入"账户，分析该收入的性质及取得该收入的原因；

• 审核"投资收益"、"本年利润"账户，分析是否未向销售方投资或未与销售方联营协作而以投资收益或联营分利的名义分解利润；

• 审核"应付账款"账户明细账，若购货方与供货方始终保持业务往来，而购货方应付账款余额越滚越大，要进一步分析原因；若应付账款余额被核销，需了解核销的原因，销售方对此债权是否也予以核销，而让购货方取得了除实物形式以外的返还利润；

• 审核"银行存款"、"现金"等贷方发生额与购货发票票面所载金额的差额，对照购、销双方的结算清单，确定应结算与实际结算货款的差额，分析差额部分，是否有代扣广告费、促销费、管理费等问题；

• 审查"营业费用"、"管理费用"账户，了解"营业费用"、"管理费用"贷方发生额或红字冲销的原因，或"营业费用"、"管理费用"某一会计期间大幅度减少的原因，是否向销售方转移费用支出。

④进项税额抵扣时限的审核要点。自2010年1月1日起，增值税一般纳税人申请抵扣的防伪税控系统开具的增值税专用发票，必须自该专用发票开具之日起180日内到税务机关认证，否则不予抵扣进项税额。增值税一般纳税人认证通过的防伪税控系统开具的增值税专用发票，应在认证通过的次月按照增值税有关规定核算当期进项税额并申报抵扣，否则不予抵扣进项税额。

（4）增值税应纳税额的审核

①增值税"应交税费"明细账审核要点

"应交税费——应交增值税"明细账，是为了全面核算和反映增值税的应缴、已缴情况而设置的。对纳税人"应交税费——应交增值税"明细账，应审核是否符合有关增值税会计处现的规定，是否做到按月计算应纳税额，"月清月结"，有无将本月欠税用下期进项税额抵顶，滞纳税款的问题；有无多记"进项税额"，少记"销项税额"及"进项税额转出"，造成当期应缴税金不实的问题；生产销售的货物按简易办法计算缴纳增值税的企业，其不得抵扣进项税额计算是否正确；出口企业按出口货物离岸价与征、退税率之差计算的不予抵扣的税额是否在当期从"进项税额转出"科目转增产品销售成本等。

②增值税一般纳税人申报表审核要点。

本期销项税额。应根据"主营业务收入（出口销售收入）"、"其他业务收入"、"应交税费——应交增值税（销项税额）"等账户，检查内销货物和应税劳务的应税销售额和销项税额，出口货物的免税销售额。对于视同销售行为，应根据"在建工程"、"营业外支出"等账户核算内容，计算其销项税额。

本期进项税额。应根据"原材料"、"应付账款"、"管理费用"、"固定资产"、"应交税费——应交增值税（进项税额）"等账户，计算确认纳税人的本期进项税额、不允许抵扣的进项税额、本期应抵扣进项税额。

税款计算。应按增值税一般纳税人申报表上的逻辑关系正确计算各项税额，确认本期应纳税额和留抵税额。

【例 9 - 1】某企业系增值税一般纳税人。税务师事务所于 2012 年 3 月受托对企业 2 月份增值税纳税情况进行审核，取得该企业 2 月份会计资料如下：

A. 2 月 5 日，购进原材料一批，已验收入库，取得增值税专用发票一张，注明价款 10 000 元，税额 1 700 元，取得运输部门开具的运费普通发票一张，注明运费 600 元，装卸费 300 元，款项均未支付。企业账务处理为：

借：原材料　　　　　　　　　　　　　　　　　　　　　　10 837
　　应交税费——应交增值税（进项税额）　　　　　　　　 1 763
　　贷：应付账款　　　　　　　　　　　　　　　　　　　　　12 600

B. 2 月 7 日，购进材料并入库，增值税专用发票上注明价款 12 950 元，税额 2 585 元；运费结算单据一张，注明运费 420 元，其他杂费 80 元；银行解款通知单，注明金额 16 035 元。企业账务处理为：

借：原材料　　　　　　　　　　　　　　　　　　　　　　13 415
　　应交税费——应交增值税（进项税额）　　　　　　　　 2 620
　　贷：银行存款　　　　　　　　　　　　　　　　　　　　　16 035

C. 2 月 9 日，购进材料一批，尚未取得增值税专用发票一张，按照企业自制出库单据上注明价款 15 000 元，税额 2 550 元，货款未付，材料尚未入库。企业账务处理为：

借：在途物资　　　　　　　　　　　　　　　　　　　　　15 000
　　应交税费——应交增值税（进项税额）　　　　　　　　 2 550
　　贷：应付账款　　　　　　　　　　　　　　　　　　　　　17 550

D. 2 月 15 日，销售产品一批，开出增值税专用发票一张，注明价款 20 000 元，税额 3 400 元，货已发出，款项已收到 60%。企业账务处理为：

借：银行存款　　　　　　　　　　　　　　　　　　　　　14 040
　　应收账款　　　　　　　　　　　　　　　　　　　　　　9 360
　　贷：主营业务收入　　　　　　　　　　　　　　　　　　20 000
　　　　应交税费——应交增值税（销项税额）　　　　　　　2 040
　　　　其他应付款——应交增值税　　　　　　　　　　　　1 360

E. 2 月 18 日，2010 年 1 月 15 日收取的出租包装物押金 1 170 元，到期包装物未收回，企业账务处理为：

借：其他应付款　　　　　　　　　　　　　　　　　　　　　1 170
　　贷：其他业务收入　　　　　　　　　　　　　　　　　　1 170

F. 2 月 22 日，2 月 12 日售出的部分产品，由于质量问题，购货单位退货，销货额为 5 000 元，税额 850 元，退回产品已验收入库，成本价为 4 000 元。企业账务处理为：

借：主营业务收入　　　　　　　　　　　　　　　　　　　　5 000
　　应交税费——应交增值税（销项税额）　　　　　　　　　　850
　　贷：银行存款　　　　　　　　　　　　　　　　　　　　5 850

同时

借：库存商品　　　　　　　　　　　　　　　　　　　　　　4 000
　　贷：主营业务成本　　　　　　　　　　　　　　　　　　4 000

G. 2 月 26 日，月末盘库发生原材料盘亏。企业账务处理为：

借：待处理财产损溢　　　　　　　　　　　　　　　　　　　2 000
　　贷：原材料　　　　　　　　　　　　　　　　　　　　　2 000

后附：存货盘点表一张，业务内容：盘亏原材料成本 2 000 元。

H. 其他资料：

a. 2011 年 2 月初"应交税费——应交增值税"明细账无余额；

b. 2011 年 1 月企业申报进项税额为 6 933 元，销项税额 1 190 元，当月尚有进项税额 5 743 元未能抵扣完。

要求：

A. 计算企业应纳增值税税额，指出该企业增值税计算缴纳存在的问题，并计算本月企业少计（多计）增值税税额。

B. 根据上述经济业务，进行"应交税费——应交增值税"明细账相关账务调账处理。

处理过程：

A. 计算本月应纳增值税。

a. 销项税额 = $20\,000 \times 17\% + 1\,170 \div (1 + 17\%) \times 17\% + (-850) = 2\,720$（元）

b. 进项税额 = $1\,700 + 600 \times 7\% + 420 \times 7\% + (-2\,000 \times 17\%) = 1\,431.4$（元）

c. 本月应纳税增值额 = 2 720 – 1 431.4 = 1 288.6（元）

d. 本月实际缴纳增值税 = 0

e. 本月少缴增值税 = 1 288.6 – 0 = 1 288.6（元）

B. 企业增值税计算缴纳存在问题与"应交税费——应交增值税"会计处理调整。

a. 2 月 5 日，对增值税一般纳税人外购货物所支付的运输费用，根据运费结算单据（普通发票）所列运费金额依 7% 的扣除率计算的进项税额准予扣除，但随同运费支付的装卸费、保险费等其他杂费不得计算扣除进项税额。该企业把装卸费300 元也按 7% 进行了扣税，多扣进项税额 = 300 × 7% = 21（元）

当期调账分录：

借：原材料　　　　　　　　　　　　　　　　　　　　　　　　　　　21

　　贷：应交税费——应交增值税（进项税额转出）　　　　　　　　　　　21

b. 2 月 7 日，销售方开具的增值税专用发票不符合各项目内容正确无误的要求，因此增值税专用发票上的税额 2 585 元不允许抵扣。对增值税一般纳税人外购货物（固定资产除外）所支付的运输费用，根据运费结算单据（普通发票）所列运费金额依 7% 的扣除率计算进项税额准予扣除，但随同运费支付的装卸费、保险费等其他杂费不得计算扣除进项税额。该企业把杂费 80 元也按 7% 进行了扣税，多扣进项税额为 80 × 7% = 5.6（元），共计多扣进项税额为 2 585 + 5.6 = 2 590.6（元）。

当期调账分录：

借：原材料　　　　　　　　　　　　　　　　　　　　　　　　　　2 590.6

　　贷：应交税费——应交增值税（进项税额转出）　　　　　　　　　　2 590.6

c. 2 月 9 日，工业企业购进货物必须在取得合法扣税凭证后，才能申报抵扣进项税额，该企业材料尚未取得合法扣税凭证，企业却申报纳税，因此，多抵扣进项税额 2 550 元。

当期调账分录：

借：待摊费用——待抵扣进项税　　　　　　　　　　　　　　　　　2 550

　　贷：应交税费——应交增值税（进项税额转出）　　　　　　　　　　2 550

d. 2 月 15 日，企业对尚未收款部分，挂往来账户，少计销项税额，应调增销项税额。

当期调账分录：

借：其他应付款——应交增值税　　　　　　　　　　　　　　　　　1 360

　　贷：应交税费——应交增值税（销项税额）　　　　　　　　　　　　1 360

e. 2 月 18 日，纳税人为销售货物而出租出借包装物收取的押金，单独记账核算的，不并入销售额征税，但对因逾期未收回包装物不再退还的押金，应按所包装货物的适用税率征收增值税。该企业没收逾期包装物押金未计算增值税，少计增值税 = 1 170 ÷（1 + 17%）× 17% = 170（元）

当期调账分录：

借：其他业务成本　　　　　　　　　　　　　　　　　　　　　　　170

　　贷：应交税费——应交增值税（销项税额）　　　　　　　　　　　　170

f. 2月22日，账务处理正确。

g. 2月26日，非正常损失的购进货物的进项税额不允许抵扣，而该企业发生材料盘亏，其进项税额未转出，多计进项税额 = 2 000 × 17% = 340（元）

当期调账分录：

借：待处理财产损溢　　　　　　　　　　　　　　　　　340

　　贷：应交税费——应交增值税（进项税额转出）　　　　　　340

h. 根据上述六笔调账分录，月末调整本月应补缴增值税 1 288.6 元。

借：应交税费——应交增值税（转出未交增值税）　　　1 288.6

　　贷：应交税费——未交增值税　　　　　　　　　　　　　1 288.6

2. 增值税小规模纳税人的纳税审核

代理增值税小规模纳税人的纳税审查，要根据小规模纳税人计税资料和会计核算的特点，确定审核内容和方法。

（1）重点核查小规模纳税人将含税的销售额换算成不含税销售额的计算是否正确。将本期含税的销售额换算成不含税的销售额，与纳税人申报表中的销售额进行对比，审核是否一致。

（2）审核小规模纳税人计算应纳税额适用的征收率是否正确。小规模纳税人，自 2009 年 1 月 1 日起，其征收率调减为 3%。

（3）审核应纳税额计算是否准确无误，纳税人是否按规定时限缴纳税款。

3. 出口货物退（免）税的审核

（1）出口退（免）税重点审核的产品

凡在出口退税预警、评估分析工作中发现出口数量、出口价格异常增长的，生产企业自营或委托出口的，主管税务机关应对生产企业的场地、设备、生产能力、生产规模及生产的品种、数量以及纳税情况等进行实地核查。

（2）出口企业业务往来、资金流向的审核重点

①外贸企业的管理规定。在审核外贸企业退税申报时，对出口业务购货渠道、付款方向和出口退税款的资金流向等，属下列异常情况的，必须严格审核：

货物报关出口后即收汇，出口企业在收汇的当天或次日，将出口货物的价款付给供货方，收到退税款后，再将退税款支付给供货方或第三方；

出口企业收汇后，以现金或现金支票等形式支付给个人；

收款单位与增值税专用发票上注明的供货单位不一致；

在异地结汇，本地收汇核销的；

对外贸企业母子公司关系及借权、挂靠关系等问题的界定，应实事求是，区别对待。

②外贸企业与其关联企业的业务往来重点审核内容。

审核出口货物的换汇成本是否过高，是否存在虚抬出口货物的购进价格问题；上游关联企业是否存在大量农产品和废旧物资收购凭证，是否已对上游关联企业作延伸核查或发函调查；对从境内关联企业购进出口到境外关联企业的货物，是否存在购进价格和出口价格同时提高的问题。

审核与关联企业间开展的加工贸易及从关联企业购进原辅材料委托加工收回出

口的货物，其原辅材料、成品、工缴费等是否存在异常的问题。

关联企业若为小规模纳税人、新发生出口业务的企业、小型出口企业的，应审核是否存在借权出口或假自营代理的问题。

对关联企业为享受先征后返或即征即退税收政策的，从其购进出口货物办理退税后是否仍享受先征后返或即征即退的政策。

9.1.2 代理消费税纳税审核实务

消费税是一个特定的税种，在征税范围、计税依据、纳税环节、税额扣除等方面都有特殊规定。因此，代理消费税的纳税审核应注重其特点，有针对性地核查纳税人的计税资料。

1. 计税依据的审核

消费税实行从价定率、从量定额及复合计税的办法计算应纳税额，其计税依据分别是应税消费品的销售额和销售数量。实行从量定额征税办法的应税消费品有黄酒、啤酒、汽油和柴油等，卷烟、粮食白酒和薯类白酒实行复合计税的办法，其余应税消费品均按从价定率办法征税。在实际工作中，代理人应针对税法中对自产和委托加工应税消费品的不同规定，选择其计税依据审核的侧重点。

（1）销售自产应税消费品的审核

①实行从价定率征税办法的应税消费品，其计税依据为纳税人销售应税消费品向购买方收取的全部价款和价外费用，但不包括应向购买方收取的增值税税款。

对价外费用的审核要点：

审核纳税人"其他业务收入"、"营业外收入"等明细账，核对有关会计凭证，查看属于销售应税消费品从购货方收取的价外费用，是否按规定依照应税消费品的适用税率计算消费税，并与"应交税费——应交消费税"账户相核对。

审核纳税人"销售费用"、"管理费用"、"财务费用"、"其他业务成本"等明细账，如有借方红字发生额或贷方发生额，应对照有关会计凭证逐笔进行核对，审核纳税人是否有销售应税消费品收取的价外费用，是否按规定计算消费税，并与"应交税费——应交消费税"账户相核对。

审核纳税人的"应收账款"、"应付账款"、"其他应收款"、"其他应付款"等往来账户，审查纳税人销售应税消费品收取的价外费用是否直接通过往来账户核算而不并入销售额计算消费税。

审核纳税人已开具的普通发票存根联时，如发现有运输费、仓储费等收费项目的，应注意审查是否属于价外费用。

审核纳税人与购买方的销售结算清单，仔细审查销售清单反映的收费项目是否有属应征消费税、增值税的价外费用。

对包装物计税的审核要点：

随同应税消费品作销售的包装物是否按所包装的产品适用的税率缴纳了消费税；逾期不再退还的包装物押金及已收取 1 年以上的包装物押金，是否按规定缴纳了消费税；从 1995 年 6 月 1 日起，对销售酒类消费品（除啤酒、黄酒外）收取的包装物押金是否按规定及时缴纳了消费税；对于酒类产品包装物的审核，主要通过"包装物"、"其他应付款"等明细账,审核企业是否有出售包装物收入和收取包装物押金,应缴纳消费税的包装物收入和收取的包装物押金,是否缴纳了消费税。

对应税消费品以物易物、以货抵债、投资入股的审核要点:

纳税人将自产的应税消费品用于换取生产资料、消费资料、投资入股、抵偿债务的是否纳税。

计税价格是如何确定的,是否按纳税人同类消费品的最高销售价格作为计税依据计算缴纳消费税。

②实行从量定额征税办法的应税消费品,其计税依据为应税消费品的销售数量。应审核"主营业务收入"、"营业税金及附加"、"库存商品"、"应交税费——应交消费税"等明细账,对照销货发票等原始凭证,看计量单位折算标准的使用及销售数量的确认是否正确,有无多计或少计销售数量的问题。

【例 9 - 2】注册税务师在代理审核某化妆品厂 2012 年 3 月应纳消费税情况时发现,该企业采用预收货款方式销售化妆品 50 箱,取得含税销售额 58 500 元,商品已发出。企业会计处理为:

借:银行存款 58 500
　贷:预收账款 58 500

要求:计算本月应纳消费税并调账。

处理过程:

A. 对采取预收货款方式销售的化妆品,应于收到货款后、发出商品时缴纳消费税,并同时缴纳增值税。因此,该企业本月应纳消费税为:

$$58\ 500 \div (1 + 17\%) \times 30\% = 15\ 000\ (元)$$

B. 调账

a. 企业在商品发出时应将预收的销售款从"预收账款"账户转作产品销售收入,应作如下账务处理:

借:预收账款 58 500
　贷:主营业务收入 50 000
　　　应交税费——应交增值税(销项税额) 8 500

b. 将应缴纳的消费税款作如下账务处理:

借:营业税金及附加 15 000
　贷:应交税费——应交消费税 15 000
借:应交税费——应交消费税 15 000
　贷:银行存款 15 000

(2)委托加工应税消费品的审核

对于委托加工的应税消费品,首先应审核是否符合税法中规定的委托加工方式,如不符合规定,是否按销售自制应税消费品缴纳了消费税,然后应重点审核以下几点:

应审核"委托加工物资"、"应交税费——应交消费税"等明细账,对照委托加工合同等原始凭证,看纳税人委托加工的应税消费品是否按照受托方的同类消费品的销售价格计算纳税;没有同类消费品销售价格的,是否按照组成计税价格计算纳税，受托方代收代缴的消费税税额计算是否正确。

应审核"委托加工物资"、"生产成本"、"应交税费——应交消费税"等明细账，看纳税人以外购或委托加工收回的已税烟丝等应税消费品连续生产应税消费品，在计税时准予扣除外购或收购的应税消费品的已纳消费税税款，是否按当期生产领用数量计算，计算是否正确。

应审查"委托加工物资"、"应交税费——应交消费税"等明细账，看委托加工应税消费品直接出售的，有无重复征收消费税的问题。

（3）视同销售应税消费品的审核

审核"库存商品"、"原材料"、"应付账款"等明细账，看有无以应税消费品换取生产资料和消费资料、投资入股和抵偿债务等情况，如有，是否以纳税人同类应税消费品的最高销售价格作为计税依据计征消费税。

纳税人用于生产非应税消费品，在建工程、管理部门、非生产机构、提供劳务，以及用于馈赠、赞助、集资、广告、职工福利、奖励等方面的应税消费品，应于移送使用时视同销售缴纳消费税。注册税务师应审核"库存商品"、"原材料"、"应付账款"、"应付福利费"、"管理费用"等明细账，看有无这种情况，是否于移送使用时缴纳了消费税。

（4）金银首饰的审核

代理人审核时，应注意正确掌握金银首饰的消费税的征收范围，不能简单地以商品名称确定其是否属于应税金银首饰的范围。

金银首饰计税依据的审核要点：

①以旧换新、翻新改制的审核。主要审核要点：一是审核纳税人"主营业务收入"、"库存商品"、"其他业务收入"等明细账，并与金银首饰零售发票核对，审核纳税人是否按规定申报缴纳消费税；二是审核纳税人"其他应付款"、"营业费用"等明细账的贷方发生额或借方红字发生额，审核纳税人是否将收取的加工费挂往来账或直接冲减费用未申报缴纳消费税。

②带料加工业务的审核。主要审核要点：一是审核纳税人带料加工业务是否真实。将"原材料"、"生产成本"、"其他业务收入"等明细账与有关会计凭证相互对照检查，审核其是否符合带料加工业务的条件。二是审核纳税人带料加工业务的计税依据是否正确。对纳税人当期或最近时期的同类金银首饰销售价格的有关资料或"主营业务收入——加工收入"明细账和委托加工合同进行检查，审核纳税人使用的计税价格或计算的组成计税价格是否正确。

③用于馈赠、赞助、集资、广告、样品、职工福利、奖励等方面的审核。主要审核要点：一是审核纳税人的"库存商品"等明细账户的贷方发生额，并与"应付工资"、"营业外支出"、"应付福利费"、"管理费用"、"营业费用"等明细账核对，审核纳税人用于馈赠、赞助、职工福利等方面的金银首饰是否按规定申报缴纳消费税。二是审核纳税人当期或最近时期的同类金银价格的有关资料或"生产成本"明细账，审核纳税人使用的计税价格或计算的组成计税价格是否正确。

④成套销售的审核。主要审核要点：一是询问企业有关人员有无成套金银首饰的业务并深入到金银首饰专柜，查看和了解有无成套销售金银首饰的样品及情况；

二是审核纳税人"主营业务收入"明细账及有关会计凭证,并与金银首饰销售发票核对,审核纳税人若有成套销售金银首饰业务的,是否按规定申报缴纳消费税,有无分解销售收入少申报缴纳消费税的情况。

2. 适用税目、税率、纳税环节的审核

(1)适用税目、税率的审核要点

审核纳税人生产消费税税率已发生变化的应税消费品其应纳消费税是否按税法规定时间执行。

审核纳税人兼营不同税率的应税消费品是否分别核算不同税率应税消费品的销售额、销售数量,未分别核算销售额、销售数量,或者将不同税率应税消费品组成成套消费品销售的,是否从高适用税率。

(2)纳税环节审核要点

审核"营业税金及附加"、"应交税费——应交消费税"、"生产成本"、"库存商品"等明细账,确认纳税人生产的应税消费品是否于销售时纳税。对于自产自用的应税消费品,用于连续生产应税消费品的,不纳税;用于其他方面的,是否已于移送使用时纳税。

审核"委托加工物资"、"应交税费——应交消费税"等明细账,确认委托加工收回的应税消费品,是否已由受托方在向委托方交货时代收代缴税款。

将纳税人"应付账款"、"预收账款"、"库存商品"、"分期收款发出商品"等明细账与有关会计凭证和产品销售合同相核对,审核有无已实现的销售收入不记入"主营业务收入"账户的情况。

3. 出口货物退免税的审核

(1)生产企业出口应税消费品审核要点

对生产企业直接出口应税消费品或通过外贸企业出口应税消费品,按规定直接予以免税的,可不计算应缴消费税。

(2)外贸企业出口应税消费品审核要点

对外贸企业自营出口的应税消费品,除审核出口发票、出口收汇核销单(出口退税专用)、出口报关单(出口退税专用)、购货发票等退税凭证外,还应审核"出口货物消费税专用缴款书"。

另外,在审核中还应注意,纳税人出口按规定不予退税或免税的应税消费品,应视同国内销售处理。

【例9-3】某轮胎厂为增值税一般纳税人,生产各种汽车轮胎,该企业以外购橡胶、钢材等原材料自制外胎,与委托加工的内胎组装成各种汽车轮胎。注册税务师受托审核该厂2012年4月份增值税、消费税纳税情况,取得如下资料:

卡车轮胎不含税售价800元/个,小轿车轮胎不含税最高售价650元/个;轮胎的消费税税率为3%;根据产品成本有关资料得知,各种轮胎成本中的外购货物和劳务的采购成本约占60%,外购货物和劳务的增值税税率基本上为17%。4月份企业已按产品销售收入计提了消费税,并按抵减全部委托加工代扣代缴消费税后的余额缴纳了消费税。4月末"应交税费——应交增值税"账户无余额。4月份有关账务处理情况如下:

A. 4 月 4 日，委托橡胶制品厂加工卡车用内胎，发出橡胶 3 吨，价值 54 000元。账务处理为：

借：委托加工物资——内胎　　　　　　　　　　　　　　54 000
　　贷：原材料——橡胶　　　　　　　　　　　　　　　　　54 000

B. 4 月 14 日，以银行存款支付委托加工费，取得增值税专用发票上注明加工费 22 500 元，税额 3 825 元，同时支付受托方代收代缴的消费税 6 500 元，共收到委托加工内胎 1 000 个，其中 500 个收回后，直接被生产领用，连续生产卡车轮胎；另外 500 个以含税价 80 元每个，直接销售给某农机厂。企业账务处理分别为：

支付加工费、增值税时

借：委托加工物资　　　　　　　　　　　　　　　　　　22 500
　　应交税费——应交增值税（进项税额）　　　　　　　　3 825
　　贷：银行存款　　　　　　　　　　　　　　　　　　　26 325

支付消费税时

借：应交税费——应交消费税　　　　　　　　　　　　　　6 500
　　贷：银行存款　　　　　　　　　　　　　　　　　　　　6 500

生产领用时

借：生产成本——卡车轮胎　　　　　　　　　　　　　　29 250
　　贷：委托加工物资　　　　　　　　　　　　　　　　　29 250

销售委托加工材料时

借：银行存款　　　　　　　　　　　　　　　　　　　　40 000
　　贷：其他业务收入　　　　　　　　　　　　　　　　　40 000

同时

借：其他业务成本　　　　　　　　　　　　　　　　　　29 250
　　贷：委托加工物资　　　　　　　　　　　　　　　　　29 250

C. 4 月 18 日，销售卡车轮胎一批，账务处理为：

借：银行存款　　　　　　　　　　　　　　　　　　　236 000
　　贷：主营业务收入　　　　　　　　　　　　　　　　200 000
　　　　应交税费——应交增值税（销项税额）　　　　　34 000
　　　　其他业务收入——代垫运输费、装卸费　　　　　　2 000

借：销售费用　　　　　　　　　　　　　　　　　　　　2 000
　　贷：银行存款　　　　　　　　　　　　　　　　　　　2 000

后附有增值税专用发票一张，注明价款 200 000 元，税额 34 000 元；普通发票一张，注明收取代垫运输费、装卸费，金额 2 000 元，其中运费 1 800 元，装卸费200 元；承运部门开具给轮胎厂的运费结算单一张，注明运费 1 800 元，装卸费200 元。

D. 4 月 20 日，本厂在建工程领用卡车轮胎 8 个，账面成本价 245 元/个。账务处理为：

借：在建工程　　　　　　　　　　　　　　　　　　　　1 960
　　贷：库存商品——卡车轮胎　　　　　　　　　　　　　1 960

E. 4 月 25 日，以库存小轿车轮胎 100 个，抵顶租用出租汽车公司房屋租金 50 000 元，小轿车轮胎账面成本价为 280 元/个。账务处理为：

借：营业费用——租赁费　　　　　　　　　　　　　　　　　　50 000
　　贷：库存商品——小轿车轮胎　　　　　　　　　　　　　　　　50 000

F. 4 月 30 日，产成品库月末盘点，发现短缺卡车轮胎 10 个，账面价格共计 3 550 元。账务处理为：

借：待处理财产损溢　　　　　　　　　　　　　　　　　　　　3 550
　　贷：库存商品——卡车轮胎　　　　　　　　　　　　　　　　　3 550

要求：

A. 根据所给资料指出存在的纳税问题；

B. 计算应补税额及当期账务调整。

针对上述问题，依据现行税法有关规定，应作下列会计账务调整：

A. 增值税、消费税纳税审核中发现的主要问题：

a. 4 月 14 日将委托加工材料直接用于对外销售的，其代收代缴消费税抵减了消费税且让售收入少计增值税销项税额。

b. 4 月 18 日销售轮胎价外收取的运杂费，未并入应税销售额计征增值税和消费税，且为销售应税货物发生的运费少计进项税额。

c. 4 月 20 日在建工程领用自制产品未视同销售，少计征增值税、消费税。

d. 4 月 25 日以产品抵顶租金未作收入，少计增值税、消费税。

e. 4 月 30 日产成品盘亏未按规定转出应负担的增值税，造成少计增值税。

B. 应补税额及当期账务调整：

a. 4 月 14 日将委托加工材料直接用于对外销售的，其代扣代缴消费税应计入委托加工材料成本中，不能抵减应纳消费税，应调增消费税 6 500 ÷ 2 = 3 250（元）。

当期调账分录：

借：其他业务支出　　　　　　　　　　　　　　　　　　　　3 250
　　贷：应交税费——应交消费税　　　　　　　　　　　　　　　3 250

销售委托加工材料少计增值税，应调增增值税 = 40 000 ÷ 1.17 × 17% = 5 811.97（元）。

当期调账分录：

借：其他业务收入　　　　　　　　　　　　　　　　　　　　5 811.97
　　贷：应交税费——应交增值税（销项税额）　　　　　　　　　5 811.97

b. 4 月 18 日销售轮胎收取价外费用，应调增增值税 = 2 000 ÷ 1.17 × 17% = 290.60（元），应调增消费税 = 2 000 ÷ 1.17 × 3% = 51.28（元）。

当期调账分录：

借：其他业务收入　　　　　　　　　　　　　　　　　　　　290.60
　　贷：应交税费——应交增值税（销项税额）　　　　　　　　　290.60

借：其他业务支出　　　　　　　　　　　　　　　　　　　　51.28
　　贷：应交税费——应交消费税　　　　　　　　　　　　　　　51.28

销售轮胎发生的运费应计提进项税，少计进项税额 = 1 800 × 7% = 126（元）

当期调账分录：

借：应交税费——应交增值税（进项税额）　　　　　　　　126

　　贷：营业费用　　　　　　　　　　　　　　　　　　　　126

c. 4 月 20 日在建工程领用自制产品应视同销售，征收增值税和消费税。

$$应调增增值税 = 8 \times 800 \times 17\% = 1\,088（元）$$

$$应调增消费税 = 8 \times 800 \times 3\% = 192（元）$$

当期调账分录：

借：在建工程　　　　　　　　　　　　　　　　　　　　1 280

　　贷：应交税费——应交增值税（销项税额）　　　　　　1 088

　　　　　　　　——应交消费税　　　　　　　　　　　　192

d. 4 月 25 日以自产产品抵付租金，属于销售货物的行为，企业未作收入，应调增增值税 = 50 000 ÷ 1.17 × 17% = 7 264.96（元）；应调增消费税 = 50 000 ÷ 1.17 × 3% = 1 282.05（元）。

当期调账分录：

借：库存商品——小轿车轮胎　　　　　　　　　　　　50 000

　　贷：主营业务收入　　　　　　　　　　　　　　　42 735.04

　　　　应交税费——应交增值税（销项税额）　　　　7 264.96

同时

借：主营业务成本　　　　　　　　　　　　　　　　　28 000

　　贷：库存商品　　　　　　　　　　　　　　　　　　28 000

借：营业税金及附加　　　　　　　　　　　　　　　1 282.05

　　贷：应交税费——应交消费税　　　　　　　　　　1 282.05

e. 4 月 30 日产成品盘亏，应按税法规定转出进项税额，应调增增值税 = 3 550 × 60% × 17% = 362.1（元）。

当期调账分录：

借：待处理财产损溢——待处理流动资产损失　　　　　362.1

　　贷：应交税费——应交增值税（进项税额转出）　　　362.1

综合 a 至 e 项内容

本月应补增值税 = 5 811.97 + 290.60 - 126 + 1 088 + 7 264.96 + 362.1

= 14 691.63（元）

本月应补消费税 = 3 250 + 51.28 + 192 + 1 282.05 = 4 775.33（元）

9.1.3　营业税纳税审核代理实务

1. 交通运输业审核要点

（1）将"主营业务收入——运输收入"等收入明细账与营业税纳税申报表及有关的发票、收款单据等原始凭证核对，审核已实现的营运业务收入是否及时足额申报纳税，有无收入不及时入账、漏报收入或以收抵支的现象。

（2）有无将应税运营收入记入"营业外收入"、"其他业务收入"账户，少计收入、少缴税款的。

（3）审核"应付账款"、"预收账款"等科目相应的原始凭证，看有无将已实现的运营收入长期挂账，不作收入处理的现象。

（4）审核"主营业务成本——运输支出"、"主营业务成本——装卸支出"等支出类明细账，是否存在以收入直接冲减费用支出、少计收入的现象。

（5）交通运输企业从事国际运输业务，可以全程运费扣除付给以后其他运输企业或个人的国际运输劳务后的实际运费收入为营业额。自2010年1月1日起，对中华人民共和国境内（以下简称境内）单位或者个人提供的国际运输劳务免征营业税。

【例9－4】某汽车运输公司开展联运业务，2012年5月发生下列业务：

受某企业委托完成货物运输业务一项，运程为哈尔滨—大连—青岛。委托人一次性支付运费60万元，途中转运运费20万元由该汽车运输公司支付给某海运公司。运输途中购进汽车用柴油3万元，支付码头停车费2万元，司机住宿、餐饮等费用2万元。该公司计算本月应纳营业税为：

$$(60-20-3-2-2)\times3\%=0.99（万元）$$

要求：计算该公司本月实际应纳营业税，分析说明并作账务处理。

A. 计算本月实际应纳营业税：

$$(60-20)\times3\%=1.2（万元）$$

B. 分析说明及账务处理：

根据《营业税暂行条例》及其实施细则的有关规定，联运业务以实际取得的收入为营业额，即该汽车运输企业收到的收入扣除付给以后承运者某海运公司的运费后的余额。作账务处理：

借：银行存款 600 000
　　贷：营业收入——运输收入 400 000
　　　　其他应付款（或联运往来） 200 000
借：营业税金及附加 12 000
　　贷：应交税费——应交营业税 12 000

2. 建筑安装业审核要点

建筑业务是使用建筑材料建造建筑物、构筑物并对其进行修缮、装饰以及安装各种设备工程作业的劳务活动。建筑业务的计税依据是从事建筑业务所取得的全部收入。

纳税人从事建筑业务所取得的收入，在不同的行业中，会计核算也是不相同的。施工企业通过设置"主营业务收入"科目进行核算，其他行业的建筑业务往往不是其主营业务，在会计上设置"其他业务收入"科目来核算。

（1）审核应税收入是否全额纳税。建筑业营业税的营业额包括建筑安装企业向建设单位收取的工程价款（工程造价）及工程价款之外收取的各种费用。审核中应参照工程承包合同、纳税申报表，结合"主营业务收入"账户，看纳税人"工程价款结算账单"中确认的价款是否全额申报纳税。

（2）审核有无分解工程价款的现象。抽查"主营业务收入"、"库存商品"、"其他业务收入"、"营业外收入"等有关账户的原始凭证和记账凭证，审查材料出库单等原始凭证，确定实际完成工作量的施工成本。注意纳税人有无为逃避纳税分解工程价款的情况。如：

①将工程耗用的材料不计入施工成本，而是直接冲减库存材料。

②将向发包单位收取的各种索赔款不作为计税收入，而记入"营业外收入"账户。

③向建设单位收取抢工费、全优工程奖和提前竣工奖，将这部分收入记入"应付福利费"，作为职工奖励基金。

④将材料差价款直接冲减工程结算成本或材料等账户，少计工程收入额。

（3）审核"应付账款"、"预收账款"等往来明细账，核对记账凭证及原始凭证，看有无将已结算的工程价款长期挂账不计收入的。

（4）对于建筑业的总承包人将工程分包或转包给他人的，应对照分包转包建筑安装工程合同及分包、转包工程的"工程价款结算账单"，核实"应付账款"等账户核算内容，审查其营业额是否为工程的全部承包额减去付给分包人或转包人的价款后的余额。

（5）对于从事建筑、修缮工程作业的纳税人，一般情况下，无论与对方如何结算，其营业额均应包括工程所用原材料及其他物资和动力的价款在内；对于从事安装工程作业的纳税人，要查看安装工程合同，凡所安装的设备价值作为安装产值的，其营业额应包括设备的价款在内。

（6）对于企业行政事业单位的自营施工单位为所在单位承担建筑安装工程的，应查验该纳税人是否为独立核算单位，是否与本单位结算工程价款。从而确定该施工项目是否确属于自建自用工程项目，有无借故"自建自用建筑物"而未计征营业税。

3. 金融保险业审核要点

（1）金融业审核要点

金融企业的收入在会计核算中的明细为"利息收入"、"金融企业往来收入"、"手续费收入"、"汇兑收益"、"租赁收益"、"证券发行收入"等科目，因此，审核时，应结合企业营业税纳税申报表及各收入类账户进行。

①贷款的利息收入。第一，对于一般贷款业务主要审核"利息收入"、"利息支出"、"营业费用"明细账及其有关的原始凭证和记账凭证，看纳税人有无随意分解收入，或将费用、支出直接冲减收入现象。第二，对于委托贷款业务，应重点审核"应付账款"和"手续费收入"账户，核实每期应付的委托贷款利息和扣收的手续费，看有无错计、漏计营业税的。第三，对典当业的抵押贷款业务，应注意审核典当物品的保管费用和经营费用是否并入应税营业额中。

②融资租赁收入。应根据租赁合同，主要审核"应收账款——应收租赁收益"和"租赁收益"账户及有关凭证，审核纳税人从事融资租赁业务是否经有关部门批准，纳税人的应税营业额是否扣除了向承租方收取的该项出租货物的实际成本。

③金融商品转让的收益额。主要审核"利息支出"、"金融企业往来支出"等账户，并抽查重要的原始凭证和记账凭证，核实从利息收入等科目中抵减的支出项目是否真实、准确。

④手续费收入。主要审核"手续费收入"、"手续费支出"等明细账并抽查相关原始凭证及记账凭证，看有无将收入冲减费用或差额计税的情况。

（2）保险业审核要点

保险业以向投保者收取的全部保险费为营业额。在会计核算中，保险公司主要通过"保费收入"、"追偿款收入"、"利息收入"、"手续费收入"、"其他收入"等科目核算。自 2009 年 1 月 1 日起，免征营业税的项目又添加了境内保险机构为出口货物提供的保险产品。

①将企业的纳税申报表与"保费收入"等账户相核对，看企业的纳税申报是否正确，有无少报、瞒报收入的现象。将"保费收入"明细账与有关会计凭证相核对，看有无分解收入或将费用支出冲减收入的现象。

②审核分保险业务，应结合保险合同和分保账单，审查"保费收入"、"应付分保账款"、"分保费支出"等明细账及有关原始凭证、记账凭证，看其保费收入是否全部纳税，有无借故付给分保人保险费，而减少应税营业额。

③审核无赔款奖励业务。保险机构的无赔款奖励支出，进行冲减保费收入处理时，在计征营业税时仍要以冲减前的保费收入为计税依据，纳税人如有无赔款奖励支出，计算纳税时是否扣除了这部分支出而少纳营业税。

④审核有无收费收入长期挂账的问题。按规定对保户采取分期收费的，必须全额贷记"保费收入"。审核时应注意，企业有无收取保费，但长期挂账而不结转的问题。

⑤审核保险企业支付的手续费及佣金是否超过税法规定的标准。企业发生与生产经营有关的手续费用佣金支出，不超过以下规定计算限额以内的部分，准予扣除；超过部分，不得扣除。

保险企业：财产保险企业按当年全部保费收入扣除退保金等后余额的 15%（含本数，下同）计算限额；人身保险企业按当年全部保费收入扣除退保金等后余额的 10% 计算限额。

其他企业：按与具有合法经营资格的中介服务机构或个人（不含交易双方及其雇员、代理人和代表人等）所签订服务协议或合同确认的收入金额的 5% 计算限额。

4．邮电通信业审核要点

邮电通信企业的邮政收入、长途电信收入和市内电话收入在"主营业务收入"科目核算，邮政电信物品销售收入在"其他业务收入"科目核算。注册税务师应从以下几方面予以审核：

（1）审核纳税人"主营业务收入"和"其他业务收入"明细账的贷方发生额，并与企业纳税申报额核对，审查纳税人的纳税申报情况，有无少报、瞒报收入。

（2）审核纳税人"主营业务收入"和"其他业务收入"明细账，并与有关会计凭证核对，审查纳税人有无分解应税收入。

（3）审核纳税人"主营业务成本"、"营业费用"、"管理费用"、"其他业务支出"等明细账，并与有关会计凭证核对，审查纳税人有无将营业收入直接冲减成本、费用而不计收入的情况。

（4）审核纳税人"营业款结算"、"应付账款"、"预收账款"等往来账，并与有关会计凭证核对，审核纳税人有无将营业收入长期挂账而延期纳税的情况。

5. 服务业审核要点

服务业的征收范围包括代理业、饮食业、旅店业、广告业、仓储业、租赁业、其他服务业。各个具体行业的服务项目也可能有相互兼容的情况。现就主要行业代理纳税审核的重点介绍如下：

（1）代理业的审核

审核的要点：审核纳税人应税收入是否及时、足额申报纳税，有无少报、瞒报应税收入；审核纳税人成本费用支出情况，有无将营业收入直接冲减成本费用；审核纳税人往来账项，有无将营业收入长期挂账，不及时申报纳税；审核纳税人扣减项目的金额是否正确，有无多扣减或错扣减；审查纳税人收费价格是否正常，有无明显偏低而无正当理由。

（2）饮食业的审核

①将"主营业务收入"明细账与有关的收款凭证和原始记录相核对，如服务员开具的菜码单、报送的营业日报表等，审核纳税人有无分解营业收入的现象。

对于纳税人申报收入明显偏低，与其经营规模、雇工人数、饮食营业成本、水电费用等明显不成比例的，应查明其有无不计收入、钱货直接交易的情况。必要时，通过原材料的耗用量来换算成品销售量，测算营业收入额，并与营业日报表和交款凭单核对，查明有无漏计、漏报或瞒报收入的情况。

抽查销售价格，看其是否按配料定额成本和规定的毛利率或加成率计算营业收入。

$$销售价格 = 原材料成本 × （1 - 毛利率）$$
$$或 = 原材料成本 × （1 + 加成率）$$

②对配备有卡拉 OK 等娱乐设施的饭馆、餐厅等饮食服务场所，审核中应注意其为顾客在就餐的同时所提供的娱乐性服务是否按娱乐业计算纳税。

③将"主营业务成本"、"营业费用"、"管理费用"等明细账与有关的凭证进行核对，注意成本、费用账户的贷方发生额，看有无将收入直接冲减成本、费用而未记"主营业务收入"的现象。

④将"应付账款"、"预收账款"等往来明细账与有关的记账凭证、原始凭证相核对，看有无将收入长期挂往来账、偷逃税款的现象，有无将收入不入账直接抵顶租赁费、装修费、承包费等各项债务等。

⑤审核饮食业统一发票开具及领、用、存情况，并对照收入账户，看纳税人是否按规定开具发票，是否存在开具大头小尾发票等现象。

（3）对旅店业的审核

应区分不同情形予以审核。对规模小、档次低的旅店，应特别认真地核查住宿登记本（或登记单），将登记本（或登记单）上登记的人次、天数与住宿收入相核对，看收到的款项是否有不入账或少入账的情况。经营规模大、档次高的旅店，其功能除了住宿以外，还从事饮食、桑拿、歌舞厅、理发美容、会议、代理购票、代办长途电话、洗车、停车等项服务。对这类企业的审查，首先要调查清楚经营项目、经营方式（如有些项目是承包经营的）收费标准等；然后对其会计资料进行审核，看其该收的收入是否已全额入账，已入账的收入是否已全额申报纳税，已申报纳税的应税收入有无错用税目、税率的情况，如将属于"娱乐业"税目征税范围的歌舞厅经营收入并入属于"服务业——旅店业"税目征税范围的住宿收入征税，达到从低适用税率、少计缴税款的目的。

（4）对旅游业的审核

审核要点：一是通过审查其自印收款凭证的领、用、存情况和旅客报名表等，查看"主营业务收入"账户贷方和"应收账款"等账户借方，核实营业收入结算是否及时、正确。看有无在收费以外另收餐费、保险费、签证费等费用不入账或少入账而不按规定计税的情况。二是查看"主营业务成本"账户借方及其对应账户，确定应当从旅游业营业收入中扣除计税的项目范围及金额，要注意纳税人为旅游者支付给其他单位的住宿费、餐饮费、交通费和其他代付费用是否取得合法凭证。

（5）对广告业的审核

审核要点：一是通过审核承揽合同、收款凭证，看其应收的收入是否入账，有无以提供广告为前提，向对方索取货物，而不折算为收入入账，或以赞助费、联营利润名义入账，偷逃税款的情况。二是审核企业有无将制作费、劳务费、播放费、信息费以党政机关报刊或广播电台、电视台的名义收款，混入免税收入中偷逃税款的情况。

（6）对仓储业的审核

主要通过审核现金、银行存款等账户及企业已开具使用的收款凭证等，审核其价外收取的各类款项，如汽车进仓佩戴防火罩费、熏蒸虫费、吊机费、延期提货（付款）费、过地磅费、铁路专用线费、搬运费等，是否已按规定计入营业额中，申报纳税。

（7）对租赁业的审核

审核要点：一是通过对"其他业务收入"或"营业外收入"、往来账户进行审核，看企业有无取得的出租收入通过"其他业务收入"科目反映，但不申报纳税，或通过"其他应付款"、"营业外收入"科目反映，逃避纳税的情形；二是通过对成本费用类科目的审查，看企业有无取得的租赁收入冲减成本费用的情形；三是注意租赁业的纳税义务发生时间是否正确，按现行税法规定，采取预收款方式发生的租赁业务应当于实际收到预收款的当天确认纳税义务缴纳营业税，看企业有无不按税法规定，递延收入实现人为缓缴税款的行为发生。

【例9-5】某培训中心属全民所有制的餐饮服务企业，经营范围是住宿、餐饮、服务等。2011年12月，累计实现营业收入1 850 000元，缴纳各税费合计90 300元。

某税务师事务所受托于2012年1月份对该培训中心2011年度的纳税情况进行审核。注册税务师用逆查法对该培训中心2008年度的会计账簿和会计凭证进行了审查。在审核资金往来账簿时，发现"应付账款"科目贷方有一笔本市某公司拨来的补助款200 000元，原会计分录为：

借：银行存款　　　　　　　　　　　　　　　　　　　　　　200 000

　　贷：应付账款　　　　　　　　　　　　　　　　　　　　　　　200 000

通过进一步审查核实，此笔款项实为培训中心的营业收入。注册税务师认为，根据《餐饮服务业财务制度》的规定，此笔款项应记入"主营业务收入"科目，并按照《营业税暂行条例》的规定缴纳营业税 200 000×5% =10 000（元），缴纳教育费附加 10 000×3% =300（元），缴纳城市维护建设税 10 000×7% =700（元）。假定注册税务师审核后，发现该培训中心 2011 年度尚未结账，则可作如下调账处理：

（1）调整收入：

借：应付账款　　　　　　　　　　　　　　　　　　　　　200 000

　　贷：主营业务收入——餐饮收入　　　　　　　　　　　　　　200 000

（2）补提税金：

借：营业税金及附加　　　　　　　　　　　　　　　　　　　11 000

　　贷：应交税费——应交营业税　　　　　　　　　　　　　　10 000

　　　　　　　　——应交城建税　　　　　　　　　　　　　　　700

　　　　　　　　——教育费附加　　　　　　　　　　　　　　　300

（3）补缴税金：

借：应交税费——应交营业税　　　　　　　　　　　　　　　10 000

　　　　　　——应交城建税　　　　　　　　　　　　　　　　700

　　　　　　——教育费附加　　　　　　　　　　　　　　　　300

　　贷：银行存款　　　　　　　　　　　　　　　　　　　　　11 000

注册税务师审核后，如果发现该培训中心 2011 年度账务已结，则应按调整上年损益的方法作如下调账处理：

（1）调整收入：

借：应付账款　　　　　　　　　　　　　　　　　　　　　200 000

　　贷：以前年度损益调整　　　　　　　　　　　　　　　　　200 000

（2）补提税金：

借：以前年度损益调整　　　　　　　　　　　　　　　　　　11 000

　　贷：应交税费——应交营业税　　　　　　　　　　　　　　10 000

　　　　　　　　——应交城建税　　　　　　　　　　　　　　　700

　　　　　　　　——教育费附加　　　　　　　　　　　　　　　300

（3）补缴税金：

借：应交税费——应交营业税　　　　　　　　　　　　　　　10 000

　　　　　　——应交城建税　　　　　　　　　　　　　　　　700

　　　　　　——教育费附加　　　　　　　　　　　　　　　　300

　　贷：银行存款　　　　　　　　　　　　　　　　　　　　　11 000

6. 销售不动产、转让无形资产的审核

（1）房地产开发企业

①将"主营业务收入"账户与有关会计凭证相核对，同时核对纳税人开具的"商品房发票"和"动迁房发票"存根联，看有无分解收入、减少营业额的现象。

②将"主营业务收入"、"分期收款开发产品"等明细账与有关记账凭证、原始凭证以及销售合同核对，看有无按合同规定应收取的销售款因实际未收到等原因而未转作"经营收入"的现象。

③将"应付账款"、"预收账款"等往来明细账与有关记账凭证、原始凭证、销售合同等相核对，看有无将收入挂往来账而不纳税的现象。

（2）其他企业

①将纳税人的纳税申报表与"固定资产清理"账相核对，看纳税人出售建筑物等不动产的收入是否申报纳税，其计税依据应为出售时获得的价款，而不是从所获价款中扣除清理费等以后的净收益。

②将"固定资产清理"账户与有关记账凭证、原始凭证相核对，看有无分解销售不动产销售额的现象。

③将"固定资产"、"营业外收入"、"营业外支出"等账户与有关记账凭证、原始凭证相对照，看有无将出售不动产的营业额未通过"固定资产清理"账户，而直接列作了营业外收支的现象。

④将"固定资产"、"营业外支出"等账户与有关会计凭证相对照，看有无对外捐赠不动产的行为，捐赠不动产是否已比照销售不动产缴纳了营业税。

（3）转让无形资产审核要点

纳税人转让无形资产向对方收取的全部价款和价外费用为计税营业额，在会计核算中记入"营业外收入"等账户，在确认纳税人转让无形资产的行为是否属税法规定的本税目征税范围的同时，应重点审核其确认的收入额正确与否。

①应审核纳税人确认的收入额正确与否，将"营业外收入"、"无形资产"等账户与有关记账凭证、原始凭证相对照，看有无分解收入，或将收入直接冲减无形资产成本或其他支出的现象。

②将"应付账款"、"预收账款"等往来明细账与有关凭证相核对，看有无将已实现的营业额如预收定金等挂往来账而不及时纳税的现象。

③如果纳税人转让无形资产取得的是货物或其他经济利益，审核中应注意其货物价值在合同中有无明确规定，如果没有规定，是否按以下顺序确定其价值：受让人提供的货物的当月销售价格；受让人同类货物的近期销售价格；同类货物的市场销售价格。

【例9-6】注册税务师受托对某街道办集体企业进行纳税审查，发现企业签订了一份技术所有权转让合同（已按规定贴印花税票并划销）标明转让金额为20万元，该项无形资产账面摊余价值为12万元，企业会计作账务处理如下：

A. 取得收入时：

借：银行存款　　　　　　　　　　　　　　　　　　　　　　200 000

　　贷：无形资产——××技术　　　　　　　　　　　　　　120 000

　　　　其他业务收入　　　　　　　　　　　　　　　　　　80 000

B. 计提税金：

借：营业税金及附加　　　　　　　　　　　　　　　　　　　4 320

　　贷：应交税费——应交营业税　　　　　　　　　　　　　4 000

　　　　　　　　——应交城建税　　　　　　　　　　　　　200

　　　　　　　　——教育费附加　　　　　　　　　　　　　120

注册税务师认为企业将转让无形资产取得的收入先冲抵账面摊余价值，以余额作收入，应予以调账，并补提相应的税金，故建议企业作如下调账处理：

方法一：

A. 红字冲销原账务处理。

B. 补作正确会计分录：

借：银行存款　　　　　　　　　　　　　　　　　　　　200 000

　　累计摊销　　　　　　　　　　　　　　　　　　　　120 000

　　贷：无形资产　　　　　　　　　　　　　　　　　　240 000

　　　　应交税费——应交营业税　　　　　　　　　　　　10 000

　　　　　　——应交城建税　　　　　　　　　　　　　　　500

　　　　　　——教育费附加　　　　　　　　　　　　　　　300

　　　　营业外收入——处置非流动资产所得　　　　　　　69 200

方法二：

借：累计摊销　　　　　　　　　　　　　　　　　　　　120 000

　　其他业务收入　　　　　　　　　　　　　　　　　　　80 000

　　贷：营业税金及附加　　　　　　　　　　　　　　　　4 320

　　　　无形资产　　　　　　　　　　　　　　　　　　120 000

　　　　应交税费——应交营业税　　　　　　　　　　　　6 000

　　　　　　——应交城建税　　　　　　　　　　　　　　　300

　　　　　　——教育费附加　　　　　　　　　　　　　　　180

　　　　营业外收入——处置非流动资产所得　　　　　　　69 200

9.2　代理所得税纳税审查实务

9.2.1　个人所得税纳税审核代理实务

对个人所得税的计税依据，应按不同项目分别审核。在日常代理业务中，涉及业务比较普遍的是工资、薪金所得，劳务报酬所得，利息、股息、红利所得。

1. 工资、薪金所得审核要点

（1）工资、薪金收入的审核

非外籍个人工资、薪金收入的审核要点：

①审核代扣代缴义务人代扣的税款是否及时申报缴纳；

②对没有履行税法规定代扣代缴个人所得税的审核；

③审核纳税人一个月内从两个或两个以上单位或个人处取得工资、薪金所得，或者取得两次或两次以上的工资、薪金是否按规定合并计算纳税，有无分别计算而少纳税款的问题；

④对纳税人或扣缴义务人代扣代缴税款情况检查时还应检查有无扩大减除费用标准或分次多扣费用的情况；有无虚列人数，降低工资、薪金所得水平的现象。

外籍个人（包括港澳台同胞）工资、薪金收入的审核要点：

①外籍个人在境内担任企业董事或高层管理职务，在境内连续或累计居住超过

90天，或在税收协定规定期间在境内连续累计居住超过183天但不满一年的个人，是否对以前月份来源于中国境内而由境外支付的所得一并申报纳税。

②外商投资企业的董事长同时担任企业直接管理职务，应核查其是否分别就董事长身份取得董事费和以雇员身份取得工资薪金所得缴纳个人所得税。对以董事费名义和分红形式取得的收入，应划分从事企业日常管理工作每月应取得的工资、薪金，按工资、薪金所得计算纳税。

③企业以实物向雇员提供福利，如向外籍雇员提供的汽车、住房等个人消费品，应根据不同情况作不同的纳税处理注册。税务师应核查所购房屋产权证和车辆发票，如房屋产权证和车辆发票均填写职员姓名，并满足一定条件后，房屋、车辆属于职员，这种情况应按规定申报纳税。纳税义务发生时间为取得实物的当月。将实物折合为现金，在规定工作年限内（高于5年的按5年计算）按月平均计算纳税。

（2）税前扣除额审核要点

①根据纳税人"工资结算单"对照个人所得税计算表，逐项核实扣除项目，如有无以误餐费的名义向职工发放补贴不计入工资收入而作为税前扣除的。

②纳税人从两个或两个以上的单位和个人处取得工资、薪金所得，应根据"个人所得税月份申报表"和"扣缴个人所得税报告表"审核有无重复计算扣除问题。

（3）应纳税所得额的审核要点

①核查个人所得税的计算方法。对于企业为个人负担税款的，应核查是否按规定将不含税工资、薪金收入换算成含税所得计算纳税；个人一次取得数月奖金或年终加薪、劳动分红，是否单独作为一个月的工资、薪金所得计算所纳税款，有无重复扣除费用问题。

②核查计算个人所得税适用的税率和速算扣除数是否正确。

③对于居民纳税人来源于中国境外的应税所得，按照该国税法规定实际已缴纳的个人所得税额，核查是否持有完税凭证原件，扣除额是否超过按税法规定计算的扣除限额。

2. 其他应税所得审核

（1）劳务报酬所得审核要点

企业向个人支付劳务报酬，一般是到税务机关代开"临时经营发票"，首先应审核企业取得发票是否合法，是否按规定计算纳税。纳税人为个人负担税款时，应审核是否将不含税的劳务报酬收入换算成含税收入。

【例9-7】工程师张某2012年3月为某工业企业提供设计服务，取得设计收入5 000元，按协议由支付单位代其缴纳个人所得税。该企业作如下处理：

$$（5\ 000 - 3\ 500）\times 3\% = 45（元）$$

注册税务师审核后提出调整意见如下：

该工程师不属于该企业的雇员，该企业与该工程师之间不存在雇佣关系，该工程师提供设计服务属于独立劳务活动，所以应按"劳务报酬所得"税目计算缴纳个人所得税。由于个人所得税税款是由企业负担，应将不含税收入换算成含税收入。具体计算如下：

应纳税所得额：$5\ 000 \times （1 - 20\%）\div [1 - 20\% \times （1 - 20\%）] = 4\ 761.90（元）$

应纳税额：4 761. 90 ×20% =952. 38（元）

应补税额：952. 38 －45 =907. 38（元）

财务调整：

借：营业外支出　　　　　　　　　　　　　　　　　　　952. 38

　　贷：银行存款　　　　　　　　　　　　　　　　　　952. 38

（2）利息、股息、红利所得审核要点

①企业向个人支付利息的审核。根据"财务费用"明细账借方发生额、"其他应付款"明细账贷方等有关凭证，了解企业是否有职工个人集资，核查企业支付集资利息费用，对于支付的集资是否按规定代扣代缴税款，企业为个人负担税款的是否将不含税的利息收入换算成含税的收入纳税，对职工个人出资缴纳的风险抵押金利息收入是否按利息所得处理。

②企业向个人支付股息、红利的审核。根据企业"利润分配——应付利润"明细账及有关原始凭证，审核支付对象有无个人，对于外国投资者从企业取得的股息（利润）、红利暂免征收个人所得税，对于中国公民取得的股息、红利应按规定纳税。

（3）对捐赠扣除计税的审核要点

①审核纳税人的公益性捐赠是否通过了中国境内的非营利性社会团体、国家机关。税法规定，只有通过社会团体、国家机关的捐赠才允许从应纳税所得额中扣除，未经过上述机关、团体的捐赠，即由纳税人直接向受益人的捐赠不得扣除。

②审核捐赠款是否用于教育事业、其他公益事业以及遭受自然灾害的地区或贫困地区，捐赠款是否超过允许扣除的比例。不符合以上条件的，不予在税前扣除。防止纳税人利用公益性捐赠扣除项目少缴纳税款。

③纳税人通过社会团体、国家机关的公益性捐赠超过扣除限额的部分，应由纳税人自行负担，不得以任何形式抵减税款。

9.2.2　代理企业所得税纳税审查实务

1. 收入总额的审核

收入总额的审核包括主营业务收入的审核、其他业务收入的审核、投资收益的审核和营业外收入的审核。

（1）主营业务收入的审核

①审核主营业务收入的会计处理是否正确。

对应账户为"在建工程"等，应注意是否为在建工程领用产品，未通过主营业务收入账户，漏计收入。

对应账户为"营业费用"、"管理费用"等，应注意是否将产品作为馈赠礼物。

对应账户为"银行存款"、"库存现金"、"应收账款"，应注意其价格是否正常，有无低估收入等情况。

对应账户为"原材料"等存货类账户，应注意是否存在以物易物，互不开销售发票，从而少计收入的情况。

②审核应税收入与不征税收入和免税收入的划分是否正确。根据税法规定，收

入总额中的下列收入为不征税收入：财政拨款；依法收取并纳入财政管理的行政事业性收费、政府性基金；国务院规定的其他不征税收入。企业的下列收入为免税收入：国债利息收入；符合条件的居民企业之间的股息、红利等权益性投资收益；在中国境内设立机构、场所的非居民企业从居民企业取得与该机构、场所有实际联系的股息、红利等权益性投资收益；符合条件的非营利组织的收入。审核人员要注意企业有无错将应税收入当作不征税收入或免税收入从收入总额中予以扣除，减少应纳税所得额的问题。

（2）其他业务收入的审核

①审核其他业务收入的入账时间和入账金额是否正确，是否有漏计其他业务收入的情况，或者通过往来账少计其他业务收入。

②审核其他业务收入的账务处理是否正确，是否存在将不属于其他业务收入的业务收入记入本账户。审核时，可根据"其他业务收入"明细账借方或贷方发生额，调阅会计凭证核实。

（3）投资收益的审核

①投资收益会计处理方法的审核。投资收益是企业在对外进行股票、债券或其他投资活动中取得的收益，主要包括企业在对外投资中分得的利润、股利和债券利息，投资到期收回或者中途转让取得款项高于账面价值的差额，以及按照权益法核算的股票投资在被投资单位增加的净资产中所拥有的数额。

②股票投资收益的审核。当公司股票投资拥有的股权不对被投资公司的经营决策有重大影响时，应采用成本法。当公司股票投资拥有的股权对被投资公司的经营能施加重大影响时，应采用权益法。

采用"成本法"核算的企业，其审核要点包括：公司在未收回投资前，有无对"长期股权投资"账户的账面价值进行调整；公司有无将收到的股利，不作当期投资收益处理。

采用"权益法"核算的企业，其审核要点包括：核实投资公司的投资额；通过会计师事务所或发行公司所在地税务机关，查核发售股票公司的盈利或亏损数额，对其盈利或亏损数额应取得审定单位的法定证明；审核企业是否按投资比例计算所拥有权益的增加。在审核过程中，必须对投资双方的有关资料进行核对，看是否一致。

③债券投资收益的审核。首先，审核应计利息是否正确。审核企业债券投资是否按债券的票面利率计提应计利息，计算是否正确；审核应计利息是否记入"投资收益"账户，有无漏记、少记或转作他用的情况。其次，审核溢价或折价摊销额的计算是否正确。最后，审核债券的转让收入与原账面金额的差额是否记入"投资收益"账户，同时，还要注意审查"投资收益"账户的期末余额是否转入"本年利润"账户，有无长期挂账不作本年收益处理的情况。

此外，对其他投资的审核，应注意收回其他投资时，其收回的投资与投出资金的差额，是否作了增减投资收益处理。

（4）营业外收入的审核

营业外收入是指企业发生与生产经营没有直接联系的收入。营业外收入不属于经营性收入，不缴纳营业税金，直接构成利润总额的组成部分。营业外收入包括固定资产盘盈、处理固定资产净收益、罚款收入、确实无法支付而应转作营业外收入的应付款项、教育费附加返还款等。对营业外收入审核的主要内容和方法：

①审核应属于营业外收入的项目，有无不及时转账，长期挂"其他应付款"、"应付账款"账户的。有些企业将应反映在营业外收入中的各种收入通过各种方式反映在"应付账款"、"应付职工薪酬"、"其他应付款"等账户中或作为账外"小金库"。

②审核有无将营业外收入直接转入企业税后利润，其至作账外处理或直接抵付非法支出的。

2. 税前准予扣除项目和标准的审核

（1）材料费用的审核。

①直接材料审核的主要内容：

审核材料收发、领退的各种原始凭证是否完整、内容是否真实齐全，材料收入的计价是否正确，是否符合财务会计制度规定。

企业有无将购进材料直接记入生产费用账户，多计材料消耗的。

有无以领代耗，对生产已领未用材料月末不办理退料或办理假退料手续，加大当月生产成本的。

有无将生产经营过程中回收的有利用价值的各种边角余料、下脚料不作价入账，长期留在账外，不冲减生产成本的；有无不按规定的方法计算发出材料单价（按实际成本时）、材料成本差异率和发出材料应负担差异额（按计划成本时），随意多计材料成本或多（少）转材料成本差异的。

有无把非生产部门领用的材料计入生产成本的。

②审核的主要方法：直接材料成本的审核一般应从审阅材料和生产成本明细账入手，抽查有关的费用凭证，验证企业产品直接耗用材料的数量、计价和材料费用分配是否真实合理。

（2）低值易耗品的审核。

①低值易耗品和固定资产界限的审核。核查企业有无将属于固定资产的生产资料按照低值易耗品处理，增加当期成本的问题。

②低值易耗品摊销的审核。对采用"一次摊销法"的，应核查"低值易耗品"明细账的贷方发生额与"制造费用"、"管理费用"、"其他业务支出"明细账的借方发生额，注意有无以购代耗的问题。对采用"分期摊销法"的，应核查"低值易耗品"的贷方发生额与"待摊费用"、"递延资产"明细账的借方发生额，核查有无缩短摊销期限、提高摊销额，加速摊销的问题。对采用"五五摊销法"的，应核查"低值易耗品——在库低值易耗品"账户的贷方发生额，与"低值易耗品——在用低值易耗品"账户的借方发生额，注意有无将未用的低值易耗品摊入当期成本的问题。

③低值易耗品残值收入的审核。根据领用部门填写的"低值易耗品报废单"核查使用期限、残值估价是否合理，报废的低值易耗品收回残料作价是否冲销已摊销价值，有无留在账外不入账或挂往来账的问题。

（3）包装物的审核。

①包装物出租收入的核查。根据"包装物——出租包装物"明细账借方发生额，查明包装物出租的时间和租金收入，与其他业务收入贷方发生额相核对，审核企业有无将租金收入长期挂往来账的情况。

②逾期包装物押金收入的核查。根据"包装物——出租包装物"和"包装物——出借包装物"明细账的借方发生额，查明包装物出租、出借时间和期限，通过审核"其他应付款——存入保证金"、"营业外收入"账户，收取包装物押金时开具的收款发票存根联等，审核有无逾期押金长期未清理、隐瞒租金收入的问题。

（4）材料盘盈、盘亏的审核。

审核"待处理财产损溢——待处理流动资产损溢"明细账，与材料盘点表相核对，核实申报的材料盘盈、盘亏数量是否相符，审查有无擅自将盘亏转账处理，盘盈长时间挂账不作处理的问题。

（5）工资及"三项费用"的审核。

工资是企业根据职工的劳动数量和质量以货币形式支付给职工个人的劳动报酬。"三项费用"是指按工资总额一定比例提取的职工福利费、职工工会经费和职工教育经费。工资及"三项费用"数量的多少，直接影响到产品成本的大小和企业经营成果，从而最终影响着企业纳税额，所以对工资及"三项费用"的审核十分必要。

①审核实际支出的工资总额，是否符合税法规定的内容，是否存在将非工资性的支出列入工资总额。

②审核有无将应由管理费用列支的离退休职工工资及 6 个月以上病假人员工资计入生产成本；有无将在建工程，固定资产安装、清理等发生的工资计入生产成本。

③审核有无将不属于本企业人员的工资列入本企业的工资支出的；有无弄虚作假、重复列支工资，扩大成本、费用的。

④审核工资费用、"三项费用"的列支是否符合税法规定的准予税前扣除的标准和条件。

（6）制造费用的审核。

制造费用是指企业为生产产品（或提供劳务）而发生的各项间接费用，应该计入产品制造成本。对其审核的主要内容和方法：

①入当月制造费用，将属于制造费用列支的项目未列作制造费用。

②审核是否有任意提高费用开支标准、加大成本的制造费用项目。如用缩短固定资产使用年限或扩大提取折旧的固定资产的范围、提高折旧率等方法，增大计入制造费用的折旧率，加大产品成本，少计利润，减缓企业应缴纳的所得税。

（7）产品制造成本的审核。

产品制造成本是工业企业生产某个种类和一定数量产品所发生的各项生产费用的总和，它反映生产费用的最终归宿，是正确计算利润的基础。

①生产费用归集、分配的审核。生产费用的归集前面已讲述，不再重复，生产费用分配审核主要应从企业采用的分配标准、应分配的金额和分配率等方面进行：审核企业对各项费用的分配采用的分配标准是否适当；审核"费用分配表"的分配

费用总额与该项费用账户的发生额是否相符；审核生产费用分配率的计算是否正确，分配给各产品的费用与应负担的生产费用是否相符。可根据"费用分配表"用以下公式计算：

$$费用分配率 = 应分配费用总额 \div 费用分配标准总数 \times 100\%$$
$$某种产品应负担的费用 = 某种产品的分配标准 \times 费用分配率$$

通过复核，如发现有错，应查明原因，予以调整。

②产品成本计算的审核。对产品成本的计算主要是核实完工产品的成本是否正确、真实，重点是检查本期发生的成本分配是否合理。工业企业完工产品的成本按下列公式计算：

$$完工产品总成本 = 期初在产品成本 + 本期发生的生产费用 - 期末在产品成本$$

可见，期末在产品成本计算是否正确，直接影响完工产品成本计算的正确性。

③在产品成本计算的审核。在产品成本计算，就是采用一定的方法将全部生产费用在在产品和完工产品之间进行分配，从而确定在产品成本，企业根据在产品数批的多少，各月在产品数量变化的大小，各项费用比例的大小，以及定额管理基础的好坏等具体条件，选择既合理又较简便的分配方法将生产费用在完工产品和在产品之间进行分配。目前，常采用的几种分配方法是：不计算在产品成本法；按年初数固定计算在产品成本法；在产品按所耗原材料费用计价法；约当产量比例法；在产品成本按完工产品成本计算法；在产品按定额成本计价法和定额比例法。无论选用哪种方法，都必须适合企业的生产特点和管理对成本资料的要求。

④本期产成品总成本计算的审核。本期产成品总成本是由"产品成本计算单"中期初余额加本期借方发生额减期末在产品成本构成的，由于本期期初余额也就是上期在产品期末余额，因此，审核在产品成本之后，对产品总成本的审核，只需对本期借方发生额作一般的审核核对即可。重点是审核期末剩料退库和有价值的边角余料的回收，是否冲减了当期产品的生产成本。

在当期产成品总成本计算的审核中，还应注意以下几个问题：

第一，在产品成本核算中，有意加大产成品成本。如企业采用综合逐步结转分步法计算产品成本，自制半成品由上一步骤转入下一步骤，直到制成成品为止，在自制半成品转移过程中，加大由上一步骤转到下一步骤自制半成品成本，这样就加大了产成品的成本。

审核人员应审阅自制半成品的明细账，在审阅过程中发现有关产品的自制半成品的明细账期末余额为红字，需进一步查询，确定问题。

第二，企业把新开发的产品试制费，计入到产成品的成本中，加大产成品成本。企业产成品成本核算，应把新开发的产品作为成本计算对象，设置明细账，按成本项目归集费用并将新开发的产品费用，由"生产成本——基本生产成本"账户贷方转入到"管理费用——新技术开发费"账户的借方。应审核企业对新开发的产品是否单独设置明细账，把新产品试制费分配到产成品成本中去。

审核人员应首先审阅生产计划，发现有新产品试制的，再进一步审核新产品试制计划及生产成本计算单，经查询、落实后，确定问题。

第三，在生产主要产品的同时，如果有副产品产出，企业成本核算应采用分类法核算产品成本，也就是应把生产主要产品的费用，采用一定的方法扣除副产品成本，所得和差异为主要产品成本。

（8）主营业务成本的审核。

主营业务成本是企业已销产品的实际制造成本，由产品销售数量乘以单位制造成本构成。由于产品销售成本是由销售数量和单位制造成本构成的，所以应主要审核有无不按销售产品的数量计算和结转销售成本，造成产品销售成本不实的；有无不按加权平均法（或先进先出法、移动平均法等）计算和结转销售成本，造成多转或少转销售成本的；有无将销货退回只冲减销售收入，不冲减销售数量，不作销售退回处理的；有无不按月计算和结转销售成本应分担的产品成本差异的；有无将在建工程领用产成品、自制半成品计在产品销售成本中，而又不作销售收入的；有无不按当月实际发生额计算工业性劳务收入和结转工业性劳务成本，造成多转或少转成本的。

（9）期间费用及支出的审核。

期间费用是指企业行政管理部门为组织和管理生产经营活动、筹集资金、组织产品销售而发生的各项费用，包括企业的管理费用、财务费用以及为销售产品和提供劳务而发生的销售费用、进货费用。

①管理费用的审核。

A. 固定资产折旧费的审核。主要审核有无将未使用、不需用、已提足折旧、报废或以经营租赁方式租入的固定资产计提折旧的；有无将当月购进和使用的固定资产当月计提折旧的；有无任意改变折旧方法或不按规定加速折旧的。审核方法如下：

首先，从"累计折旧"账户贷方看各月提取的折旧金额是否均衡，如发现有的月份折旧额突然增加和减少，应作进一步审核，看是否有多提和少提折旧的问题。

其次，通过"固定资产登记簿"和"固定资产折旧表"，对照审核固定资产残值和折旧年限的确定是否符合规定，折旧额计算是否正确，有无擅自改变折旧方法的情况。

最后，审核"固定资产登记簿"和"固定资产卡片"，核实未使用、不需用、报废、已提足折旧的情况，从而审定计提折旧的范围。

固定资产修理费的审核主要审核修理费用的支出是否真实，有无人为扩大修理费用，造成制造费用、管理费用不实的；采用预提办法的，有无实际发生的修理支出不冲减"预提费用"，或实际发生数小于预提数而不将差额冲减有关费用的。

固定资产修理费审核的方法可根据"制造费用"、"管理费用"账户修理费用项目的发生额与"预提费用"、"待摊费用"、"递延资产"明细账对照，结合原始凭证审核各项支出的内容是否真实，有无将应构成固定资产原值的支出作为修理费用入账，各项支出的单据是否合法有效，并归属于本期应摊销的费用；有无违反规定计提大修理基金的；年终预提修理费结余数是否抵减有关费用，跨年度修理费用有无提前摊销的。

B. 无形资产摊销的审核。主要审核外购无形资产入账的价值，付款的期限与合同协议是否一致，有无虚列冒报的；已作为技术转让费在费用中列支的使用非专利技术的支出，有无错按无形资产入账重复摊销的；无形资产的摊销年限不得低于

10 年。

　　审核的方法：根据"无形资产"账户借方发生额，结合其原始凭证，审核入账的金额是否真实，然后根据"累计摊销"账户贷方发生额审核其摊销期限和金额是否正确。

　　C. 开办费摊销的审核。主要审核开办费入账金额是否真实，各项费用开支是否有合法的原始凭证，各项费用的开支标准是否超过国家或本企业的有关规定，有无将计入固定资产和无形资产构建成本的支出列入开办费的；有无将应由投资者负担的费用支出列入开办费的；有无费用计入开办费的；开办费的摊销期限及摊销账务处理是否合理、合规。

　　D. 业务招待费的审核。主要看列入业务招待费的支出是否真实、合理、合法，有无将请客送礼违反财经纪律的支出列入管理费用的；有无将不属于业务经营的费用或不合理的支出列入管理费用的；对超限额列支的业务招待费在计算所得额时是否作调增处理；实行销售大包干的企业是否列支了业务招待费。

　　E. 坏账损失的审核。2008 年 1 月 1 日前按照原《企业所得税法》规定计提的各类准备金，2008 年 1 月 1 日以后，未经财政部和国家税务总局核准的，企业以后年度实际发生的相应损失，应先冲减各项准备金余额。

　　F. 技术开发费的审核。一个纳税年度中实际发生的下列费用支出，允许在计算应纳税所得额时按照规定实行加计扣除：新产品设计费、新工艺规程制定费以及与研发活动直接相关的技术图书资料费、资料翻译费；从事研发活动直接消耗的材料、燃料和动力费用；在职直接从事研发活动人员的工资、薪金、奖金、津贴、补贴；专门用于研发活动的仪器、设备的折旧费或租赁费；专门用于研发活动的软件、专利权、非专利技术等无形资产的摊销费用；专门用于中间试验和产品试制的模具、工艺装备开发及制造费；勘探开发技术的现场试验费；研发成果的论证、评审、验收费用。

　　企业根据财务会计核算和研发项目的实际情况，对发生的研发费用进行收益化或资本化处理的，可按下述规定计算加计扣除：研发费用计入当期损益未形成无形资产的，允许再按其当年研发费用实际发生额的 50%，直接抵扣当年的应纳税所得额；研发费用形成无形资产的，按照该无形资产成本的 150% 在税前摊销。除法律另有规定外，摊销年限不得低于 10 年。

　　G. 固定资产租赁费的审核。根据税法规定，纳税人因生产、经营需要租入固定资产所支付的租赁费可以于税前扣除。但是这里所指的固定资产租赁费用是指以经营租赁方式租入固定资产而发生可以列入管理费用核算的租赁费。

　　H. 补充养老保险费、补充医疗保险费的审核。自 2008 年 1 月 1 日起，企业根据国家有关政策规定，为在本企业任职或者受雇的全体员工支付的补充养老保险费、补充医疗保险费，分别不超过职工工资总额 5% 标准内的部分，在计算应纳税所得额时准予扣除；超过的部分，不予扣除。

　　管理费用的审核要点，除前面有关项目的内容外，还有一些其他费用项目，其检查主要是根据列支的项目对照制度规定，结合原始凭证，审核其真实性、合法性、合理性及应在本期列支的，是否拖后列支，不在本期列支的，是否提前列支。同时要划分资本支出和收益支出的界限，防止将固定资产、在建工程的支出作为管理费用列支。

②销售费用的审核。注册税务师应注意审核其开支是否属于销售费用的范围，有无将应计入材料采购成本的外地运杂费，应向购货方收回的代垫费用，业务应酬费开支，以及违反财经纪律的开支列入销售费用的；开支是否属实，有无虚报冒领、营私舞弊的；销售费用在产品之间的分配是否正确；企业支付的手续费及佣金支出是否符合税前扣除的标准及条件，根据现行税法规定，企业发生与生产经营有关的手续费及佣金支出，不超过规定计算限额以内的部分，准予扣除；超过部分，不得扣除。

③财务费用的审核。

A. 利息净支出的审核。利息支出的审核，主要审核企业是否将资产性利息支出，作为生产经营期间的利息支出列入财务费用，如购建固定资产在尚未完工交付使用前发生的利息费用不计入固定资产价值，而列入财务费用；列入财务费用的利息支出金额是否超出规定的准予列支标准；有无利息收入不抵减利息支出的；长期借款利息有无人为调节利润而不按期限均衡提取的；对于投资者投资未到位而发生的利息支出是否按税法规定计算出不得扣除的金额从税前予以剔除。凡企业投资者在规定期限内未缴足其应缴资本额的，该企业对外借款所发生的利息，相当于投资者实缴资本额与在规定期限内应缴资本额的差额应计付的利息，其不属于企业合理的支出，应由企业投资者负担，不得在计算企业应纳税所得额时扣除。

具体计算不得扣除的利息，应以企业一个年度内每一账面实收资本与借款余额保持不变的期间作为一个计算期，每一计算期内不得扣除的借款利息按该期间借款利息发生额乘以该期间企业未缴足的注册资本占借款总额的比例计算，公式为：

企业每一计算期不得扣除的借款利息 = 该期间借款利息额 × 该期间未缴足注册资本额 + 该期间借款额

企业一个年度内不得扣除的借款利息总额为该年度内每一计算期不得扣除的借款利息额之和。

B. 汇兑损益的审核。主要审核汇兑损益的计算方法是否正确，企业是否按规定时间确定汇兑损益，所用汇率是否正确；对于从筹建期间汇兑损益转入的，应查明其摊销方法在前后期是否保持一致，摊销金额是否正确。

（10）营业外支出的审核。

①审核内容：

有无扩大营业外支出范围的。如将应记入"在建工程"的基建费用，应从税后利润支出的非公益救济性捐赠，各项罚款、滞纳金，以及违反财经纪律的支出列入营业外支出，在计税时未作剔除。

有无不按规定要求支出的。如有些企业停工损失的界限混淆，将季节性和修理性停工损失列入营业外支出；对公益救济性捐赠超支部分，在计税时未作剔除。税法规定，纳税人用于公益、救济性的捐赠，在年度利润总额 12% 以内的部分，准予在计算应纳税所得额时扣除。

有无擅自列支固定资产净损失和非常损失的。

②审核方法：

根据"营业外支出"明细账借方发生额，对摘要栏内容进行逐笔审核，对金额较大、登记摘要不明的，应重点审核记账凭证和原始凭证所反映的经济内容，鉴别、分析是否应列入营业外支出。

对一些有列支标准的项目，要审核是否符合规定的标准，如将营业外支出账上列支的公益救济性捐赠数额，与按规定的标准和计算办法计算出的法定限额对照，对超支部分应在计税时剔除并调增应纳税所得额。

企业当期发生的公益救济性捐赠不足年度利润总额12%的部分应据实扣除。

（11）其他业务成本的审核。

审核"其他业务成本"是否符合配比原则，有无少计、多计或不计成本费用的现象。

审核其成本结转的计算方法是否正确。对于材料物资出售结转成本，可采用先进先出、加权平均法等计算其支出成本。

审核"其他业务成本"是否有余额。审核时，应依据"其他业务成本"账户的借方发生额进行，对偏高的月份进行重点审核，并注意审核"本年利润"账户，看其期末结转是否正确，"其他业务成本"有无余额。

（12）税金审核要点。

营业税金及附加的审核，主要从营业税金及附加的预提、缴纳、结算三个方面进行，看有无多提少缴或不缴的情况。

①预提税金及附加的审核。应在核实销售收入和适用税率的基础上，认真查阅"应交税费"账户，看贷方发生额与纳税申报表上计提的应交税费及附加是否一致，如果不一致，则要查明原因。防止将耕地占用税、税收罚款等挤入"营业税金及附加"账户中核算，减少本期利润。

②缴纳税金的审核。企业缴纳税金在"应交税费"明细账户借方反映，应审核税款所属期限、实际缴纳期限是否正确，缴纳的税额是否与计提数一致，并要审阅各税完税凭证，分析缴纳税金的情况，有无提而不缴或将错提、多提的税金从"应交税费"账户借方非法转入其他账户的情况。

③结算税金的审核。年度终了，企业对缴纳各税的情况应进行汇算清缴，及时办理补退手续。由于年度税务检查一般是在年度决算后的次年进行的，企业应补或应退的产品销售税金及附加，应在"以前年度损益调整"账户结算，而有的企业将查补上年的税款记入本年"营业税金及附加"账户中，抵减了本年利润，审核时要认真核实有无上述问题。

3. 适用税率及减免税的审核

（1）适用税率的审核

审核企业所得税所用税率是否正确，对于小型微利企业，是否符合税法规定的条件，有无用错税率的情况。审核时，应以企业所得税申报表为依据，看其确定的适用税率是否正确。

（2）减免税的审核

①审核符合享受减免税条件的企业是否充分运用了优惠政策。根据税法规定，

企业的下列支出，可以在计算应纳税所得额时加计扣除：开发新技术、新产品、新工艺发生的研究开发费用；安置残疾人员及国家鼓励安置的其他就业人员所支付的工资。创业投资企业从事国家需要重点扶持和鼓励的创业投资，可以按投资额的一定比例抵扣应纳税所得额。

②审核企业已享受的优惠政策是否有税务机关的批文。

③审核企业享受减免的金额计算是否正确。

（3）应纳税所得额的审核

应纳税所得额的审核是在前述收入、税前扣除项目审核，计算得出会计期间利润总额的基础上，对按照税法的有关规定进行纳税调整，将会计所得调整为应税所得的情况进行审核。

审核超过规定标准项目即超过税法规定标准扣除的各种成本、费用和损失，而应予调增应纳税所得额部分。包括税法中单独作出明确规定的扣除标准，也包括税法虽未单独明确规定标准，但财务会计制度已作了规定的部分。

审核不允许扣除项目，指税法不允许扣除，但企业已作为扣除项目而予以扣除的各项成本、费用和损失，应调增应纳税所得额。

①资本性支出。通过审核"低值易耗品"、"管理费用"、"制造费用"、"财务费用"、"长期借款"、"在建工程"、"应付债券"等账户，确认企业有无将资本性支出作收益性支出处理，有无将应资本化的利息费用作为期间费用，若有，作相关调账处理，调增应纳税所得额。

②无形资产受让开发支出。根据税法规定，无形资产开发支出未形成资产的部分可作为支出准予扣除，已形成的无形资产不得直接扣除，须按直线法摊销。

③违法经营罚款和被没收财物损失项目。此项是指纳税人生产、经营违反国家法律、法规和规章，被有关部门处以罚款以及被没收财物的损失，属于计算应纳税所得额时不允许扣除的项目。

④税收滞纳金、罚金、罚款项目。现行会计制度允许企业将该项支出在"营业外支出"科目中核算，应通过"营业外支出"、"以前年度损益调整"等账户的审核，将该项支出在计算应纳税所得额时予以剔除，以调增应纳税所得额。

⑤灾害事故损失赔偿。根据税法规定，该损失赔偿的部分，在计算应纳税所得额时不得扣除，应通过"固定资产清理"、"待处理财产损溢"、"营业外支出"及"银行存款"、"其他应收款"等账户的审核，以判明企业对应该得到或已得到损失赔偿的部分账务处理是否正确，若不正确，作相关调账处理，进而调增应纳税所得额。

⑥非公益救济性捐赠。根据现行会计制度规定，该项支出也在"营业外支出"科目中核算，应通过"营业外支出"等科目的审核，以判明是否存在非公益救济性捐赠支出，若有，在计算应纳税所得额时，全额予以剔除，以调增应纳税所得额。

⑦各种赞助支出。各种非广告性质的赞助支出不得在税前列支。要注意通过对赞助支出取得原始单据的审核，以判明企业的赞助支出是否属于广告性质的赞助，若是广告性的赞助支出，可以在所得税前列支。

⑧与收入无关的支出。这是指与企业生产经营无关的支出部分。企业任何费用支出，必须与应税收入有关。如企业为其他纳税人提供与本身应纳税收入无关的贷款担保，因被担保方还不清贷款由该担保纳税人承担的本息等，不得在担保企业税前扣除。

（4）审核应税收益项目

该项目是指纳税人根据税法及有关政策规定应计入应纳税所得额的收益，以及由于其他原因少提或未计入应纳税所得额而应补报的收益。注册税务师主要审核如下项目：

①无赔款优待。企业参加财产保险和运输保险，按规定缴纳的保险费用，准予扣除。保险公司给予企业的无赔款优待，须计入应纳税所得额。

②其他少计、未计应税收益。这是指企业应计而未计或少计应纳税所得额而应补报的收益。对属于计算上的差错或其他特殊原因而多报的收益，可用"－"号表示。

（5）其他纳税调整项目的审核

主要审核按财务制度规定计入当期会计所得，而根据现行税收规定，应从当期应税所得抵减的项目。

（6）外国企业常驻代表机构应税所得审核要点

①采取查账征税方法应税所得的核查。根据纳税人对外签订的合同，对照会计账簿及收支原始凭证，核查常驻代表机构的佣金、回扣收入是否全部入账，有无收入结算、支付地点在境外，或者直接支付给总机构而未计收入的情况。

②采取核定征税方法应税所得的核查。根据纳税人的经费支出明细账，对照银行存款对账单，审核企业计税费用支出是否全部入账，有无应由纳税人负担但未在账面中反映的费用，如总机构直接支付给常驻代表机构雇员的工资可不入账，但属于该纳税人的经费支出。对账簿不健全、不能准确核算收入或成本费用，以及无法按查账征税办法据实申报的代表机构，核定其应纳税所得额的方式如下：

按经费支出换算收入。适用于能够准确反映经费支出但不能准确反映收入或成本费用的代表机构，计算公式：

收入额＝本期经费支出额／（1－核定利润率－营业税税率）

应纳税企业所得税额＝收入额×核定利润率×企业所得税税率

代表机构购置固定资产所发生的支出，以及代表机构设立时或者搬迁等原因所发生的装修费支出，应在发生时一次性作为经费支出额换算收入计税。

代表机构利息收入不得冲抵经费支出额，发生的实际应酬费，以实际发生数额计入经费支出额。

以货币形式用于我国境内的公益、救济性质的捐赠，滞纳金，罚款，以及为其总机构垫付的不属于其自身业务活动所发生的费用，不应作为代表机构的经费支出额。

按收入总额核定应纳税所得额。适用于可以准确反映收入但不能准确反映成本费用的代表机构，计算公式：

应纳企业所得税额＝收入总额×核定利润率×企业所得税税率

代表机构的核定利润率不应低于15%。

（7）外币业务的审核要点

①审核各相关明细账户，核对有关原始凭证，看有无外部收入业务实现后未及时记账或未按规定要求记账的情况。

②审核企业按照记账本位币和各种外币设置的"银行存款"明细账户，并对各账户的期末余额按规定的方法进行核对，看企业将外币折合成记账本位币或将记账本位币折合成外币的计算是否正确，有无错计汇兑损益，进而影响财务费用的情况。

③审核记账本位币和各种外币存款账户余额，并将余额的折合率同规定的人民币汇价相比较，如果期末余额的折合率高，可能是多计汇兑损失，多列财务费用所致。

④审核外币金额结算账户，对资产类账户要注意结转余额。

⑤逐项审核计算和结转汇兑损益情况，看有无计算差错，应结转而未结转，把汇兑收益转到"实收资本"、"盈余公积"、"利润分配"或其他科目的情况。

⑥审核有无企业为购建固定资产而发生的汇兑损益，在固定资产尚未办理竣工决算前计入损益处理的情况。

（8）清算所得的审核要点

企业的全部资产可变现价值或交易价格，减除资产的计税基础、清算费用、相关税费，加上债务清偿损益等后的余额，为清算所得。企业应将整个清算期作为一个独立的纳税年度计算清算所得。

企业全部资产的可变现价值或交易价格减除清算费用、职工的工资、社会保险费用和法定补偿金，结清清算所得税、以前年度欠税等税款，清偿企业债务，按规定计算可以向所有者分配的剩余资产。

被清算企业的股东分得的剩余资产的金额，其中相当于被清算企业累计未分配利润和累计盈余公积中按该股东所占股份比例计算的部分，应确认为股息所得；剩余资产减除股息所得后的余额，超过或低于股东投资成本的部分，应确认为股东的投资转让所得或损失。

被清算企业的股东从被清算企业分得的资产应按可变现价值或实际交易价格确定计税基础。

审核时注意被清算企业的股东分得的剩余资产的金额，超过其投资成本的部分，是否确认投资转让所得，依法计算缴纳企业所得税。

9.3　代理其他税种纳税审核实务

9.3.1　印花税纳税审核代理实务

印花税就所列举的应税凭证贴花完税，征税对象种类繁多，适用税率各不相同，代理纳税审核的基本方法是对纳税人所有涉税凭证进行全面检查。

1. 应税凭证的审核

印花税应税合同是指纳税人在经济活动和经济交往中书立的各类经济合同或具有合同性质的凭证。应税合同审核要点如下：

（1）审核征税范围。纳税人在经济交往中书立的凭证种类很多，鉴别所书立的凭证是否具有合同性质，是判别征免的主要标准。

（2）审核应税合同的计税依据：合同所载金额有多项内容的，是否按规定计算纳税；已税合同修订后增加金额的，是否补贴印花；未注明金额或暂时无法确定金额的应税凭证，是否已按规定贴花；以外币计价的应税合同，是否按规定将计税金额折合成人民币后计算贴花；当合同中既有免税金额，又有应税金额时，纳税人是否正确计算纳税。

（3）审核应税合同的适用税率：纳税人有无将按比例税率和按定额税率计征的凭证相互混淆，如将营业账簿中记载有"实收资本"和"资本公积"的账簿等同于其他账簿，错按定额 5 元纳税贴花；纳税人有无将载有多项不同性质经济业务的经济合同误用税目税率；纳税人有无将性质相似的凭证误用税目税率；技术合同、租赁合同等，在签订时因无法确定计税金额而暂时按每件 5 元计税贴花的，是否在结算实际金额时按其实际适用的比例税率计算并补贴了印花。

2. 其他凭证的审核要点

（1）审核营业账簿计税情况。审核企业有无错划核算形式，漏缴印花税的问题。

（2）审核产权转移书据、权利许可证照的计税情况。

3. 应纳税额的审核

（1）减税免税审核要点

审核时，要注意纳税人已按免税处理的凭证是否为免税合同，有无混淆征免税界限、扩大减免税范围的情况。

（2）履行完税手续审核要点

①审核纳税人是否按规定及时足额地履行完税手续，有无在应纳税凭证上未贴或少贴印花税票的情况；已贴印花税票有无未注销或者未划销的情况；有无将已贴用的印花税票揭下重用的问题。

②审核平时"以表代账"的纳税人，在按月、按季或按年装订成册后，有无未按规定贴花完税的问题。

9.3.2　土地增值税纳税审核

土地增值税因其特点，纳税审核必须结合会计核算进行，而且要特别注意会计处理与税法规定不相一致需要调整的某些问题。

对土地增值税进行纳税审核，关键是核实转让房地产所取得的收入和法定的扣除项目金额，以此确定增值额和适用税率，并核查应纳税额。

1. 转让房地产收入审核要点

纳税人转让房地产取得的收入，应包括转让房地产的全部价款及有关的经济收益。从收入的形式来看，包括货币收入、实物收入和其他收入。检查时，应着重从以下几方面进行：

（1）审核收入明细账、记账凭证、原始凭证相核对，看企业有无分解房地产收入或隐瞒房地产收入的情况。

（2）审核往来账户，如"应付账款"、"预付账款"、"分期收款开发产品"、"其他应付款"等账户，并与有关转让房地产合同、会计凭证相核对，看有无将房地产收入长期挂账、不及时申报纳税的情况。

（3）审核房地产的成交价格，看其是否正常合理。

2. 扣除项目金额审核要点

（1）审核取得土地使用权所支付的金额。

（2）审核房地产开发成本。

（3）审核房地产开发费用。房地产开发费用是指与房地产开发项目有关的销售费用、管理费用和财务费用。这三项费用作为期间费用，直接计入当期损益，不按成本核算对象进行分摊。

审核企业借款情况，看其借款利息支出能否按转让房地产项目计算分摊：一是利息的上浮幅度要按国家的有关规定执行，超过上浮幅度的部分不允许扣除；二是对于超过贷款期限的利息部分和加罚的利息不允许扣除。

（4）审核与转让房地产有关的税金。企业转让房地产时缴纳的营业税、城市维护建设税、教育费附加，在"营业税金及附加"、"应交税费"账户核算；缴纳的印花税在"管理费用"账户中核算。审核时，应注意与土地增值税纳税申报表相核对，看其申报抵扣的税金是否正确，已缴纳的印花税，因在房地产开发费用中计入扣除，故在此不允许重复扣除。

（5）审核其他扣除项目。对从事房地产开发的纳税人，可按取得土地使用权所支付的金额与房地产开发成本计算的金额之和，加计20%扣除。审核时，应在核实纳税人取得土地使用权所支付的金额和房地产开发成本的基础上，按规定的扣除比例重新计算核实，看企业申报扣除的金额有无差错。

3. 应纳税额的审核

审核应纳税额是否正确的程序是：核实增值额；以增值额除以扣除项目金额，核查增值额占扣除项目金额的比率，以此确定该增值额适用的级距、税率和速算扣除系数；计算土地增值税应纳税额。

【例9-8】注册税务师受托对某房地产开发公司土地增值税纳税情况进行审核，了解到该房地产开发公司本期转让土地一块，销售收入1 200万元，申报缴纳土地增值税时，申报取得土地使用权及开发成本400万元，缴纳营业税、城市维护建设税及教育费附加66万元，开发费用按购地款和开发成本10%扣除40万元，加计扣除20%即80万元，合计扣除项目金额586万元。

A. 增值额 = 1 200 - 586 = 614（万元）

B. 增值率 = 614 ÷ 586 = 105%

C. 应缴土地增值税 = 614 × 50% - 586 × 15% = 307 - 87.9 = 219.1（万元）

D. 已缴150万元

E. 欠缴69.10万元

注册税务师发现该房地产开发公司存在如下问题：

A. 取得 12 000 平方米土地使用权，支付金额 400 万元，未曾进行任何开发，便将 5 000 平方米转让取得收入 1 200 万元。

B. 因为转让的土地没有开发，计征土地增值税时不能享受 20% 加计扣除。

根据以上两点，核实其扣除项目金额：

A. 取得土地使用权支付金额为

$$400 \times \frac{5\ 000}{12\ 000} = 166.67（万元）$$

B. 其开发费用按购地款和开发成本 10% 予以扣除：16. 67 万元

C. 核实扣除项目金额 = 166. 67 + 66 + 16. 67 = 249. 34（万元）

D. 增值额 = 1 200 – 249. 34 = 950. 66（万元）

E. 增值额占扣除项目金额的比例 = 950. 66 ÷ 249. 34 = 381. 27%

F. 应缴纳土地增值税 = 950. 66 × 60% – 249. 34 × 35% = 570. 396 – 87. 269 = 483. 127（万元）

G. 企业已缴纳土地增值税 150 万元

H. 应补缴土地增值税 = 483. 127 – 150 = 333. 127（万元）

I. 企业少计提土地增值税 = 333. 127 – 219. 1 = 114. 027（万元）

建议企业作相关调账分录：

借：营业税金及附加　　　　　　　　　　　　　　　　　1 140 270

　　贷：应交税费——应交土地增值税　　　　　　　　　　1 140 270

9.3.3　房产税纳税审核代理实务

房产税、土地使用税的会计核算比较简单，纳税审核的针对性较强，纳税审核工作时，应主要核查有关合同和会计账户，征免界限的划分，适用税率、幅度税额的确定等问题。

房产税以房屋为征税对象，按照房屋的计税余值或出租房屋的租金为计税依据，向产权所有人征收，纳税审核的重点范围应是房屋原值和租金收入。

1. 自用房产审核要点

审核房产的原值是否真实，有无少报、瞒报的现象。审核"固定资产"账簿中房屋的造价或原价是否真实、完整，有无分解记账的情况。

2. 出租房产审核要点

（1）审核"其他业务收入"等账户和房屋租赁合同及租赁费用结算凭证，核实房产租金收入，审核有无出租房屋不申报纳税的问题。

（2）审核有无签订经营合同隐瞒租金收入，或以物抵租少报租金收入，或将房租收入计入营业收入未缴房产税的问题。

（3）审核有无出租使用房屋，或租用免税单位和个人私有房产的问题。

【例 9 – 9】注册税务师受托审核某企业房产税缴纳情况，从固定资产明细账查实该企业有房屋 10 幢，合计原值为 30 000 200 元，再查对"应交税费——应交房产税"账户的应缴税金，复核计算无误，税款已入库。但是，审核"其他业务收入"

账户，发现有一笔固定资产出租收入 60 000 元，核查原始凭证，这笔收入是出租长安街一幢房屋给某公司经营的租金收入，没有计缴房产税。

注册税务师认为企业应补缴房产税，计算办法如下：

应补缴的房产税 60 000 × 12% = 7 200（元）

并作相关调账分录：

借：管理费用　　　　　　　　　　　　　　　　　　　　　　　7 200

　贷：应交税费——应交房产税　　　　　　　　　　　　　　　　7 200

3. 应纳税额审核要点

（1）审核征免界限的划分。各免税单位的自用房产与生产经营用房产、出租房产的划分，免税单位房产与下属单位房产的划分是否明确，其划分方法是否正确，以及免税房产在改变用途转为应税房产后是否按规定申报纳税。在需要时，检查其申报的房产使用情况与其实际用途是否相符。

（2）审核房产税计算纳税的期限。对于新建、改造、翻建的房屋，已办理验收手续或未办理验收手续已经使用的，是否按规定期限申报纳税，有无拖延纳税期限而少计税额的问题。

（3）审核房产税纳税申报表，核实计税依据和适用税率的计算是否正确。对于固定资产账户未记载的房产原值，或房产原值明显不合理的应提议纳税人按有关程序进行评估，以保证计税依据的准确完整。

9.3.4　土地使用税纳税审核代理实务

土地使用税以纳税人实际占用土地面积为计税依据，按照当地政府根据国务院制定颁布的条例和省、自治区、直辖市人民政府规定的年税额幅度确定的适用税额计算征收。在审核时，应重点审核纳税人实际占用土地的面积、减免税土地面积，适用单位税额以及税款计算缴纳等问题。

1. 应税土地面积审核要点

应税土地面积是纳税人实际占用土地的面积，它是计算土地使用税的直接依据。

2. 减免税土地面积审核要点

在审核过程中，应严格掌握土地使用税的减免税规定，对纳税人新征用的土地面积，可依据土地管理机关批准征地的文件来确定；对开山填海整治的土地和改造的废弃土地，可依据土地管理机关出具的证明文件来确定。另外，要审核是否将免税土地用于出租，或者多报免税土地面积的问题。

3. 应纳税额审核要点

根据土地位置和用途，对照当地人民政府对本地区土地划分的等级及单位税额，审核纳税人适用税率是否正确。在此基础上，进一步复核土地使用税纳税申报表和有关完税凭证，审核纳税人应纳税款的计算正确与否，税款是否及时申报缴纳入库。

【思考与练习】

实务题：注册税务师在代理审核某化妆品厂 2012 年 5 月应纳消费税情况时发现，该企业采用预收货款方式销售化妆品 100 箱，取得含税销售额 117 000 元，商品已发出。企业会计处理为：

借：银行存款　　　　　　　　　　　　　　　　　　　　117 000

　　贷：预收账款　　　　　　　　　　　　　　　　　　　　117 000

要求：计算本月应纳消费税并调账。

第 10 章
其他税务代理事宜

【学习目标】

通过本章学习，使学生了解税务行政复议的受案范围、税务行政复议的参加人和管辖、税务行政复议审理的基本规程，了解涉税文书的特点及种类，以及税务代理执业风险。

【导入案例】

个体工商户张某 2011 年 8 月 8 日开业，当地税务机关依法核定其每月营业额为 30 000 元，每月缴纳的增值税为 1 200 元；同时税务机关在通知书上详细注明：该定期定额户的纳税限期为一个月，当月的增值税款应在次月的 1 ~ 15 日依法缴纳。然而，一直到 9 月 15 日，张某仍未依法缴纳税务机关核定的应纳税款。为此，税务机关在 9 月 16 日对张某下达了责令限期改正通知书。但张某却认为，税法明文规定实行定期定额缴纳税款的纳税人可以实行简易申报，简易申报也就是不需要纳税申报，因此也就不存在逾期申报罚款问题，推迟几天纳税，大不了多缴几毛钱的滞纳金。所以，他迟迟不到税务机关缴纳税款。一直到 9 月 25 日，张某才缴纳了 8 月份应缴的 1 200 元增值税。令他万万想不到的是，在履行了必要程序后，税务机关于 9 月 28 日对其作出了罚款 5 000 元的行政处罚决定。张某对此不服，在接到处罚通知的当日就依法向当地人民法院提起了行政诉讼。请问张某能否聘请税务代理机构为其办理呢？

10.1 税务行政复议代理实务

税务行政复议是纳税人或其他行政相对人认为税务机关的某一具体行政行为侵害了自己的合法权益，向作出具体行政行为的税务机关的上一级税务机关提出申诉，由上级税务机关依法裁决税务争议的过程。

10.1.1 税务行政复议的受案范围

税务行政复议的受案范围如下：

（1）税务机关作出的征税行为，包括确认纳税主体、征税对象、征税范围、减税、免税、退税、抵扣税款、适用税率、计税依据、纳税环节、纳税期限、纳税地点和税款征收方式等具体行政行为，以及征收税款、加收滞纳金，扣缴义务人、受税务机关委托的单位和个人作出的代扣代缴、代收代缴、代征行为等。

（2）行政许可、行政审批行为。

（3）发票管理行为，包括发售、收缴、代开发票等。

（4）税务机关作出的税收保全措施、强制执行措施。其中，税务保全措施包括税务机关书面通知银行或者其他金融机构冻结存款，扣押、查封商品、货物或其他财产。强制执行措施包括书面通知银行或者其他金融机构从纳税人的存款中扣缴税款，变卖、拍卖扣押、查封的商品、货物或者其他财产。

（5）税务机关作出的行政处罚行为，包括罚款、没收财物和违法所得、停止出口退税权。

（6）税务机关不依法履行下列职责的行为：颁发税务登记证；开具、出具完税凭证、外出经营活动税收管理证明；行政赔偿；行政奖励；其他不依法履行职责的行为。

（7）税务机关作出的资格认定行为。

（8）税务机关不依法确认纳税担保行为。

（9）政府信息公开工作中的具体行政行为。

（10）税务机关作出的纳税信用等级评定行为。

（11）税务机关作出的通知出入境管理机关阻止出境行为。

（12）税务机关作出的其他具体行政行为。

纳税人认为税务机关的具体行政行为所依据的下列规定不合法，可以在行政复议机关作出行政复议决定以前提出对该规定的审查申请：

（1）国家税务总局和国务院其他部门的规定；

（2）其他各级税务机关的规定；

（3）地方各级人民政府的规定；

（4）地方人民政府工作部门的规定。

10.1.2　税务行政复议的参加人

1. 税务行政复议的申请人

税务行政复议的申请人，是指认为税务机关的具体行政行为侵犯其合法权益，向税务行政复议机关申请行政复议的公民、法人和其他组织，也包括在中华人民共和国境内向税务机关申请行政复议的外国人、无国籍人和外国组织。

有权申请行政复议的公民死亡的，其近亲属可以申请行政复议；有权申请行政复议的公民为无行为能力人或者限制行为能力人，其法定代理人可以代理申请行政复议；有权申请行政复议的法人或者其他组织发生合并、分立或终止的，承受其权利义务的法人或者其他组织可以申请行政复议。

2. 税务行政复议的被申请人

申请人对具体行政行为不服申请行政复议的，税务行政复议的被申请人，是指作出引起争议的具体行政行为的税务机关。

（1）申请人对扣缴义务人的扣缴税款行为不服的，主管该扣缴义务人的税务机关为被申请人；

（2）对税务机关委托的单位和个人的代征行为不服的，委托税务机关为被申请人；

（3）税务机关与法律、法规授权的组织以共同的名义作出具体行政行为的，税务机关和法律、法规授权的组织为共同被申请人；

（4）税务机关与其他组织以共同名义作出具体行政行为的，税务机关为被申请人；

（5）税务机关依照法律、法规和规章规定，经上级税务机关批准作出具体行政行为的，批准机关为被申请人；

（6）申请人对经重大税务案件审理程序作出的决定不服的，审理委员会所在税务机关为被申请人；

（7）税务机关设立的派出机构、内设机构或者其他组织，未经法律、法规授权，以自己名义对外作出具体行政行为的，税务机关为被申请人。

3. 税务行政复议的第三人

税务行政复议的第三人，是指与申请复议的具体行政行为有利害关系的个人或组织。所谓"利害关系"，一般是指经济上的债权债务关系、股权控股关系等。行政复议期间，行政复议机关认为申请人以外的公民、法人或者其他组织与被审查的具体行政行为有利害关系的，可以通知其作为第三人参加行政复议。

4. 税务行政复议的代理人

税务行政复议的代理人，是指接受当事人委托，以被代理人的名义，在法律规定或当事人授予的权限范围内，为代理复议行为而参加复议的个人。

10.1.3　税务行政复议的管辖原则

税务行政复议管辖，是指税务行政复议机关之间受理税务行政复议案件的职权划分。税务行政复议机构是税务机关内部的一个职能部门。

（1）对各级国家税务局的具体行政行为不服的，向其上一级国家税务局申请行政复议。

（2）对各级地方税务局的具体行政行为不服的，可以选择向其上一级地方税务局或者该税务局的本级人民政府申请行政复议。

（3）对国家税务总局的具体行政行为不服的，向国家税务总局申请行政复议。对行政复议决定不服，申请人可以向人民法院提起行政诉讼，也可以向国务院申请裁决。国务院的裁决为最终裁决。

（4）对下列税务机关的具体行政行为不服的，按照下列规定申请行政复议：

①对计划单列市税务局的具体行政行为不服的，向省税务局申请行政复议。

②对税务所（分局）、各级税务局的稽查局的具体行政行为不服的，向其所属税务局申请行政复议。

③对两个以上税务机关共同作出的具体行政行为不服的，向共同上一级税务机关申请行政复议；对税务机关与其他行政机关共同作出的具体行政行为不服的，向其共同上一级行政机关申请行政复议。

④对被撤销的税务机关在撤销以前所作出的具体行政行为不服的，向继续行使其职权的税务机关的上一级税务机关申请行政复议。

⑤对税务机关作出逾期不缴纳罚款加处罚款的决定不服的，向作出行政处罚决

定的税务机关申请行政复议。但是对已处罚款和加处罚款都不服的，一并向作出行政处罚决定的税务机关的上一级税务机关申请行政复议。

有前款②、③、④、⑤项所列情形之一的，申请人也可以向具体行政行为发生地的县级地方人民政府提交行政复议申请，由接受申请的县级地方人民政府依法转送。

10.1.4　税务行政复议申请

1. 税务行政复议的申请期限

申请人可以在知道税务机关作出具体行政行为之日起 60 日内提出行政复议申请。因不可抗力或者被申请人设置障碍等原因耽误法定申请期限的，申请期限的计算应当扣除被耽误时间，自障碍消除之日起继续计算。

有履行期限规定的，自履行期限届满之日起计算。没有履行期限规定的，自税务机关收到申请满 60 日起计算。税务机关作出的具体行政行为对申请人的权利、义务可能产生不利影响的，应当告知其申请行政复议的权利、行政复议机关和行政复议申请期限。

2. 税务行政复议申请的提交

申请人书面申请行政复议的，可以采取当面递交、邮寄或者传真等方式提出行政复议申请。有条件的行政复议机关可以接受以电子邮件形式提出的行政复议申请。对以传真、电子邮件形式提出行政复议申请的，行政复议机关应当审核确认申请人的身份、复议事项。

10.1.5　税务行政复议受理

（1）行政复议申请符合下列规定的，行政复议机关应当受理：

①属于规定的行政复议范围；

②在法定申请期限内提出；

③有明确的申请人和符合规定的被申请人；

④申请人与具体行政行为有利害关系；

⑤有具体的行政复议请求和理由；

⑥符合《税务行政复议规则》第三十三条和第三十四条规定的条件；

⑦属于收到行政复议申请的行政复议机关的职责范围；

⑧其他行政复议机关尚未受理同一行政复议申请，人民法院尚未受理同一主体就同一事实提起的行政诉讼。

（2）行政复议机关收到行政复议申请以后，应当在 5 日内审查，决定是否受理。对不符合《税务行政复议规则》规定的行政复议申请，决定不予受理，并书面告知申请人。

对不属于本机关受理的行政复议申请，应当告知申请人向有关行政复议机关提出。行政复议机关收到行政复议申请以后未按照前款规定期限审查并作出不予受理决定的，视为受理。

（3）对符合规定的行政复议申请，自行政复议机构收到之日起即为受理；受理行政复议申请，应当书面告知申请人。

（4）行政复议申请材料不齐全、表述不清楚的，行政复议机构可以自收到该行政复议申请之日起 5 日内书面通知申请人补正。补正通知应当载明需要补正的事项和合理的补正期限。无正当理由逾期不补正的，视为申请人放弃行政复议申请。

补正申请材料所用时间不计入行政复议审理期限。

（5）上级税务机关认为行政复议机关不予受理行政复议申请的理由不成立的，可以督促其受理；经督促仍然不受理的，责令其限期受理。上级税务机关认为行政复议申请不符合法定受理条件的，应当告知申请人。

（6）上级税务机关认为有必要的，可以直接受理或者提审由下级税务机关管辖的行政复议案件。

（7）对应当先向行政复议机关申请行政复议，对行政复议决定不服再向人民法院提起行政诉讼的具体行政行为，行政复议机关决定不予受理或者受理以后超过行政复议期限不作答复的，申请人可以向收到不予受理决定书之日起或者行政复议期满之日起 15 日内，依法向人民法院提起行政诉讼。

依照规定延长行政复议期限的，以延长以后的时间为行政复议期满时间。

（8）行政复议期间具体行政行为不停止执行；但是有下列情形之一的，可以停止执行：

①被申请人认为需要停止执行的。

②行政复议机关认为需要停止执行的。

③申请人申请停止执行，行政复议机关认为其要求合理，决定停止执行的。

④法律规定停止执行的。

（9）行政复议期间，有下列情形之一的，行政复议中止：

①作为申请人的公民死亡，其近亲属尚未确定是否参加行政复议的。

②作为申请人的公民丧失参加行政复议的能力，尚未确定法定代理人参加行政复议的。

③作为申请人的法人或者其他组织终止，尚未确定权利义务承受人的。

④作为申请人的公民下落不明或者被宣告失踪的。

⑤申请人、被申请人因不可抗力，不能参加行政复议的。

⑥行政复议机关因不可抗力原因暂时不能履行工作职责的。

⑦案件涉及法律适用问题，需要有权机关作出解释或者确认的。

⑧案件审理需要以其他案件的审理结果为依据，而其他案件尚未审结的。

⑨其他需要中止行政复议的情形。

行政复议中止的原因消除以后，应当及时恢复行政复议案件的审理。行政复议机构中止、恢复行政复议案件的审理，应当告知申请人、被申请人、第三人。

（10）行政复议期间，有下列情形之一的，行政复议终止：

①申请人要求撤回行政复议申请，行政复议机构准予撤回的。

②作为申请人的公民死亡，没有近亲属，或者其近亲属放弃行政复议权利的。

③作为申请人的法人或者其他组织终止，其权利义务的承受人放弃行政复议权利的。

④申请人与被申请人依照《税务行政复议规则》第八十七条的规定，经行政复议机构准许达成和解的。

⑤行政复议申请受理以后，发现其他行政复议机关已经先于本机关受理，或者人民法院已经受理的。

依照行政复议中止第①、②、③项规定中止行政复议，满 60 日行政复议中止的原因未消除的，行政复议终止。

10.1.6　税务行政复议证据

行政复议证据包括书证、物证、视听资料、证人证言、当事人陈述、鉴定结论、勘验笔录、现场笔录。

（1）在行政复议中，被申请人对其作出的具体行政行为负有举证责任。

（2）行政复议机关应当依法全面审查相关证据。行政复议机关审查行政复议案件，应当以证据证明的案件事实为依据。定案证据应当具有合法性、真实性和关联性。

（3）行政复议机关应当根据案件的具体情况，从以下方面审查证据的合法性：

①证据形成的原因；

②发现证据时的环境；

③证据是否为原件、原物，复制件、复制品与原件、原物是否相符；

④提供证据的人或者证人与行政复议参加人是否具有利害关系；

⑤影响证据真实性的其他因素。

（4）行政复议机关应当根据案件的具体情况，从以下方面审查证据的关联性：

①证据与待证事实是否具有证明关系；

②证据与待证事实的关联程度；

③影响证据关联性的其他因素。

（5）下列证据材料不得作为定案依据：

①违反法定程序收集的证据材料；

②以偷拍、偷录和窃听等手段获取侵害他人合法权益的证据材料；

③以利诱、欺诈、胁迫和暴力等不正当手段获取的证据材料；

④无正当事由超出举证期限提供的证据材料；

⑤无正当理由拒不提供原件、原物，又无其他证据印证，且对方不予认可的证据的复制件、复制品；

⑥无法辨明真伪的证据材料；

⑦不能正确表达意志的证人提供的证言；

⑧不具备合法性、真实性的其他证据材料。

各级行政复议机关负责法制工作的机构依据职责所取得的有关材料，不得作为支持被申请人具体行政行为的证据。

（6）在行政复议过程中，被申请人不得自行向申请人和其他有关组织或者个人收集证据。

（7）行政复议机构认为必要时，可以调查取证。

（8）申请人和第三人可以查阅被申请人提出的书面答复，作出具体行政行为的证据、依据和其他有关材料，除涉及国家秘密、商业秘密或者个人隐私外，行政复议机关不得拒绝。

10.1.7　税务行政复议审查和决定

行政复议原则上采用书面审查的办法，但是申请人提出要求或者行政复议机构认为有必要时，应当听取申请人、被申请人和第三人的意见，并可以向有关组织和人员调查了解情况。

（1）行政复议机构应当自受理行政复议申请之日起 7 日内，将行政复议申请书副本或者行政复议申请笔录复印件发送被申请人。被申请人应当自收到申请书副本或者申请笔录复印件之日起 10 日内提出书面答复，并提交当初作出具体行政行为的证据、依据和其他有关材料。

对国家税务总局的具体行政行为不服申请行政复议的案件，由原承办具体行政行为的相关机构向行政复议机构提出书面答复，并提交当初作出具体行政行为的证据、依据和其他有关材料。

（2）行政复议机构审理行政复议案件，应当由 2 名以上行政复议工作人员参加。

（3）对重大、复杂的案件，申请人提出要求或者行政复议机构认为必要时，可以采取听证的方式审理。

（4）行政复议机构决定举行听证的，应当将举行听证的时间、地点和具体要求等事项通知申请人、被申请人和第三人。第三人不参加听证的，不影响听证的举行。

听证应当公开举行，但是涉及国家秘密、商业秘密或者个人隐私的除外。

行政复议听证人员不得少于 2 人，听证主持人由行政复议机构确定。

听证应当制作笔录。申请人、被申请人和第三人应当确认听证笔录内容。行政复议听证笔录应当附卷，作为行政复议机构审理案件的依据之一。

（5）行政复议机关应当全面审查被申请人的具体行政行为所依据的事实证据、法律程序、法律依据和涉及的权利义务内容的合法性、适当性。

（6）申请人在行政复议决定作出以前撤回行政复议申请的，经行政复议机构同意，可以撤回。申请人撤回行政复议申请的，不得再以同一事实和理由提出行政复议申请。但是，申请人能够证明撤回行政复议申请违背其真实意思表示的除外。

（7）行政复议期间被申请人改变原具体行政行为的，不影响行政复议案件的审理。但是，申请人依法撤回行政复议申请的除外。

（8）申请人在申请行政复议时，依据规定一并提出对有关规定的审查申请的，行政复议机关对该规定有权处理的，应当在 30 日内依法处理；无权处理的，应当在 7 日内按照法定程序逐级转送有权处理的行政机关依法处理，有权处理的行政机关应当在 60 日内依法处理。处理期间，中止对具体行政行为的审查。

（9）行政复议机关审查被申请人的具体行政行为时，认为其依据不合法，本机关有权处理的，应当在 30 日内依法处理；无权处理的，应当在 7 日内按照法定程序逐级转送有权处理的国家机关依法处理。处理期间，中止对具体行政行为的审查。

（10）行政复议机构应当对被申请人的具体行政行为提出审查意见，经行政复议机关负责人批准，按照下列规定作出行政复议决定：

①具体行政行为认定事实清楚，证据确凿，适用依据正确，程序合法，内容适当的，决定维持。

②被申请人不履行法定职责的，决定其在一定期限内履行。

③具体行政行为有下列情形之一的，决定撤销、变更或者确认该具体行政行为违法；决定撤销或者确认该具体行政行为违法的，可以责令被申请人在一定期限内重新作出具体行政行为：主要事实不清，证据不足的；适用依据错误的；违反法定程序的；超越职权或者滥用职权的；具体行政行为明显不当的。

④被申请人不按照规定提出书面答复，提交当初作出具体行政行为的证据、依据和其他有关材料的，视为该具体行政行为没有证据、依据，决定撤销该具体行政行为。

（11）行政复议机关责令被申请人重新作出具体行政行为的，被申请人不得以同一事实和理由作出与原具体行政行为相同或者基本相同的具体行政行为；但是行政复议机关以原具体行政行为违反法定程序决定撤销的，被申请人重新作出具体行政行为的除外。

行政复议机关责令被申请人重新作出具体行政行为的，被申请人不得作出对申请人更为不利的决定；但是行政复议机关以原具体行政行为主要事实不清、证据不足或适用依据错误决定撤销的，被申请人重新作出具体行政行为的除外。

（12）有下列情形之一的，行政复议机关可以决定变更：

①认定事实清楚，证据确凿，程序合法，但是明显不当或者适用依据错误的。

②认定事实不清，证据不足，但是经行政复议机关审理查明事实清楚，证据确凿的。

（13）有下列情形之一的，行政复议机关应当决定驳回行政复议申请：

①申请人认为税务机关不履行法定职责申请行政复议，行政复议机关受理以后发现该税务机关没有相应法定职责或者在受理以前已经履行法定职责的。

②受理行政复议申请后，发现该行政复议申请不符合《行政复议法》及其实施条例和《税务行政复议规则》规定的受理条件的。

上级税务机关认为行政复议机关驳回行政复议申请的理由不成立的，应当责令限期恢复受理。行政复议机关审理行政复议申请期限的计算应当扣除因驳回耽误的时间。

（14）行政复议机关责令被申请人重新作出具体行政行为的，被申请人应当在60 日内重新作出具体行政行为；情况复杂，不能在规定期限内重新作出具体行政行为的，经行政复议机关批准，可以适当延期，但是延期不得超过 30 日。

公民、法人或者其他组织对被申请人重新作出的具体行政行为不服，可以依法申请行政复议，或者提起行政诉讼。

（15）申请人在申请行政复议时可以一并提出行政赔偿请求，行政复议机关对符合《国家赔偿法》的规定应当赔偿的，在决定撤销、变更具体行政行为或者确认具体行政行为违法时，应当同时决定被申请人依法赔偿。

申请人在申请行政复议时没有提出行政赔偿请求的，行政复议机关在依法决定撤销、变更原具体行政行为确定的税款、滞纳金、罚款和对财产的扣押、查封等强制措施时，应当同时责令被申请人退还税款、滞纳金和罚款，解除对财产的扣押、查封等强制措施，或者赔偿相应的价款。

（16）行政复议机关应当自受理申请之日起 60 日内作出行政复议决定。情况复杂，不能在规定期限内作出行政复议决定的，经行政复议机关负责人批准，可以适当延期，并告知申请人和被申请人；但是延期不得超过 30 日。

行政复议机关作出行政复议决定，应当制作行政复议决定书，并加盖行政复议机关印章。

行政复议决定书一经送达，即发生法律效力。

（17）被申请人应当履行行政复议决定。被申请人不履行、无正当理由拖延履行行政复议决定的，行政复议机关或者有关上级税务机关应当责令其限期履行。

（18）申请人、第三人逾期不起诉又不履行行政复议决定的，或者不履行最终裁决的行政复议决定的，按照下列规定分别处理：

①维持具体行政行为的行政复议决定，由作出具体行政行为的税务机关依法强制执行，或者申请人民法院强制执行。

②变更具体行政行为的行政复议决定，由行政复议机关依法强制执行，或者申请人民法院强制执行。

10.1.8　税务行政复议文书的送达

行政复议期间的计算和行政复议文书的送达，依照《民事诉讼法》关于期间、送达的规定执行。上述关于行政复议期间有关"5 日"、"7 日"的规定指工作日，不包括法定节假日。

10.1.9　代理税务行政复议的基本前提与操作规范

引发税务行政复议的前提，是征纳双方产生的税收争议，注册税务师受托代理税务行政复议，应根据税务行政复议审理的法定规程进行操作，通过行政裁决使纳税人、扣缴义务人的异议申请获得行政救济。

1. 代理税务行政复议的基本前提

税务行政复议是保护纳税人、扣缴义务人的有效途径，也是维护税务机关依法行政的重要渠道。注册税务师作为征纳双方的中介，在决定受托代理税务行政复议之前，必须明确下述前提：

（1）解决税收争议的途径

在税收征管的每个环节，税务机关所作出的具体行政行为都有可能引发税收争议，但是，更为普遍的情况是针对税务稽查结论所产生的税款滞补罚争议。解决这类争议的前一个环节，是在主管税务机关下达的税务行政处罚事项告知书送达后 3 日内，由纳税人、扣缴义务人或者委托注册税务师向税务机关书面提出听证，由作出具体行政行为的税务机关自行审查解决纳税争议。对于注册税务师而言，可视征纳双方争执的具体情况确定是否经过听证程序。

（2）引起税收争议的焦点

引起税收争议的原因是多方面的，所涉及征免范围划分的纳税事项的调整也因事而异，在决定受托代理税务行政复议之前，必须以独立、客观的立场来调查了解产生税收争议的过程，征纳双方各自的主张和论据，税收法律、法规有关争议问题的解释，税务机关对以往类似问题的判例，等等。

（3）代理税务行政复议的风险

由于税收争议多属于较为疑难复杂的问题，征纳双方都很敏感，直接涉及纳税人、扣缴义务人的税收权益，处于中介地位的注册税务师即使以完全独立、客观的立场来分析判断税收争议，仍要承担较高的代理风险。

2. 代理税务行政复议的操作规范

（1）确定代理复议操作要点

代理税务行政复议的操作是从签订税务代理协议书开始的。但是，在正式决定受托代理之前，注册税务师应履行如下程序：

①了解分析税收争议双方的基本情况，产生税收争议原因、过程与结果，税务机关最后的决定，纳税人、扣缴义务人请求复议的理由与要求。

②审核纳税人、扣缴义务人申请复议的条件是否具备。如申请复议的内容是否为受案和管辖范围，申请的时限是否符合法定的复议期限，如因纳税问题提请复议是否按照税务机关的要求缴纳了税款和滞纳金等。

③磋商代理事项、价格和收费方法，签订税务代理协议书。代理事项的结果有许多不可预见性，在签订合同时，应按商定代理价格的30%至40%预交费用，以预防代理中可能发生的过高成本与风险损失。

（2）代理复议申请操作要点

①根据《税务行政复议规则》第三十七条，申请人表达诉愿的基本方式，是向税务行政复议机关提交复议申请书，以便于明确表述复议请求。注册税务师制作复议申请书，应认真填写各个栏目的内容，简单清晰地表达申请复议的要求和理由，针对税务机关的具体行政行为，提出持有异议的论据并进行充分的论证。

②在向税务行政复议机关提交复议申请书之后的 10 日内，注册税务师可视下列情况分别处理：复议机关决定受理复议申请，应做好参加审理的准备；复议机关要求限期补正，应按限定的时间提供有关资料；复议机关通知不予受理，如果申请人对此裁决不服可以自收到不予受理裁决书之日起 15 日内，就复议机关不予受理的裁决向人民法院起诉。

③在法定的申请期限内，如因不可抗力而延误申请，注册税务师应在障碍消除后的 10 日内，向复议机关申请延长复议申请期限。

（3）代理复议审理

审理是复议机关对决定受理的复议申请，审查其具体行政行为合法性和适当性的过程，它是复议机关最终作出复议决定的基础。注册税务师应根据审理过程中案情的发展而加以运作，力争复议请求的圆满解决。

①在采取书面审理的方式下，被申请人自收到复议申请书之日起 10 日内，向复议机关提交答辩书和有关证据材料，为支持原具体行政行为提供事实和法律方面的

辩护。

②在采取公开审理的方式下，注册税务师要与被申请人就税收争议进行辩论，公开陈述申请人的复议请求，论证税务机关作出的具体行政行为在事实认定、适用法律及执法程序中存在的问题。

10.2 税务咨询与税务顾问

10.2.1 税务咨询

税务咨询是咨询服务的一种。它通过电话、信函、晤谈等方式解答纳税人、扣缴义务人等咨询人有关税收方面的问题，是最具普遍性的涉税服务业务。

1. 税务咨询的内容

（1）税收法律规定方面的咨询。咨询人需要了解税收政策规定，提出有关税收政策方面的咨询。有税收实体法内容，有税收程序法内容，也有涉及许多方面的综合性内容。注册税务师在进行这方面服务时，主要是提供税收法律、法规、实施细则、行政规章、规范性文件的政策规定，以及其他法规关于税收方面问题的政策规定。

（2）税收政策运用方面的咨询。有关税收实体法政策运用方面的释疑解难，也是税务咨询最主要的内容。咨询人在经营活动中涉及的税收政策运用或掌握理解都是其咨询的内容。这类咨询涉及税种多、政策面广、问题具体。

（3）办税实务方面的咨询。有关税收程序法政策操作、运用方面的咨询。

（4）涉税会计处理的咨询。主要是就有关涉税会计处理问题的咨询。

（5）税务动态方面的咨询。有关税收政策和税务工作动态方面的咨询。

除上述内容外，税收基础知识、税收负担计算或测算、税收协定知识和内容以及外国税制规定，都可能是税务咨询的内容。

2. 税务咨询的形式

（1）书面咨询

书面咨询是税务咨询最为常用的一种方法。它是以书面的形式如"税务咨询备忘函"、"关于问题的解答"等方式释疑解难。

（2）电话咨询

电话咨询又可称做口头咨询，它主要用于比较简单明了的税务问题的咨询服务，通过电话中的交谈就能给纳税人、扣缴义务人一个简要的答复。

（3）晤谈

晤谈就是当面解答纳税人、扣缴义务人提出的税收问题。这种咨询方式带有共同研讨的特点，往往是对于较为复杂的问题进行讨论，最后由注册税务师作出结论。

（4）网络咨询

网络咨询是一种新兴的税务咨询形式。它是以网络为载体，通过咨询窗口（或专栏）、论坛、QQ 聊天或 E－mail 等方式，提供咨询服务，既可以在线即时解答，也可以延时留言答复。随着网络的广泛运用，网络咨询以其不受时空限制、可以随时存取查阅等便捷的优势，越来越多地运用于税务咨询中。

3. 税收政策运用咨询的操作要点

（1）弄清咨询问题所涉及的税种。

（2）收集咨询问题相关的税收政策文件。

（3）分析税收政策适用条款，包括税收政策适用时效、不同税种政策规定的差异、税收政策制定原则和精神、根据需要作必要的沟通说明、确定合适的答复方式。

10.2.2　税务顾问

税务顾问是综合性的涉税服务业务。它是接受纳税人、扣缴义务人等委托人聘用出任常年税务顾问，指派专门的注册税务师通过网络、电话、资料和培训等多种方式，对委托人及相关人员提供日常的、全面的税务方面的咨询服务。与税务咨询相比，税务顾问具有权威性强、咨询内容广泛、服务对象专一的特点。其主要的咨询形式是书面咨询和晤谈。

1. 政策指导

担任纳税人、扣缴义务人税务顾问的人员，应是在财税方面学有专长并有一定造诣的注册税务师，不仅要为企业释疑解难，更主要的是指导其具体操作并最终将问题解决，这是税务顾问不同于税务咨询的一个重要方面。

2. 办税指导

注册税务师为纳税人、扣缴义务人提供日常办税咨询服务与操作指南，包括纳税框架的设计，适用税种、税目、税率的认定，办税程序指南，以及为避免纳税风险提示关注的涉税事项等。对于担当税务顾问的企业，注册税务师在签订合同书之后，即要全面了解企业的基本情况、历年纳税档案、企业办税人员的业务素质等，以书面形式为企业提供一份办税指南。

3. 提供信息

税务顾问可向客户提供税收方面的信息，也可向客户提供财务、会计、法律方面的信息以及其他相关的国家政策、经济动态，可以通过举办讲座、发函寄送、登门传递等形式向客户提供信息供客户参阅。

10.2.3　现代税务咨询——税收筹划

随着现代咨询业的发展，税收筹划作为一种全新的税务咨询方式应运而生。税收筹划目前尚无权威性的定义，但一般的理解是，税收筹划指的是在税法规定的范围内，通过对经营、投资、理财活动的事先筹划和安排，尽可能地取得"节税"的税收利益，其要点在于"三性"：合法性、筹划性和目的性。

可以降低税收负担的税收筹划方法，主要有以下几种：

（1）不予征税方法。选择国家税收法律、法规或政策规定不予征税的经营、投资、理财等活动的方案以减轻税收负担的方法。

（2）减免税方法。选择国家税收法律、法规或政策规定的可以享受减税或免税优惠的经营、投资、理财等活动方案，以减轻税收负担的方法。

（3）税率差异方法。根据国家税收法律，法规或政策规定的税率差异，选择税率较低的经营、投资、理财等活动的方案，以减轻税收负担的方法。

（4）分割方法。根据国家税收法律、法规或政策规定，选择能使计税依据进行分割的经营、投资、理财等活动的方案，以实现或是不同税负、税种的计税依据相分离，或是分解为不同纳税人或征税对象，增大不同计税依据扣除的额度或频度，或是防止税率的爬升等效果，以减轻税收负担的方法。

（5）扣除方法。依据国家税收法律、法规或政策规定，使经营、投资、理财等活动的计税依据中尽量增多可以扣除的项目或金额，以减轻税收负担的方法。

（6）抵免方法。依据国家税收法律、法规或政策规定，使经营、投资、理财等活动的已纳税额或相应支出，在其应纳税额中予以抵扣，以减轻税收负担的方法。

（7）延期纳税方法。依据国家税收法律、法规或政策规定，将经营、投资，理财等活动的当期应纳税额延期缴纳，以实现相对减轻税收负担的方法。

（8）退税方法。依据国家税收法律、法规或政策规定，使经营、投资、理财等活动的相关税额退还的方法。

税收筹划是一项综合性的、复杂的工作，涉及面广、难度大，在运用税收筹划方法时，应充分考虑具体情况和政策规定，各种税收筹划方法也不是彼此孤立和矛盾的，有时应相互配合、综合运用，同时，随着税收筹划的层次深入和领域的拓宽，还将会有新的、科学的税收筹划技术的发展和运用。

10.3　注册税务师执业文书

注册税务师执业文书（以下简称执业文书）是注册税务师在执业活动中制作的各种书面报告，用来表达注册税务师执业主张，综合反映其执业过程或结果，起到备查、鉴证、提示及沟通等作用。执业文书一般由注册税务师的工作底稿、执业相关证明资料、依据的政策文件和执业报告等组成，其中执业报告是执业文书的核心，也是狭义的执业文书。

10.3.1　执业文书的种类

执业文书按性质来分，可以分为涉税鉴证类执业文书和涉税服务类执业文书。

涉税鉴证类业务报告是注册税务师进行纳税申报类鉴证、涉税审批类鉴证和其他涉税鉴证等鉴证业务，对被鉴证人的涉税事项作出评价和证明而出具的书面报告。目前常用的涉税鉴证类业务报告主要有企业所得税汇算清缴纳税申报的鉴证报告、企业财产损失所得税税前扣除的鉴证报告、企业所得税税前弥补亏损的鉴证报告、土地增值税清算税款的鉴证报告、房地产企业涉税调整的鉴证报告等。

涉税服务类业务报告是注册税务师进行税务咨询类服务、申报准备类服务、涉税代理类服务和其他涉税服务等涉税服务业务，根据需要出具的含有专业意见的书面报告。与涉税鉴证类业务报告不同，涉税服务类业务报告一般不具有证明性。目前常用的涉税服务类业务报告主要有税收筹划报告、纳税审核报告、涉税咨询答复报告、纳税建议报告、办税事宜建议报告、执业活动有关问题沟通报告等。

执业文书按收件人来分，可以分为向委托人出具、向相关税务机关出具和向其他相关单位或部门出具等几种执业文书。

向委托人出具的执业文书主要有各种鉴证类查证报告、答复咨询问题、提出纳税建议、指导办税程序和方法、指出存在的纳税问题或风险、作出整改意见、制作纳税筹划方案、说明工作情况、报告纳税审查结果等。

向相关税务机关出具的执业文书主要是替委托人填报各种涉税文书，又可分为填报有固定格式的文表和替委托人代为制作的向税务机关报送的有关书面报告两种，这些书面报告主要有各类申请报告、陈述或申辩材料、情况说明和问题咨询沟通等。

向其他单位或部门出具的文书主要是在涉税鉴证或涉税服务时，委托人有关涉税事宜需要与客户或相关的机关、部门进行沟通说明，或者需要其配合支持的情况下，出具的一些书面报告，有的是提供政策依据并加以解释说明，有的是说明委托人实际情况起到旁证作用，有的则是提出操作建议等。

执业文书按执业主张态度不同，可以分为积极方式提出的执业文书和消极方式提出的执业文书。

积极方式提出的执业报告是注册税务师在满足执业活动能合理保证，服务对象事实清楚，证据充分，符合相关法律、法规、规章和其他有关规定等条件下，出具的持明确态度或意见、结论的报告；如果注册税务师执业时相应的条件不能满足，则会以否定意见或者无法表达意见方式提出消极的执业文书。

10.3.2　执业文书的基本要求

执业文书直接反映了注册税务师执业的成果和质量，必须规范严谨，避免不必要的执业风险。执业文书除与一般文书一样应做到文字清楚、准确、严密，内容齐全，结构合理外，作为专业化的文书还应做到：

（1）记录情况真实可靠。要求注册税务师对报告所要反映的情况作深入调查，在充分了解事实真相的情况下出具。执业文书反映情况的真实程度和可靠性，与其作用和执业责任是密切相关的。

（2）作出结论或提出意见、建议符合税收法规或办税程序。执业文书是注册税务师在业务开展过程中出具的专业文书，处理的是涉税事宜，必须针对所了解的情况，按照国家规定的、相应适用的税收政策或者办税制度、措施、方法等程序要求提出处理意见，任何有悖于国家税收政策法规的执业文书，都会带来执业风险。

（3）数据准确。执业文书经常会涉及税额的计算和确定问题，这往往又跟征、免、退、抵税的金额或经营决策密切相关，国家征税要求不能有丝毫偏差，也就决定了报告所涉及的数据必须准确无误。

（4）附件资料完整真实。执业文书所阐述的情况通常不能局限于文字的表达，需要有相应的附件资料，通过相应的附件资料来进一步佐证报告表达事实的真实性。

10.4　代理填报涉税文书操作规范

注册税务师填报涉税文书是在提供与此相关的税务代理事项中进行的，它贯穿于税务代理业务范围的始终，因受托代理项目不同而内容各异。填报符合税收征管规范要求的涉税文书，是顺利完成委托代理事项必不可少的工作环节。

10.4.1 代理填报涉税文书的种类

注册税务师代理制作的涉税文书是按照税收征管的业务流程要求确定的，主要有税务登记文书、发票管理文书、减免税文书、纳税申报文书、税款征收文书和税务行政复议文书。通常情况下，税务机关都规定有各种涉税文书的格式、填报要求和报送份数，注册税务师在代理填报时，应按要求填报使用。

10.4.2 填报涉税文书的基本程序

涉税文书的一个显著特征是与办税有关，注册税务师代理填报涉税文书，除要有一般文书填报的知识外，还必须对文书所涉及的税收相关法律、法规有深入的了解，对实际操作的运行环节有一定的经验。

1. 收集整理原始资料

首先，根据涉税文书的内容收集有关的资料。例如，为纳税人制作税务登记表就要取得营业执照、企业法人代码证书等证件，企业有关生产经营方面的基本情况的资料等。其次，要对收集的资料进行整理、分析，将涉税文书所需要的数据和内容进行摘录，为填报涉税文书做好准备。

2. 规范填写涉税文书

在收集整理资料的基础上，根据涉税文书具体的格式要求填写各项内容，做到字迹清晰工整、填列完整、内容不缺漏。例如，填报属于申请类涉税文书，申请理由要符合纳税人的实际情况和政策规定，引用的法律条文要准确；属于纳税申报类涉税文书，反映的数据、逻辑关系要计算无误。

3. 交由纳税人审验签收

涉税文书制作完毕应交给纳税人审验，确认文书填报的内容和申办要求是否符合意愿，如果无异议，由纳税人签字、盖章。

4. 按规定时限报送主管税务机关

注册税务师应将填报完毕的涉税文书及附报的各种资料，按规定时限及时报送到主管税务机关。

10.5 税务代理执业风险与质量控制

10.5.1 税务代理的执业风险

税务代理的执业风险是注册税务师因未能完成代理事项和履行代理职责所要承担的法律责任。它主要表现在两个方面：其一，注册税务师未能完成代理事项而使纳税人、扣缴义务人遭受税收权益的损失；其二，注册税务师未能履行代理职责而使纳税人、扣缴义务人承担纳税风险。

1. 从纳税人、扣缴义务人方面产生执业风险的因素

产生税务代理执业风险的原因是多方面的，从根本上分析主要来自征纳双方的

牵制和注册税务师的专业胜任能力。

（1）企业委托代理的意向

税务代理的特点是委托代理，确定税务代理关系的前提之一是由纳税人、扣缴义务人委托某一代理事项，其委托代理的意向与税收法律、法规和主管税务机关的要求偏离度越大，就意味着税务代理的执业风险越高，因为税务师事务所作为中介机构，它受托的代理项目不能完全独立控制完成，必须接受税务机关的监督管理，通过法定的程序和特定的环节加以运作。

（2）企业纳税意识的强弱

纳税意识较强的企业能够提供真实、完整的计税资料，其代理风险一般不高。但是，有的纳税意识淡薄的企业委托代理的目的是通过税务代理的运作尽可能地少缴税款，甚至采用少报收入、虚列成本费用的手段偷税，这类企业的代理风险就会很高。

（3）企业财务核算的基础

企业财务会计制度是否健全，财务人员业务素质的高低影响其所提供的计税资料的真实程度，也影响税务代理执业风险的高低。

2. 从税务代理执业人员方面产生风险的因素

注册税务师作为征纳双方的中介，必须具备一定的专业水平和操作技能。如果执业人员不具备专业胜任能力，不能把握实际操作的环节，其执业风险是随时可能发生的。这方面的因素包括执业人员的职业道德水平、执业人员的专业胜任能力、税务代理机构执业质量控制程度。

10.5.2　税务师事务所的质量控制

税务师事务所的质量控制是税务师事务所为实现涉税鉴证和涉税服务目标而制定的约束注册税务师执业行为的政策，以及为执行政策和监控政策的遵守情况而设计的必要程序。它是降低注册税务师及其税务师事务所执业风险的重要手段。

1. 质量控制制度的要素

（1）质量控制的组织结构与领导责任；

（2）职业道德规范；

（3）业务承接与保持；

（4）人力资源管理；

（5）执业规范；

（6）业务工作底稿；

（7）质量控制与监督；

（8）记录与归档。

2. 质量控制的组织结构与领导责任

税务师事务所应当建立内部治理结构，并制定质量控制政策和程序，培养以质量为导向的内部文化。这些政策和程序应当明确税务师事务所质量控制职责。税务师事务所的法定代表人或主要负责人对质量控制制度承担最终责任。

税务师事务所应当采取下列措施实现质量控制的目标：

（1）建立与质量控制相适应的管理组织结构，明确各岗位的质量控制职能与责任；

（2）建立以质量为导向的业绩评价、薪酬及晋升的政策和程序；

（3）投入足够的资源制定和执行质量控制政策和程序，并形成相关文件记录；

（4）建立完善的执业规程、质量监控、责任追究、重大事项呈报、财务管理等内部管理制度，保证质量控制政策和程序有效实施。

3. 职业道德规范

税务师事务所应当制定政策和程序，以合理保证税务师事务所及其人员遵守职业道德规范。

（1）职业道德规范强化途径

①税务师事务所领导层的行为示范；

②税务师事务所内部教育及培训；

③税务师事务所对人员监督、控制；

④税务师事务所对违反职业道德规范行为的处理。

（2）涉税鉴证业务的独立性

①独立性的要求：向与业务相关人员传达独立性要求；识别和评价对独立性造成威胁的情况和关系，并采取适当的防护措施以消除对独立性的威胁，使之降至可以接受的水平，必要时，可解除业务约定。

②独立性的监控：项目负责人应及时提供与客户委托业务相关的信息，以使税务师事务所能够评价这些信息对执业过程中保持独立性的总体影响；执业过程中，从业人员发现对独立性造成威胁的情形，应立即报告税务师事务所，以便采取适当的应对措施。

③税务师事务所应及时向适当人员传达收集的相关信息，以确认以下几点：税务师事务所及其人员是否满足独立性要求；税务师事务所及其人员是否保持并更新有关独立性的记录；税务师事务所及其人员针对已识别的对独立性造成威胁的情形是否已采取适当的应对措施。

（3）获知或解决违反独立性的情况

①所有应当保持独立性的人员，均应将注意到的违反独立性要求的信息立即报告税务师事务所。

②税务师事务所将已识别的违反独立性要求的情况，立即传达给需要与税务师事务所共同处理这些情况的项目负责人，以及事务所内部的其他相关人员和受独立性要求约束的人员。

③项目负责人、税务师事务所内部的其他相关人员，以及需要保持独立性的其他人员，在必要时，立即向税务师事务所告知他们为解决有关问题采取的应对措施，以便税务师事务所决定是否采取进一步行动。

4. 业务承接与保持

（1）业务承接

税务师事务所应当制定业务承接与保持的政策和程序，以合理保证只有在下列情况下，才能接受具体业务或保持客户关系：

①没有信息表明拟定的客户缺乏诚信；

②具有执行业务必要的素质、专业胜任能力、时间和资源；

③执业人员能够遵守职业道德规范。

当出现违背第①项至第③项的情形，而又决定接受或保持客户关系或具体业务时，税务师事务所应当记录问题如何得到解决。

针对有关客户的诚信，税务师事务所应当考虑下列事项：

①客户主要股东、关键管理人员，关联方及治理层的身份和商誉；

②客户的经营性质及业务环境；

③客户主要股东、关键管理人员及治理层对内部控制和税收法律法规等的态度；

④客户是否过分考虑将税务师事务所的收费维持在尽可能低的水平；

⑤工作范围受到不适当限制的迹象；

⑥客户可能涉嫌违法犯罪行为的迹象；

⑦变更税务师事务所的原因。

税务师事务所及其人员可以通过下列途径，获取与客户诚信相关的信息：

第一，与为客户提供专业涉税业务的现任与前任人员进行沟通，了解相关信息；

第二，向税务师事务所其他人员，税务机关、监管机构、金融机构、法律顾问和客户的同行等第三方询问；

第三，从相关机构或相关数据库中收集客户信息。

在确定是否接受新业务时，税务师事务所应当考虑下列事项：

①税务师事务所人员是否熟悉相关行业或业务对象；

②税务师事务所人员是否具有执行类似业务的经验，或是否具备必要的技能和知识能力；

③税务师事务所是否拥有足够的具有必要素质和专业胜任能力的人员；

④在需要时，是否能得到专家的帮助；

⑤如果需要项目质量控制复核，是否具有符合标准和资格要求的项目质量控制复核人员；

⑥税务师事务所是否能够在提交报告的最后期限内完成业务。

在确定是否接受新业务时，税务师事务所还应当考虑接受业务是否会导致现实或潜在的利益冲突。如果识别出潜在的利益冲突，税务师事务所应当考虑接受该业务是否恰当。

（2）业务保持

如果遇有在接受业务后获知了某项信息，而该信息如果在接受业务前获知可能导致拒绝该业务的情形，税务师事务所制定保持该业务及其客户关系相关的政策和程序时，应当包括下列内容：

①适用该项业务环境的法律责任，包括是否要求税务师事务所向委托人报告或在必要情况下向税务机关或其他监管机构报告；

②解除该项业务约定或同时解除客户关系的可能性。

税务师事务所针对解除业务约定或解除客户关系制定的相关政策和程序应当包括下列事项；

①与客户适当级别的管理层和治理层讨论税务师事务所根据有关事实和情况可能采取的适当应对措施；

②解除业务约定或同时解除客户关系时，税务师事务所应当就解除的情况及原因，与客户适当级别的管理层和治理层讨论；

③记录重大事项及其咨询情况，咨询结论和得出结论的依据；

④考虑法律法规及有关规定是否要求税务师事务所保持现有的客户关系，或向相关监管机构报告解除的情况及原因。

5. 人力资源管理

税务师事务所应当强调对全体员工进行职业教育和继续培训的重要性，并采取措施，使全体员工能够发展和保持必要的素质和专业胜任能力。

税务师事务所应当通过下列途径提高人员素质和专业胜任能力：

（1）职业教育与培训；

（2）职业发展规划；

（3）积累工作经验；

（4）经验丰富的员工提供辅导。

6. 执业规范

（1）业务工作委派

税务师事务所应当制定政策和程序，保证所委派的执业人员按照法律法规、职业道德规范和执业准则的规定执行业务，并根据具体情况出具真实、合法的报告。

税务师事务所通常使用书面或电子手册、标准化底稿以及指南性材料等文件使其制定的政策和程序得到贯彻。

税务师事务所应当对每项业务委派至少一名项目负责人，并对项目负责人提出下列要求：

①将项目负责人的身份和作用告知客户管理层和治理层的关键成员；

②项目负责人具有履行职责必要的素质、专业胜任能力、权限和时间；

③清楚界定项目负责人的职责，并告知该项目负责人。

项目负责人对业务的执行及监督包括：

①拟订具体项目工作计划；

②追踪业务进程；

③考虑项目各成员的素质和专业胜任能力，以及是否有足够的时间执行工作，是否理解工作指令，是否按照计划的方案执行工作；

④解决执行业务过程中发现的重大问题，考虑其重要程度并适当修改原计划的方案；

⑤识别在执行职业过程中需要咨询的事项，或需要由经验丰富的项目组成员考虑的事项；

⑥将执业中发现的问题以书面记录或请示的方式向税务师事务所报告，并与客户管理层和治理层沟通。

在业务执行过程中，项目组应当实施内部复核程序。复核的主要内容应当包括：

①是否按照法律法规、职业道德规范和执业准则的规定执行；

②重大事项是否已提请进一步考虑；

③相关事项是否已进行适当咨询，由此形成的结论是否得到记录和执行；

④是否需要修改已执行工作的性质、时间和范围；

⑤已执行的工作程序、记录、业务工作底稿及相关资料是否支持形成的结论；

⑥获得的证据是否充分、恰当；

⑦业务程序的目标是否实现。

在确定内部复核人员时，应当由项目组内部经验较多的人员复核经验较少的人员执行的工作。

（2）咨询与意见分歧

咨询包括与税务师事务所内部或外部具有专门知识的人员，在适当专业层次上进行的讨论。

项目组应当考虑就重大的技术、职业道德及其他事项，向税务师事务所内部或适当情况下向税务师事务所外部具备适当知识、资历和经验的专业人士咨询，并适当记录和执行咨询形成的结论。

只有分歧问题得以解决，项目负责人才能出具报告。

（3）项目质量控制复核

项目质量控制复核是指在出具报告前，对项目组作出重大判断和在拟定报告时形成的结论，作出客观评价的过程。

项目质量控制复核通常包括下列程序：

①与项目负责人讨论；

②复核财务报表、纳税申报表及涉税资料或其他业务对象信息及报告；

③选取与项目组作出重大判断及形成结论有关的工作底稿进行复核；

④判断项目质量控制复核的范围与业务复杂程度是否相匹配；

⑤判断拟出具报告的格式、内容是否存在不恰当的风险。

项目质量控制复核并不减轻项目负责人的责任。

税务师事务所应当制定政策和程序，保证项目质量控制复核人员的客观性。在确定项目质量控制复核人员时，税务师事务所应当避免下列情形：

①由项目负责人挑选；

②在复核期间以其他方式参与该业务；

③代替项目组进行决策；

④存在可能损害复核人员客观性的其他情形。

小型税务师事务所在接受需要实施项目质量控制复核的业务后，可以聘请具有适当资格的外部人员或利用其他税务师事务所实施项目质量控制复核。

7. 业务工作底稿

业务工作底稿是注册税务师及助理人员在执业过程中所形成的工作记录、书面工作成果和获得的资料。

（1）工作底稿的分类

工作底稿一般分为综合类工作底稿、备查类工作底稿和业务类工作底稿。

综合类工作底稿。综合类工作底稿是指执业注册税务师为承揽、规划、控制和管理服务项目所形成的内部工作记录。

备查类工作底稿。备查类工作底稿是指执业注册税务师为形成涉税鉴证或涉税服务结论所获取、整理的各类备查性质的记录，包括各种委托协议，纳税人、扣缴义务人的税务登记证、工商营业执照副本的复印件，企业合同章程，税务机关有关纳税事项的鉴定，各种批准文书，历年税务检查处理结论或处理决定书、处罚决定书，注册税务师的查账报告，年度会计决算报告等。

业务类工作底稿。业务类工作底稿是指执业注册税务师在涉税鉴证或涉税服务业务实施阶段为执行具体涉税服务程序所形成的内部工作记录，包括代理税务登记、代理发票领购与审查、代理纳税申报、代理纳税审核、代理税务行政复议、提供税务咨询、进行税收筹划、实施涉税鉴证和从事其他涉税服务等业务的工作记录，计税资料汇总、计算、审核、复核以及各种涉税文书制作等。

（2）工作底稿档案管理

税务师事务所应当根据业务的具体情况，确定适当的业务工作底稿归档期限。涉税鉴证及其他鉴证业务工作底稿的归档期限为业务报告日后60日内。

针对同一客户的同一信息执行不同的委托业务，出具两个或多个不同的报告，税务师事务所应当将其视为不同的业务，并在规定的归档期内分别将业务工作底稿归整为最终的业务档案。

税务师事务所应当制定政策和程序，以满足下列要求：

①安全保管业务工作底稿并对其包含的信息保密；

②保证业务工作底稿的完整性；

③便于使用和检索业务工作底稿；

④按照规定的期限保存业务工作底稿。

税务师事务所应制定政策和程序，使业务工作底稿保存期限满足法律法规的规定和税务师事务所的需要。

涉税服务业务或涉税鉴证业务工作底稿属于税务师事务所的业务档案，应当至少保存10年；法律、行政法规另有规定的除外。

8. 质量控制与监督

税务师事务所应当制定监控政策和程序，合理保证与质量控制制度的相关性、适当性和有效性。这些监控政策和程序应当持续考虑和评价税务师事务所的质量控制制度，并达到下列目标：

（1）评价遵守法律、法规、职业道德规范和执业准则的情况；

（2）评价质量控制制度设计是否适当，运行是否有效；

（3）评价质量控制政策和程序应用是否得当，出具的业务报告是否恰当。

9. 记录与归档

税务师事务所应当制定政策和程序，对质量控制制度各项要素的运行情况形成适当记录。

【思考与练习】

1. 简述税务行政复议申请人的基本条件。

2. 税务行政复议的范围包括哪些内容?

3. 代理税务行政复议的基本前提是什么?

4. 实务题

某化妆品生产企业 2011 年打算将购进的 100 万元的化妆品原材料加工成化妆品销售。据测算,若自行生产需花费的人工费及分摊费用为 50 万元,而如果委托另一长期合作的企业加工生产,对方收取的加工费用也为 50 万元,此两种生产方式生产出的产品对外销售价均为 260 万元。

问题:假定成本、费用、产品品质等要件都相同,且不考虑生产和委托加工期间费用,分别计算两种生产方式下应缴纳的消费税、企业利润,并指出两种生产方式的优劣。(提示:消费税税率为 30%)

附　录
本书适用的税率表

　　　　　　　　　　　　　　　消费税税目税率表

税目		征收范围	计税单位	税率	
				固定税额（元）	比例税率（%）
一、烟					
1. 甲类卷烟		包括每条（200支）调拨价格在70元（不包括增值税）以上的卷烟和进口卷烟	大箱（5万支）	150	56
2. 乙类卷烟		包括每条（200支）调拨价格不足70元（不包括增值税）的卷烟	大箱（5万支）	150	36
3. 雪茄烟					36
以上税率为卷烟出厂环节适用，在卷烟商业批发环节还需征收5%的消费税。					
4. 烟丝		包括斗烟、莫合烟、烟末、水烟、黄红烟丝等			30
二、酒及酒精					
1. 粮食白酒		每斤的标准按500克（或者500毫升）计算	斤	0.5	20
2. 薯类白酒		每斤的标准按500克（或者500毫升）计算	斤	0.5	20
3. 黄酒			吨	240	
4. 啤酒	第一类	出厂价格每吨3 000元（不包括增值税）以上的，娱乐业、饮食业自制的	吨	250	
	第二类	出厂价格每吨不足3 000元（不包括增值税）的	吨	220	
5. 其他酒		包括糠麸白酒、其他原料白酒、土甜酒、复制酒、果木酒、汽酒、药酒等			10
6. 酒精		包括工业酒精、医用酒精和食用酒精			5
三、化妆品		包括香水、香水精、香粉、口红、指甲油、胭脂、眉笔蓝眼油、眼睫毛、成套化妆品、高级护肤护发品等			30
四、贵重首饰					
1. 金银首饰、钻石及钻石饰品		（零售环节适用）			5
2. 其他首饰和玉石					10
五、鞭炮、焰火					15

续表

税目	征收范围	计税单位	税率	
			固定税额（元）	比例税率（%）
六、成品油				
1. 汽油	无铅汽油	升	1.00	
	含铅汽油	升	1.40	
2. 柴油	包括轻柴油、重柴油、农用柴油和军用柴油	升	0.80	
3. 石脑油		升	1.00	
4. 溶剂油		升	1.00	
5. 润滑油		升	1.00	
6. 燃料油		升	0.80	
7. 航空煤油		升	0.80	
七、汽车轮胎	包括各种汽车、挂车、专用车和其他机动车使用的内胎、外胎。子午线轮胎免税			3
八、摩托车	汽缸容量在 250 毫升（含）以下的			3
	汽缸容量在 250 毫升以上的			10
九、小汽车				
1. 乘用车	汽缸容量（排气量，下同）在 1.0 升（含）以下的			1
	汽缸容量（排气量，下同）在 1.0 升以上至 1.5 升（含）以下的			3
	汽缸容量在 1.5 升以上至 2.0 升（含）的			5
	汽缸容量在 2.0 升以上至 2.5 升（含）的			9
	汽缸容量在 2.5 升以上至 3.0 升（含）的			12
	汽缸容量在 3.0 升以上至 4.0 升（含）的			25
	汽缸容量在 4.0 升以上的			40
2. 中轻型商用客车				5
十、高尔夫球及球具				10
十一、高档手表	10 000 元及以上/只			20
十二、游艇				10
十三、木制一次性筷子				5
十四、实木地板				5

表2　　　　　　　　　　　工资、薪金所得适用税率表

级数	全月应纳税所得额	税率（%）	速算扣除数
1	不超过 1 500 元	3	0
2	超过 1 500 元至 4 500 元的部分	10	105
3	超过 4 500 元至 9 000 元的部分	20	555
4	超过 9 000 元至 35 000 元的部分	25	1 005
5	超过 35 000 元至 55 000 元的部分	30	2 755
6	超过 55 000 元至 80 000 元的部分	35	5 505
7	超过 80 000 元的部分	45	13 505

表3　　　　　　　　　　工资、薪金不含税收入适用税率表

级数	全月不含税收入级距	税率（%）	速算扣除数
1	不超过 4 955 元的	3	0
2	超过 4 955 元至 7 655 元的部分	10	105
3	超过 7 655 元至 11 255 元的部分	20	555
4	超过 11 255 元至 30 755 元的部分	25	1 005
5	超过 30 755 元至 44 755 元的部分	30	2 755
6	超过 44 755 元至 61 005 元的部分	35	5 505
7	超过 61 005 元的部分	45	13 505

表4　　个体工商户生产、经营所得和企事业单位承包、承租所得适用税率表

级数	全年应纳税所得额	税率（%）	速算扣除数
1	不超过 15 000 元的	5	0
2	超过 15 000 元至 30 000 元	10	750
3	超过 30 000 元至 60 000 元	20	3 750
4	超过 60 000 元至 100 000 元	30	9 750
5	超过 100 000 元的部分	35	14 750

　　个人独资企业投资者和合伙企业投资者生产经营所得也适用于五级超额累进税率。

表5　　　　　　　　　　含税劳务报酬所得适用税率表

级数	每次应纳税所得额	税率（%）	速算扣除数
1	不超过 20 000 元的部分	20	0
2	超过 20 000 元至 50 000 元的部分	30	2 000
3	超过 50 000 元的部分	40	7 000

表6　　　　　　　　　　　　　不含税劳务报酬所得适用税率表

级数	不含税劳务报酬收入额	税率（%）	速算扣除数	换算系数
1	不超过 3 360 元的部分	20	0	无
2	超过 3 360 元至 21 000 元的部分	20	0	84
3	超过 21 000 元至 49 500 元的部分	30	2 000	76
4	超过 49 500 元的部分	40	7 000	68

表7　　　　　　　　　　　　　土地增值税实行四级超率累进税率表

级数	增值额与扣除项目金额的比率	税率（%）	速算扣除系数（%）
1	不超过 50% 的部分	30	0
2	超过 50% ~100% 的部分	40	5
3	超过 100% ~200% 的部分	50	15
4	超过 200% 的部分	60	35

表8　　　　　　　　　　　　　印花税税目税率表

序号	税目	税率（‰）
1	购销合同、建筑安装工程承包合同、技术合同	0.3
2	加工承揽合同、建设工程勘探设计合同、货物运输合同、产权转移书据、记载资金账簿	0.5
3	财产租赁合同、仓储保管合同、财产保险合同	0.1
4	借款合同	0.05

参 考 文 献

［1］注税教材编写组. 税务代理实务［M］. 北京：中国税务出版社，2012.

［2］2012 注税教材编写组. 税法Ⅰ［M］. 北京：中国税务出版社，2012.

［3］注税教材编写组. 税法Ⅱ［M］. 北京：中国税务出版社，2012.

［4］姚旭. 纳税实务［M］. 北京：清华大学出版社，2011.

［5］奚卫华. 税务代理实务［M］. 北京：中国人民大学出版社，2008.

［6］吴静. 税务代理实务［M］. 大连：东北财经大学出版社，2008.

［7］林瑞斌，吴俊龙. 中国税制［M］. 上海：格致出版社，2010.

［8］李克桥. 税务会计实训［M］. 北京：冶金工业出版社，2009.

［9］裴淑红，李军. 纳税申报实务［M］. 北京：化学工业出版社，2010.

［10］国家税务总局教材编写组. 企业所得税实务［M］. 北京：中国税务出版社，2009.

［11］安福仁. 企业纳税实务［M］. 大连：东北财经大学出版社，2008.

［12］苏春林. 纳税实务［M］. 北京：清华大学出版社，2010.

［13］梁伟样. 纳税实务［M］. 上海：立信会计出版社，2010.